reihe helvetica
im NOVALIS VERLAG

Angelo M. Codevilla
Eidgenossenschaft in Bedrängnis

Meinen Enkeln

Jeffrey
John
Matthew

Angelo M. Codevilla

Eidgenossenschaft in Bedrängnis

Die Schweiz im Zweiten Weltkrieg und moralischer Druck heute

Novalis

Der Verlag dankt der Stiftung *Fiducia Helvetica* sowie allen weiteren Sponsoren für ihre Unterstützung, die erst die Herstellung dieses Buches möglich machte.

Copyright für die deutsche Ausgabe:
© Novalis Verlag Schaffhausen
2. Auflage 2002
Übersetzt aus dem Amerikanischen von Isabelle Erni
Die amerikanische Originalausgabe erschien 2000 im Verlag
Regnery Publishing, Inc., Washington, DC, unter dem Titel
Between the Alps and a hard place:
Switzerland in World War II and moral blackmail today
© 2000 by Angelo M. Codevilla
Satz und Gesamtherstellung: Novalis Media AG
Titelgestaltung unter Verwendung eines Fotos des von General Henri Guisan am 25. Juli 1940 einberufenen sog. Rütlirapports (Bild: Keystone)
Druck: Meier Schaffhausen
ISBN 3-907160-81-9

Inhalt

Geleitwort von a. Staatssekretär
Franz Blankart 9

Vorwort des Autors 13

Kapitel 1   Schein-Ereignisse gegen Wirklichkeit 21
    1.1   Ein Pseudo-Ereignis 23
    1.2   Militärische Abschreckung 33
    1.3   Die politische Heimatfront 35
    1.4   Das Gleichgewicht der Kräfte 38
    1.5   Wirtschaftliche Abschreckung............... 41
    1.6   Lehren 46

Kapitel 2   Militär 49
    2.1   Militärische Tradition und Vorbereitung 56
    2.2   Die moderne Schweiz 58
    2.3   Vor dem Sturm 63
    2.4   Erstarkender Widerstand 69
    2.5   Neueinschätzung und Reduit 72
    2.6   Das militärische Reduit 81
    2.7   Nachrichtendienst 85
    2.8   Subversion und Politik 92

Kapitel 3   Politik 101
    3.1   Das System 101
    3.2   Spaltungen, Streitfragen, Konsens 106
    3.3   Konsens und Demokratie................... 108
    3.4   Überfremdung und die Juden 111
    3.5   Pressefreiheit 124
    3.6   Anpassung und Widerstand 131

Kapitel 4 Wirtschaft 141
   4.1 Der Wirtschaftskrieg
        und die Neutralen 1939-1945................ 145
   4.2 Warenhandel vor
        und während der Blockaden 152
   4.3 Geld und Gold 162
   4.4 Alliierter Handel 173
   4.5 Sicherer Hafen? 175

Kapitel 5 Geld und Macht in der
           Aussenpolitik der Vereinigten Staaten.............. 187
   5.1 Bronfman und der WJC..................... 189
   5.2 Macht 191
   5.3 Ein Verfahren wird in Brooklyn geboren 200
   5.4 Saubere Hände........................... 206
   5.5 Die Wirklichkeit: Gerangel um Geld 210
   5.6 Wirklichkeit: Internationale Verwicklungen 218

Kapitel 6 Lehren 225
   6.1 Militärische Macht ist Vorherrschaft 225
   6.2 Geld 229
   6.3 Demokratie............................. 230
   6.4 Amerikanische Aussenpolitik in neuester Zeit .. 233

       Nachwort von a. Nationalrat
       Sigmund Widmer 239

       Fussnoten............................... 243

Geleitwort

von a. Staatssekretär Franz Blankart

DER AMERIKANISCHE HISTORIKER ANGELO M. CODEVILLA veröffentlicht im vorliegenden Buch eine ausgezeichnete Beschreibung der schweizerischen Lage im 2. Weltkrieg. Er gibt damit eine wertvolle Ergänzung zum Bericht der Bergier-Kommission und trägt dazu bei, die Debatte zu versachlichen. Zudem analysiert der Autor die Angelegenheit der nachrichtenlosen Konten in den Vereinigten Staaten, ohne hierbei auf die Weise einzugehen, in der die Schweiz dieser Herausforderung begegnet ist.

Es liegt gewiss nicht an mir, in dieser Sache die Methoden des Jüdischen Weltkongresses und der Administration Clinton zu beurteilen. Was ich zu sagen habe, habe ich im Vorwort zum Buch *Suisses et juifs*[1] gesagt. Hingegen beunruhigt mich zutiefst die mangelnde Befähigung der offiziellen Schweiz, entschlossen und zeitgerecht eine Krise dieser Dimension zu erfassen, professionell – und zudem mit einer Stimme – zu verhandeln und das Problem ohne karrieristische Hintergedanken anzugehen.

Wohl wissend, dass es einfach ist, im Nachhinein zu kritisieren, möchte ich dennoch die wichtigsten „Defizite" in Erinnerung rufen; denn sie sind bezeichnend, gewissermassen systembedingt und wiederholen sich regelmässig, nämlich:
- die anfängliche Unterschätzung des Problems durch den Bundesrat und folglich seine weitgehende Untätigkeit zu Beginn der Krise, dies trotz den Warnungen, die unser Botschafter in Washington, Carlo Jagmetti, während 18 Monaten an ihn gerichtet hat;
- die deplazierte Erklärung des Bundespräsidenten vom 31. Dezember 1996;
- die Veröffentlichung eines streng vertraulichen Strategieberichtes von Botschafter Jagmetti in der *SONNTAGS-ZEITUNG* vom 26. Januar 1997, dies als Folge einer verratsähnlichen Indiskretion;
- die Demission des Botschafters als Folge dieser Indiskretion nach seiner Desavouierung durch den Bundesrat;

– die Ernennung, als Botschafter in Washington, eines „politischen Freundes" ohne internationale Verhandlungserfahrung an Stelle der Wahl eines erfahrenen Diplomaten und brillanten Unterhändlers (z.B. David de Pury);
– widersprüchliche Stellungnahmen, die von der Selbstanklage bis zu leicht antisemitischen Äusserungen reichten;
– Anzeige, im Zenit der Krise, einer spektakulären, aber wenig durchdachten und politisch nicht abgesprochenen Massnahme;
– nach Abschluss der Angelegenheit grosszügige Belohnung der Akteure (ausser natürlich von Botschafter Jagmetti);
– etc.

Vor dem Hintergrund solcher Defizite, verbunden mit Fehlleistungen der grossen Banken, haben die Chefs der letzteren die Angelegenheit selber und professionell in die Hand genommen und eine Globallösung ausgehandelt. Angesichts der Höhe des erheischten und schliesslich gutgeheissenen Betrages hatten sie die Geistesgegenwart, als Gegenleistung auch sämtliche Forderungen abgelten zu lassen, die später noch an die Eidgenossenschaft mit Einschluss der Schweizerischen Nationalbank hätten gerichtet werden können. „Das war die verkehrte Welt. Während es Sache der Eidgenossenschaft gewesen wäre, die Interessen der Banken wahrzunehmen, waren es letztere, die schliesslich den Schutz der Eidgenossenschaft gewährleisteten!"[2] Demgegenüber haben die Regierungen Frankreichs, Portugals und Schwedens die Zügel in der Hand behalten, was ihnen ermöglichte, ihre Angelegenheiten angemessen und elegant zu regeln.

Als Patriot und ehemaliger Staatsdiener fühle ich bei der Erinnerung an diese Ereignisse Scham und Traurigkeit: Die Schweiz hat die Nerven und ihre Würde verloren.

Ist dieses diplomatische Fehlverhalten Folge unseres politischen Systems, Ausfluss unseres Mythus der Mittelmässigkeit oder Konsequenz eines jahrhundertealten Mangels an Erfahrung in internationalen Angelegenheiten? Die Väter unserer Verfassung haben diese „systemische" Schwäche sehr wohl erkannt, Grund, weshalb sie für den Kriegsfall einen bevollmächtigten Oberbefehlshaber vorgesehen haben, der von der Vereinigten Bundesversammlung zu wählen ist und folglich über die notwendige Legitimation verfügt. Sie haben jedoch nichts für den Fall einer grösseren diplomatischen Krise vorgekehrt. Zudem konnten sie sich weder vorstellen, dass das Parlament in disparater Weise international tätig würde, noch vermochten sie den Einfluss der Parteien, der in- und ausländischen Medien und der Nicht-Regierungsorganisationen vorauszusehen.

Welche Konsequenzen sind zu ziehen?

Aus der „ratio legis" der Verfassung ist zwingend *eine* Schlussfolgerung zu ziehen: In einer grösseren diplomatischen Krise bedarf es *eines* Verantwortlichen auf Bundesratsebene für die Innenfront, *eines* Chefunterhändlers für die Aussenfront und *eines* Regierungssprechers. Die übrigen Exekutivvertreter mögen schweigen. Nichts ist für die Glaubwürdigkeit der schweizerischen Position und für eine internationale Verhandlung schädlicher als widersprüchliche Stellungnahmen unter Bundesratsmitgliedern und unter Chefbeamten. Dasselbe gilt für die zahlreichen und unkoordinierten „diplomatischen" Initiativen von Parlamentsmitgliedern.

Der verstorbene Botschafter Paul Rüegger sagte vor vierzig Jahren: „Die Schweiz hat Botschaften; allein, sie weiss nicht, was sie mit ihnen anfangen soll."[3] Man höre endlich auf unsere Botschafter, vor allem wenn sie kritisch sind, statt sie mit gezielten Indiskretionen abzuschiessen. Seinem Chef zu widersprechen wird heute vielfach als Loyalitätsmangel empfunden, was die Atmosphäre des Opportunismus und den „Hauch von Nepotismus" (NZZ) erklärt, die beide in den Neunziger Jahren im Bundeshaus beobachtet werden konnten. Die echte Loyalität bedingt vor der Beschlussfassung den Dialog, den Widerspruch, die Warnung des Chefs. Doch ist die Loyalität des Untergebenen keine Einbahnstrasse; sie beinhaltet die unumstössliche Treue des Chefs gegenüber seinem Mitarbeiter. Die Reziprozität von Loyalität und Treue machen die Stärke einer Equipe aus, Equipe, die befähigt ist, internationale Krisen zu bewältigen, und die bedingt ist von gegenseitigem Vertrauen, das jedwede Indiskretion verunmöglicht.

Ein Bundesrat geht nicht wallfahrten...; er spricht vor der Vereinigten Bundesversammlung (wie dies Bundespräsident Villiger am fünfzigsten Jahrestag des Waffenstillstandes in eindrücklicher Weise getan hat). Diese alte Regel wurde vergessen. Stattdessen hätte es, nach militärischer Sprachweise, der „Tiefe im Dispositiv" bedurft. Verhandeln ist Sache von bevollmächtigten Beamten, die diese Kunst gelernt haben und die vom Bundesrat desavouiert werden können, wenn sie einen erheblichen Fehler begangen haben. Eine Auseinandersetzung wird von jener Partei gewonnen, welche früh genug Reserven zu schaffen wusste.

Und schliesslich: Was uns in dieser Krise schmerzlich gefehlt hat, war eine Persönlichkeit vom moralischen Format eines General Guisan, eine klarsichtige, glaubwürdige und zur Treue befähigte Person, die sich mit den wägsten Leuten des Landes umgibt, welcher Partei diese auch angehören mögen.

Wiewohl wir uns zur Zeit eines glaubwürdigen Bundesrates erfreuen, bin ich mit Blick auf die Zukunft nicht optimistisch; denn die offizielle Schweiz scheint wenig aus dieser peniblen Angelegenheit gelernt zu haben. Der Bundesrat hat meines Wissens weder sein Verhalten einer „Manöverkritik" unterzogen, noch einschneidende Massnahmen ergriffen, um die Wiederholung eines solchen Szenarios zu verhindern. Die nächste diplomatische Krise dürfte sich folglich nach demselben Schema abspielen – ein Szenario, wie es übrigens schon während der Aushandlung des Europäischen Wirtschaftsraumes (EWR) psychodramatisch über die Bühne gegangen ist.

Anmerkungen

1) Françoise Buffat et Sylvie Cohen, *Suisses et juifs – Portraits et témoignages.* Editions P.M. Favre, Lausanne/Paris 1998, S. 13.
2) Jean-Pierre Ritter (Schweizerischer Botschafter), *Les enfants de Calvin et Rousseau. Essay sur le déclin de la Suisse.* Georg Editeur, Chène-Bourg(Fenève, 2000, S. 17: „C'était le monde à l'envers. Alors qu'il aurait appartenu à la Confédération de protéger les banques, c'étaient elles qui, finalement protégeaient la Confédération!"
3) „La Suisse a des Ambassades, mais elle ne sait quoi en faire."

Vorwort des Autors

DER ZWEITE WELTKRIEG BELEHRT UNS noch ein halbes Jahrhundert nach seinem Ende, denn grosse Kriege zwingen die Menschen, sich mit der ganzen Skala menschlicher Erfahrungen auseinanderzusetzen. In Friedenszeiten, die ohnehin selten und meistens nicht von langer Dauer sind, ist es besonders nützlich, über die Lehren nachzudenken, die aus Kriegen zu ziehen sind. In Friedenszeiten neigen nämlich die Menschen sehr dazu, die harten Wirklichkeiten des Krieges zu unterschätzen. Sie begeben sich so der geistigen Waffen, die sie für künftige Prüfungen nötig hätten.

Die eigenartige Erfahrung der Schweiz während des Zweiten Weltkrieges – es gelang ihr, obwohl sie von den Achsenmächten, Nazi-Deutschland und dem faschistischen Italien, völlig umzingelt war, einen gewissen Grad von Unabhängigkeit zu bewahren – lehrt uns manches über die komplexe Bedeutung von Widerstand, Subversion, wirtschaftlicher Erpressung und Neutralität, über das Gleichgewicht der Kräfte und das Gleichgewicht zwischen dem, was ein Volk haben will, und dem, was es erreichen kann. Kurz gesagt: Die Schweizer konnten die Besetzung ihres Landes durch die Nazis dank ihrer militärischen Bereitschaft, ihres politischen Lavierens und der getroffenen wirtschaftlichen Massnahmen abwehren – eine Kombination aus Abwehrhaltung und Kooperation, welche weniger kühler Berechnung entsprang als vielmehr aus internen Interessen-Auseinandersetzungen hervorging. Während des Krieges pflegten alliierte „Wirtschaftskrieger" scherzweise zu sagen, die Schweizer arbeiteten während sechs Tagen der Woche für die Achsenmächte, beteten aber am siebenten Tag für einen alliierten Sieg. Sie konnten so witzeln, weil sie um die Realitäten wussten.

In den Jahren 1995 bis 1999 inszenierte die Clinton-Administration mit Unterstützung von *Edgar Bronfman*, dem milliardenschweren Eigentümer eines Alkohol- und Medien-Imperiums, eine Publizitätskampagne, welche die Rolle der Schweiz im Zweiten Weltkrieg so stark karikierte, dass, wer mit der Wirklichkeit des Krieges nicht vertraut ist, zu gefährlichen Schlussfolgerungen über die Art verführt wurde, wie die Welt funktioniert. Bronfman, zusammen mit seiner Familie der grösste Sponsor der Demokratischen Partei der Vereinigten Staaten[1] sowie Präsident und Financier des World Jewish Congress, benutzte seine grosse Macht, um den Präsidenten der Vereinigten Staaten, den Vorsitzenden des Bankenkomitees des Senats, ein ganzes Netzwerk von Beamten auf Staats- und Lokalebene, eine ganze Phalanx von Anwälten und die Medien zu gewinnen, um folgende aufsehenerregende Geschichte zu verbreiten: Neue Erkenntnisse zeigten, dass die Schweiz in Wahrheit ein Verbündeter Nazi-Deutschlands gewesen sei, dass das Schweizer Volk am Holocaust mitschuldig sei und dass Schweizer Banken Vermögenswerte ermordeter Juden gestohlen hätten. Tatsächlich vermittelte das Ganze allerdings nicht einmal einen Hauch von neuen Informationen. Dennoch gelang es Bronfman, die zwei grössten Schweizer Banken, die in den Vereinigten Staaten zusammen pro Jahr ungefähr vier Milliarden Dollar Gewinn erzielen, davon zu überzeugen, dass sie in New York City erst wieder Geschäfte machen könnten, wenn sie ihm eine grosse Menge Geld zur Verfügung stellten. Sobald diese beiden Banken am 12. August 1998 eingewilligt hatten, verteilt über drei Jahre gut 1.25 Milliarden Dollar vorwiegend an Herrn Bronfmans Organisation abzuliefern, wurde die Öffentlichkeitskampagne schlagartig gestoppt. Diese und das Handeln der Schweiz im Zweiten Weltkrieg verblassten. Schade.

Die Kampagne sprach nämlich für sich: Eine mächtige private Organisation hatte sowohl Beamte der Vereinigten Staaten als auch das amerikanische Rechtssystem dazu gebracht, ausländischen Geschäftsleuten eine riesige Bestechungssumme aufzuzwingen. Öffentliche Beamte dienten privaten Interessen zu, ohne dass eine gesetzgebende Behörde sich dazu geäussert hätte, ohne dass ein Beamter einen Entscheid gefällt hätte, für den er auch verantwortlich gewesen wäre, und ohne dass ein Gericht ein Urteil gesprochen oder eine Verfügung über die Zulässigkeit der Beweise erlassen hätte. Das ist ein weiteres Beispiel dafür, dass sich die Vereinigten Staaten immer mehr von der Gesetzestreue und von einer seriösen Aussenpolitik entfernen.

Diese Unseriosität bestand während der Clinton-Administration zum Teil darin, dass diese inländischen Supportern Einfluss auf die

Aussenpolitik gewährte. Laut einem Kommentator funktioniert eine solche Politik so, „dass Begehren inländischer Interessengruppen aufaddiert werden, [...] dass sich widersprechende Stimmen [...] eine Saison lang das politische Sagen haben".[2] Daraus resultiert – so ein anderer aufmerksamer Beobachter –, „dass ausländische Regierungen Äusserungen der Verwaltung über ihre allgemeinen politischen Ziele nicht mehr ernst nehmen, umso mehr aber jene Handlungen der Verwaltung beachten, die sich auf kommerzielle und ethnische Belange beziehen."[3] Dass das amerikanische Volk solche Unseriosität zulässt, liegt an der Unkenntnis sowohl über internationale Angelegenheiten im allgemeinen, als auch über die spezifischen Instanzen, zwischen denen die Aussenpolitik abläuft.

Die Anti-Schweiz-Kampagne ist dafür ein sprechendes Beispiel. Die Reporter, die Redaktoren und die paar wenigen Leute, welche die Kampagne überhaupt beachteten, realisierten nicht, dass sie manipuliert wurden, teils weil ihnen die geschichtlichen Kenntnisse fehlten, teils weil sie nicht wussten, wie Nationen miteinander umgehen, wenn sie dies auf seriöse Art tun. Sie hätten es aber besser wissen müssen und nicht einfach unkritisch einem Dokumentarfilm glauben dürfen, der zeigte, wie Munition von schweizerischen Fliessbändern rollte, während eine schockierte Stimme fragte, wie ein Land, das sich selbst als neutral erkläre, sich dazu hergeben könne, den Nazis Munition zu verkaufen. Jeder Kenner internationaler Angelegenheiten hätte erkennen müssen, dass der Dokumentarfilm kein einziges Mal erwähnte, dass die Schweiz umzingelt war und extremen Mangel an Kohle und Öl litt, Brennstoffe, die sie für ihre Armee und für ihre Bevölkerung brauchte, damit diese nicht hungern und frieren mussten. Allein die Deutschen entschieden darüber, wieviel Kraftstoff die Schweiz importieren durfte, zu welchem Preis und was sie als Gegenwert zu liefern hatte. Adolf Hitlers Drittes Reich gab sich nicht mit Schokolade zufrieden. Gab es eine andere Alternative als die Lieferung von Präzisionsinstrumenten und Munition? Um wieviel konnte die Schweiz die deutschen Forderungen reduzieren? Im gleichen Dokumentarfilm bezeichnete Rabbi *Israel Singer*, der Geschäftsführer des World Jewish Congress, die schweizerische Neutralität und die Tatsache, dass die Schweiz Deutschland nicht den Krieg erklärte, als einen Versuch, Äquidistanz zwischen gut und bös zu halten. Aber jeder Kenner der Machtverhältnisse im Zweiten Weltkrieg hätte gewusst, dass ein Krieg der Schweiz gegen Deutschland nur noch mehr Millionen Tote und Versklavte hervorgebracht hätte; zudem wäre dadurch der uneingeschränkte Schienenverkehr zwischen Deutschland und Italien möglich geworden. Findige Zuhörer hätten sich wohl auch die Frage stellen können, was die Anti-Schweiz-Kampagne für die Geldbeutel und die Macht ihrer Urheber bedeutete.

Es folgte eine unfruchtbare Debatte darüber, ob die schweizerische Bevölkerung genügend Juden gerettet habe. Diese Frage muss mit „ja" beantwortet werden, wenn man den Prozentsatz der jüdischen Flüchtlinge gemessen an der Schweizer Bevölkerung (0.5 %) und jenen der jüdischen Flüchtlinge gemessen an der amerikanischen Bevölkerung (0.1 %) vergleicht, und mit „nein", wenn man die Zahl der Juden, die in der Schweiz Zuflucht fanden, mit jener Zahl der Juden vergleicht, welche die Schweiz hätte aufnehmen können. Genau so unfruchtbar war auch die Debatte darüber, in welchem Ausmass die Schweizer Bankiers darüber informiert gewesen waren, dass das deutsche Gold, das sie in Schweizer Franken konvertierten, Raubgold war.

All dies verdeckte darunter verborgene und weit interessantere Fragen: Warum haben die Schweizer, welche die Nazis innerlich verabscheuten, einem solchen Regime überhaupt irgendetwas verkauft? Was hatte die Schweiz dafür eingehandelt, unter welchen Umständen und warum?

Dieses Buch zeigt auf, warum die Schweizer Ecke des breiten Bildes des Zweiten Weltkrieges so interessant ist: Der Krieg zwang ein Volk, das in bezug auf seinen Grad an Demokratie und Vielfalt nur mit den Vereinigten Staaten verglichen werden kann, sich militärischen, politischen und wirtschaftlichen Herausforderungen zu stellen, die im internationalen Umfeld nur allzu normal sind. Die unerwarteten militärischen Siege Deutschlands im Jahre 1940 zwangen die Schweiz, langfristige militärische Pläne aufzugeben und sich für neue, unerfreuliche zu entscheiden. Äusserst interessant ist dabei, wie „brutal nüchtern" die wenigen militärischen Aktivposten, über welche die Schweiz verfügte, beim Erstellen dieser Pläne eingeschätzt wurden. Im politischen Bereich wäre es Nazideutschland auf

Grund seiner Umzingelung der Schweiz, seiner Vorherrschaft in Europa und seines Subversionsapparates fast gelungen, die Verbundenheit der Schweiz mit ihren Idealen zu brechen – und doch scheiterte der Versuch. Die Auseinandersetzung zwischen verschiedenen schweizerischen „Hardlinern" und „Softlinern" über Sinn und Methoden politisch klugen Verhaltens zeigt, wie wichtig es ist, diesen Begriff richtig zu deuten.

Die wirtschaftlichen Beziehungen zwischen der Schweiz und Deutschland sind eines der historisch besten Beispiele dafür, dass der Wert wirtschaftlicher Trümpfe ziemlich stark vom Gleichgewicht der Kräfte abhängt. Solange Deutschland in der Lage war, mit Gewalt zu nehmen, was es brauchte, gewährte die Schweiz viele Kredite. Als der Sieg auf Messers Schneide stand, musste Deutschland in Gold bezahlen. Als die Deutschen am Verlieren waren, zogen die Schweizer daraus Profit. Am Ende wurde Nazi-Gold ein Passivposten.

Der Handel der Achsenmächte und der Alliierten während des Zweiten Weltkrieges mit der Schweiz und anderen Neutralen lehrt auch die klassische, aber oft in Vergessenheit geratende Lektion, dass, was eine Nation von einer anderen verlangen kann, wesentlich davon abhängt, in welchem Ausmass die Angst vor der anderen Nation überwunden und die Angst vor der eigenen auf die fremde Nation übertragen werden kann.

Am Schluss dieses Buches wird gezeigt, wie Edgar Bronfmans Indienstnahme eines Teils der U.S.-Regierungsmacht in das Bild der amerikanischen Aussenpolitik an der Jahrhundertwende passt. Nach fünfzig Jahren ohne Weltkrieg soll dieses Buch die Amerikaner zum Nachdenken über den Ernst der Aussenpolitik im allgemeinen und des Krieges im besonderen anregen.

Auch im einundzwanzigsten Jahrhundert hat der unseriöse Umgang mit aussenpolitischen Angelegenheiten ernste Folgen. Im März 1999 führten die Vereinigten Staaten die NATO (North Atlantic Treaty Organization) in einen Krieg mit Jugoslawien, den sie ernstlich gar nicht wollten. Vor dem Krieg beschränkte sich die Diskussion der Kriegsziele, der militärischen Operationen und des jugoslawischen Widerstands auf Begriffe, die eine richtige Einschätzung der Natur des Feindes und der feindlichen Kriegsziele nicht zuliessen. So war man sich nicht im Klaren darüber, was alles benötigt würde, um den Feind zu besiegen, und ob Amerika oder die „internationale Koalition" überhaupt willens war, den Preis dafür zu bezahlen.

Winston Churchill hat einmal seine Generäle darauf hingewiesen, im Krieg müsse man manchmal auch mit dem Feind rechnen. Wieviel wirtschaftlichen Druck für welchen Teil des angestrebten Zieles brauchte es, um erfolgreich zu sein? Was würden die Bodentruppen tun? Welche Art militärischer Operationen würde es brauchen, um das vorgesehene Ziel zu erreichen? Wie hoch würde der Blutzoll für dies alles sein?

Zwei Wochen nach Beginn des Krieges in Jugoslawien erschien 1999 ein kleiner Artikel in der *New York Times* mit dem Titel: „Balkankonflikt: die serbische Strategie."[4] Dieser Artikel erwähnte, dass die jugoslawischen Truppen ein ausgeklügeltes System von miteinander verbundenen unterirdischen Festungen für ihre Boden- und Flugabwehrtruppen im gebirgigen Terrain gruben – ein Plan, der von den Jugoslawen ursprünglich ausgeheckt worden war, um bei einer allfälligen Invasion Jugoslawiens durch sowjetische Kräfte möglichst viele feindliche Soldaten töten zu können. Der Artikel wies auf eine auffallende Ähnlichkeit des jugoslawische Planes mit der Strategie hin, welche die Schweiz zur Abschreckung der Deutschen im Zweiten Weltkrieg angewandt hatte, indem sie den grössten Teil ihrer Armee in ein „Alpenreduit" zurückzog. Tatsächlich zeigten die amerikanischen Kommandanten und ihre NATO-Kollegen ebensowenig Lust, Blut und Material zu opfern, um die Jugoslawen aus ihrem Reduit aufzuscheuchen, wie die Deutschen, um die Schweizer aus ihrem Reduit zu vertreiben. Und dies geschah ein halbes Jahrhundert bevor sich herausstellte, dass das Höhenbombardement des amerikanischen Feldzugs kaum mehr als „Kratzer" bei der serbischen Armee verursacht hatte.

Als der Westen endlich merkte, dass sein Konflikt mit Jugoslawien ein echter Krieg war, zu was der Feind gewillt und wessen er fähig war, was es kosten würde, dem Feind zu begegnen – mit anderen Worten: dass der Krieg ernst genommen werden musste –, hatten die Jugoslawen bereits „Fakten am Boden" geschaffen und die Amerikaner in endlose Verhandlungen darüber verwickelt.

Dieses Buch zeigt die Lehren auf, die aus der schweizerischen Erfahrung im Zweiten Weltkrieg gezogen werden können, besonders für eine Leserschaft, die sich an das unwirkliche Bild des Krieges gewöhnt hat und deshalb riskiert, diesen tödlichen Ernst auf eine sehr harte Weise erfahren zu müssen.

Dubois, Wyoming, Juni 2000

Angelo M. Codevilla

Kapitel 1

Schein-Ereignisse gegen Wirklichkeit

„Wenn schwere Anschuldigungen zu sehr von der Wahrheit abweichen, hinterlassen sie bittere Spuren."

– *Tacitus*

ZWISCHEN JUNI 1995 UND DEM 12. AUGUST 1998 streuten Zeitungsberichte, Hearings im Kongress und halboffizielle Komitees von Buchprüfern und Historikern die Anschuldigung aus, die Schweiz sei im Zweiten Weltkrieg in Tat und Wahrheit ein Verbündeter Nazi-Deutschlands gewesen – also genau das Gegenteil dessen, was die Welt ein halbes Jahrhundert lang geglaubt hatte. Und schlimmer noch: Bis jetzt sei es der Schweiz gelungen, ihre Nazi-Gewinne zu verstecken, inklusive Geld, das jüdische Holocaust-Flüchtlinge bei Schweizer Banken deponiert hätten und das bisher von diesen Banken den rechtmässigen Erben vorenthalten worden sei. Das Gleiche sei mit Gold geschehen, das im ganzen restlichen Europa geraubt worden sei – sogar das Zahngold vergaster Juden. Edgar Bronfman und seine Untergebenen im World Jewish Congress verlangten als Wiedergutmachung Milliarden von Dollar, die an Organisationen überwiesen werden sollten, die von ihm und seinen Mitarbeitern kontrolliert wurden. Angeführt von Präsident Bill Clinton verlangten verschiedene Abteilungen der amerikanischen Regierung von der Schweizer Regierung die volle Wiedergutmachung und untermauerten dadurch die der Schweiz durch die Vereinigten Staaten angedrohten Wirtschaftssanktionen. Bezeichnenderweise vermieden es die amerikanischen Beamten sorgfältigst, die Drohungen je offiziell zu machen.

Die schweizerische Bevölkerung reagierte darauf mit Unmut auf alles Amerikanische. Dann aber erklärten sich am 12. August 1998 die zwei grössten Schweizer Banken, die Schweizcrische Bankgesellschaft und der Schweizerische Bankverein, zusammen mit der Credit Suisse, bereit, die Schutzgeldsumme von 1.25 Milliarden

Dollar zu bezahlen, damit ihnen erlaubt würde, weiterhin ihre Finanzgeschäfte in New York City abwickeln zu dürfen. In diesem Augenblick wurden all die vielen kniffligen Fragen völlig uninteressant, die von Historiker-Komitees debattiert wurden, wie auch die Buchprüfungen unter der Leitung des früheren Präsidenten der U.S.-amerikanischen Notenbank (Federal Reserve Bank) *Paul Volcker*, die abklären sollten, ob dies oder jenes Konto einem Holocaust-Opfer gehörte. Die Gewinner liessen ihren berechtigten Ärger fallen und widmeten sich dem Kampf um die Beuteanteile.

Der Ausdruck, der die Anti-Schweiz-Kampagne von 1995 bis 1999 am besten umschreibt, ist „Pseudo-Ereignis." In seinem 1964 erschienen umfangreichen Buch *The Image: A Guide to the Pseudo Event in America*[1] prägte der Historiker und spätere Leiter der Library of Congress *Daniel Boorstin* dieses Wort. Es gab einmal eine Zeit – so Boorstin –, da wurde über Ereignisse berichtet, weil sie tatsächlich stattgefunden hatten. Heutzutage gibt es Pseudo-Ereignisse, die nur in dem Ausmass existieren, wie jemand fähig ist, über sie berichten zu lassen. Der künstliche Charakter der Kontroverse über die Schweiz und ihre neu entdeckte Bösartigkeit wird deutlich, wenn man merkt, dass überhaupt keine neuen Informationen zum Vorschein gekommen sind. Der damalige Senator *Alfonse D'Amato* (Republikaner – New York), der alles tat, um die Anschuldigungen zu verbreiten, gab dies 1996 zu: Die Angelegenheit sei ihm neu, obwohl sie schon vor langer Zeit erschöpfend untersucht worden sei.[2] Leider ist die Vergangenheit voll von Dingen, von denen jene nichts wissen, die sich nie darum bemüht haben, sie kennen zu lernen.

Tatsächlich sind sämtliche Informationen in den Anschuldigungen, Verteidigungen und Gegenanschuldigungen vor einem halben Jahrhundert in Archiven abgelegt worden, nachdem sie von Leuten, die damals den Krieg am eigenen Leib erfahren hatten, eingehend geprüft worden waren. Kurz gesagt: Die Urheber der Kampagne liessen Teile einer alten Geschichte auferstehen, um Urteile zu unterstützen, die jenen der vormals Verantwortlichen diametral entgegen standen.

Für uns ist die Frage, inwieweit die Schweiz vor fünfzig Jahren gut oder böse war, weniger wichtig als die Tatsache, dass die Clinton-Administration und ihre Anhänger die Wirklichkeit eines Kapitels der Geschichte verbogen haben, um einem Teil der Wähler ihrer Partei zu gefallen. Es ist nachgerade zur Gewohnheit geworden, dass U.S.-Aussenpolitik an Interessengruppen freigegeben wird, was Amerikas Ansehen in der Welt kompromittiert. Und noch viel wichtiger: Wird die Aufmerksamkeit auf ein geschichtliches Ereignis gelenkt, nur um dadurch heutigen privaten Interessen zu dienen, mindert dies unser Verständnis für das Geschehen in der Welt. Sowohl die Anschuldigungen als auch die darauffolgenden Entgegnungen konzentrierten sich ausschliesslich auf das Verhalten der Schweiz, anstatt die wesentlichen Zusammenhänge des Krieges im Auge zu behalten: drohende Inflation wegen erpresserischer Preise Deutschlands; Deutschlands Weigerung, für industrielle Güter zu bezahlen; der Run aus aller Welt auf Gold auf dem innerschweizerischen Markt, usw. Zusammenfassend muss gesagt werden, dass die Kontroverse unserem Verständnis für die Kunst des Politisierens unter Zwang eher abträglich war und mehr geschadet als genützt hat.

Aus der Erfahrung der Schweiz, jenem demokratischen Land mit freier Marktwirtschaft, das vier Jahre lang zwischen Mussolinis Italien und Hitlers Reich in den Alpen in der Falle sass, können wir viel lernen über die richtige Mischung von militärischer Abschreckung und wirtschaftlichem Anreiz, sowie über den Ausgleich der Innenpolitik eines vielfältigen Landes mit dem internationalen Gleichgewicht der Kräfte. Die schweizerische Erfahrung bestätigt auch die uralte Regel, dass sich die Fähigkeit eines Landes, auf ein anderes Einfluss zu nehmen, proportional verhält zu seiner Fähigkeit, das andere Land zu bedrohen oder zu beschützen. Amerikanische Staatsmänner im Zweiten Weltkrieg kannten diese Regel. Aber ihren Enkelkindern, die mit Bildern spielen, sind sie weitgehend unbekannt.

Ein Pseudo-Ereignis
Aus der Anti-Schweiz-Kampagne selbst können höchstens unwesentliche Lehren gezogen werden. Sie geben allenfalls Hinweise auf den Zustand der amerikanischen Politik am Ende des zwanzigsten Jahrhunderts. Das einzige tatsächliche Ereignis bestand darin, dass einmal mehr eine Koalition mächtiger Amerikaner mittels einer Kampagne die Macht und das Prestige der Regierung der Vereinig-

ten Staaten von Amerika missbraucht hat, um Geld in ihre eigene Tasche zu leiten.

Jedem aufmerksamen Beobachter musste sofort klar werden, dass die Kampagne gegen die Schweiz ein Pseudo-Ereignis war, denn jene, die sie führten, meinten nicht wirklich, was sie sagten. Einige Leute, auch amerikanische Beamte, sprachen über das Schweizer Volk, mit dem die Vereinigten Staaten stets freundschaftliche Beziehungen gepflegt hatten, als handle es sich um einen langjährigen Feind. Sie deuteten vernehmlich wirtschaftliche Repressalien an, falls die Schweiz nicht eine beträchtliche Summe bezahle, und zwar nicht an das amerikanische Finanzministerium und zu Gunsten der Öffentlichkeit, sondern an eine gewisse *private* Organisation. Wenn die Anschuldigung, die Schweiz habe heimlich mit den Nazis unter einer Decke gesteckt, der Wahrheit entsprochen hätte, wäre die dafür vorgesehene Kompensation, nämlich die Bezahlung eines Prozents des jährlichen Bruttosozialprodukts der Schweiz an den World Jewish Congress und andere private Organisationen, sicher viel zu gering gewesen. Wäre die Schweiz *tatsächlich* Komplizin bei einem der schlimmsten Verbrechen dieses Jahrhunderts gewesen, und hätten wir *tatsächlich* erst jetzt heraus gefunden, dass die Schweiz bei Hitlers Plänen dabei war, hätte die Schweiz richtigerweise als verräterischer Feind behandelt werden müssen. Aber niemand hat im Kongress ein diesbezügliches Papier eingebracht, noch erhob die amerikanische Regierung eine entsprechende Anklage oder veranlasste wenigstens rein formell eine diesbezügliche Studie. Kein Ministerium der Regierung hat je beabsichtigt, das im Jahre 1946 zwischen den Vereinigten Staaten und der Schweiz abgeschlossene Abkommen, welches die Ansprüche aus dem Zweiten Weltkrieg regelt, zu widerrufen, und noch weniger hat ein Ministerium nur erwogen, gegen die Schweiz einen Wirtschaftskrieg zu führen.

All dies war also nur ein neuer Fall von halboffiziellem Gebrauch amerikanischer Macht, um Geld von weniger begüterten Leuten an von mächtigen Beamten geförderte private Wähler fliessen zu lassen, die dann wieder einen Teil dieses Geldes zurück an jene Beamten fliessen liessen, die dies alles ermöglicht hatten. Ein Grundmerkmal von Pseudo-Ereignissen besteht darin, dass sie den Interessen ihrer Verursacher dienen. Edgar Bronfmans World Jewish Congress, der Haupturheber der Kampagne ausserhalb der Regierung, war auch einer ihrer Profiteure. Was Präsident Clinton und Senator D'Amato betrifft, wurden sie von Edgar Bronfman im voraus mit massgeblicher politischer Schützenhilfe belohnt. Zusammenfassend muss festgestellt werden, dass die heutigen amerikanischen Politiker mit humanitärer und moralischer Verunglimpfung ebenso spielen, wie sie das mit anderen tödlichen Waffen der Staatsgewalt tun.

Am 23. April 1996 eröffnete Senator D'Amato ein Hearing des U.S.-Bankenkomitees des Senats mit den Worten: „Wir verfügen über kürzlich veröffentlichte Dokumente, welche ein neues Licht" auf die Rolle der Schweiz im Zweiten Weltkrieg werfen.[3] D'Amato behauptete, das in den 1930er Jahren bei Schweizer Banken deponierte Geld von Juden, wie zum Beispiel jenes des Vaters einer seiner Wählerinnen, Greta Beer, belaufe sich „auf Hunderte von Millionen Dollar ..., die unter der Regie der Nazis in der Schweiz versteckt worden sind; wir werden es herauskriegen."[4] Der einzige Beweis für diese unsinnige Aussage war ein Bericht vom Hörensagen aus dem Jahre 1945, nach dem jemand berichtet habe, er hätte 28 Millionen Dollar bei einer Schweizer Bank deponiert. Die schweizerische Regierung stellte fest, dass im Jahre 1996 insgesamt nur 32 Millionen Dollar an nachrichtenlosen Vermögen bei den wichtigsten Banken gefunden werden konnten.

Der einzige Bericht, den Senator D'Amato zitierte, war ein im *WALL STREET JOURNAL* erschienener Artikel, der aber nichts Neues gemeldet, sondern nur die vom World Jewish Congress gegen die Schweiz erhobenen Anschuldigungen wiedergegeben hatte.[5] Den emotionalen Teil beim Hearing lieferte die betagte Mrs. Beer, die mitteilte, ihr Vater habe ihr vor dem Krieg gesagt, er habe eine ganze Menge Geld bei einer Schweizer Bank deponiert. Sie wusste weder, um wieviel Geld, noch um welche Bank es sich dabei handelte. Erst recht nicht war ihr je ein entsprechendes Bankbüchlein oder eine Kontonummer vor Augen gekommen. In mitleiderregender Weise erzählte sie, wie sie zusammen mit ihrer Mutter von Bank zu Bank gepilgert sei; aber keine der Banken hätte etwas über dieses Geld gewusst.[6] Was für *Monster* – fragte D'Amato – konnten dieser netten alten Dame Gerechtigkeit verweigern? (Und wie beschämt musste einer feststellen, dass D'Amato damit nichts beweisen konnte.) Schande auch über die Bankangestellten, die sich weigerten, einer Fremden, die am Schalter irgendeine Geschichte über einen toten Geldeinleger erzählte, Geld auszubezahlen.

Dann kam die Drohung. Diese betraf mehr Geld, als Familien wie die der Beers je hatten besitzen können. Edgar Bronfman bezeugte:

> ... die Dokumente, die Ihr Komitee und andere in dieser Sache Tätige aufgedeckt und vorlegt haben, zeigen, dass die Schweizer während der Nazi-Zeit alles andere als neutral gewesen sind. Ihre Beihilfe an die Nazi-Kriegsmaschinerie durch die heimliche Umwandlung von Raubgold in Schweizer Franken erlaubte den Deutschen, Brennstoff und anderes Rohmaterial zu kaufen, das sie zur Verlängerung des Krieges brauchten. Zeugenaussagen in amerikanischen Hearings des Senats nach dem Krieg lassen vermuten, dass dies die Verluste von amerikanischen Soldaten, alliierten Soldaten, Juden und anderen Zivilisten auf dem ganzen Kontinent erhöhte.

Nachdem er Andeutungen in Tatsachen und Anschuldigungen in Beweise umgewandelt hatte, erklärte Bronfman weiter: „Ich spreche heute zu Ihnen im Namen des jüdischen Volkes. In Ehrfurcht spreche ich zu Ihnen auch im Namen der sechs Millionen Menschen, die nicht mehr für sich selber sprechen können."[7] Indem er so alle Macht und moralische Autorität für sich in Anspruch nahm, masste sich Bronfman das Recht an, über das zu verfügen, was er die gerechte Hinterlassenschaft der Nazi-Opfer nannte. D'Amato hatte von „Hunderten von Millionen" Dollar gesprochen, während Bronfman „Milliarden" erwähnte. Das Geld werde – so Bronfman – sowohl an die Überlebenden des Holocausts als auch an Einzelne und Institutionen ausbezahlt, an Museen und Schriftsteller, welche die Erinnerung an den Holocaust aufrecht erhielten. Es gäbe nicht mehr viele Überlebende des Holocausts, und ihre Zahl werde stetig kleiner. Die Begünstigten der zweiten Kategorie würden sich jedoch längerfristig zu politischen Freunden jener entwickeln, die deren

Lebensunterhalt mit Schweizer Geld beschafften. – Wohlgemerkt: zu jenem Zeitpunkt wollten Bronfman und D'Amato das Geld bei der Schweizer Regierung – also beim Schweizer Steuerzahler – abrufen. Warum hätte die schweizerische Bevölkerung solchen Forderungen überhaupt Gehör schenken und diese gar erfüllen sollen? Weil hinter ihnen die bedrohende Beharrlichkeit der Clinton-Administration stand. Zum ersten Mal wurde die Drohung durch *Stuart Eizenstat*, den amerikanischen Sondergesandten für Eigentumsrückforderungen in Zentral- und Osteuropa, ausgesprochen, der gleichzeitig auch Staatssekretär im amerikanischen Handelsministerium und Freund Präsident Clintons war.

Eizenstat erklärte vor dem Senat, sein Ziel sei es, die Schweizer Banken zu grösster Offenheit beim Verfassen des Berichts über nachrichtenlose Vermögen zu bringen, ausserdem sicherzustellen, dass die Erben das erhielten, was ihnen rechtmässig zustünde, und schliesslich alle nicht vererbbaren Vermögenswerte an betagte Juden in Osteuropa zu verteilen. Wer konnte etwas dagegen einwenden? Eizenstat berichtete aber ausserdem, seine Aufgabe sei es, die durch Mr. Bronfmans Organisation vorgebrachten Forderungen mit der Autorität der amerikanischen Regierung auszustatten, durch „Gespräche von Regierung zu Regierung und mit Unterstützung internationaler und lokaler Organisationen".[8]

Praktisch bedeutete das, dass die amerikanische Regierung mit der Schweiz erst zufrieden sein würde, wenn auch Bronfman *und seine Gefolgschaft* dies waren. D'Amato unterstrich diese Ansicht, als er abschliessend zu Eizenstats Aussage meinte: „Ich vertraue fest darauf, dass wir uns auf eine ‚vereinte Gerichts-Presse' unter Ihrer Regie im Namen der Administration verlassen können." Diese Gerichtspresse schloss sowohl die zahllosen Interventionen *Madeleine Kunins*, der amerikanischen Botschafterin in Bern, als auch die Rede von Aussenministerin *Madeleine Albright* vor dem Schweizer Parlament ein.

Bemerkenswert ist, dass Botschafter Eizenstats formelle Auftragsformulierung die Schweiz überhaupt nicht einschloss. Diese Formulierung beinhaltete nämlich „das nicht diskriminierende, transparente und gerechte Durchsetzen von Forderungen, die durch die Konfiskation von Eigentum durch die Nazis, ihre Sympathisanten oder die kommunistischen Regierungen während und nach dem Zweiten Weltkrieg in Zentral- und Osteuropa entstanden sind." Ungeachtet dessen schloss sein Druck auf die Schweiz die Bestellung eines umfangreichen Berichtes der U.S.-Regierung ein, der seinen Namen trägt und als Basis für die Kampagne gegen die Schweiz und andere westeuropäische Länder diente.

Das Vorwort des Eizenstat-Berichts fragt: „Warum diese plötzliche Welle von Interesse an den tragischen Ereignissen, die vor vierzig Jahren passierten?" Und seine Antwort: „Die aussergewöhnliche Führerschaft und Vision einiger weniger Leute, die dieses Thema in die Agenda der Welt aufgenommen haben, ist der zwingende Grund: ... Edgar Bronfman, Israel Singer, ... Senator Alfonse D'Amato von New York und Präsident Bill Clinton. ..."[9] Der Bericht lässt auch keinen Zweifel daran, dass diese aussergewöhnlichen Führer sich Urteile zu eigen machten, die während der Roosevelt- und Truman-Administrationen vorgebracht, dann aber zurückgewiesen worden waren. Anstatt neue Tatsachen aufzudecken, kehrte der Eizenstat-Bericht Bewertungen alter Fakten von Amerikanern, die siegreich gegen die Nazis gekämpft hatten, in ihr Gegenteil um. Bei der Vorstellung seines Berichtes sagte Eizenstat: „Es ist unsere Aufgabe, die nicht erledigte Sache der traumatischsten und tragischsten Ereignisse des zwanzigsten Jahrhunderts zum Abschluss zu bringen." Der Hauptverantwortliche für das Verfassen des Berichts, *William Slany*, sprach ganz offen vom Rückgängigmachen von Handlungen der vorhergehenden Generation, indem er sagte: „Nun werden Dinge getan, die damals nicht hatten getan werden können."

Gemäss dem Bericht „waren Aussenminister *E.R. Stettinius Jr.* und seine Ministeriumskollegen Ende 1944 der Ansicht, dass die schweizerische Neutralität, alles in allem genommen, für die Alliierten während des Krieges eher positiv als negativ war."[10] Es gab aber, so der Bericht, in der amerikanischen Regierung auch Leute, die nicht so gut von den Schweizern dachten, an erster Stelle Henry Morgenthaus Finanzministerium und das Office of Strategic Services (OSS). Dem war tatsächlich so. Der Bericht erwähnt jedoch nicht, dass diese Leute in der U.S.-Regierung an Überzeugungskraft verloren, (z.B. wollte der Morgenthau-Plan Deutschland zu einem reinen Agrarstaat machen) und dass sie tendenziell der sowjetischen Politik zuneigten. Der Bericht erklärt auch nicht, warum den antischweizerischen Ansichten mehr Glauben geschenkt werden sollte als den proschweizerischen. Der Bericht reiht eher eine Anschuldigung an die andere und beschuldigt, kurz gesagt, die Präsidenten der Vereinigten Staaten der damaligen Zeit und deren Aussenminister, sie hätten die damals gegen die Schweiz erhobenen Forderungen nicht für voll genommen. „Entgegen den Einwänden des Finanzministeriums [...] entschloss sich die amerikanische Regierung, keine weiteren Sanktionen in die Wege zu leiten."[11] Diese Aussage impliziert unterschwellig, der damalige Entscheid sei falsch gewesen und die amerikanische Regierung habe jetzt Grund – wenn nicht sogar die Verpflichtung –, anders zu handeln.

Den Effekt dieser Litanei geschickt zusammenfassend, bemängelte Senator D'Amato die ungenügende „moralische Standhaftigkeit" der Leute, die damals Amerika regierten, weil sie, indem sie die Schweiz nicht als feindliches Land behandelten, „eine Verpflichtung missachteten". Er schäme sich deshalb, ein Amerikaner zu sein, meinte D'Amato. Das ist starker Tobak, aber nicht ernst zu nehmen.

Hätten der Bericht und die Kampagne versucht, das Bild der Schweiz in den Vereinigten Staaten zu revidieren, und nicht als Vorwand für eine Erpressung gedient, wäre dies eine schwere Arbeit gewesen. Traditionsgemäss sind die Amerikaner der Schweiz sehr wohl gesonnen. Aus Sicht des Durchschnitts-Amerikaners sind die Schweizer jodelnde Alpenbewohner, die gute Schokolade, Uhren und Offiziersmesser machen.

Die „Bibel der Mittelklasse", *NATIONAL GEOGRAPHIC*, veröffentlichte bewegende Schilderungen darüber, wie das von Schweizern geführte Internationale Komitee vom Roten Kreuz die Schrecken des Krieges linderte und sich der Opfer des Krieges annahm.[12] Europa und die Welt – so *NATIONAL GEOGRAPHIC* – könnten froh sein, den Platz auf dem Dache des alten Kontinents durch eine so multiethnische, multireligiöse Nation besetzt zu sehen, die sich sowohl nach innen wie gegenüber ihren Nachbarn dem Frieden verpflichtet fühle. Internationale Organisationen, die den Weltfrieden suchten, hätten ihre Hauptquartiere in der Schweiz aufgeschlagen, die als Paradies für Verfolgte und Unterdrückte gelte. Sogar Senatorin Barbara Boxer (Demokratin – Kalifornien), eine treue Anhängerin Clintons und Mitverfechterin der Anschuldigungen, begann ihre Rede vor dem D'Amato-Komitee mit folgender Standardansicht: „In meinen Kindheitserinnerungen sehe ich die Schweiz als Paradies für die Juden, die entkommen konnten. Ich hatte dort einen Cousin, den ich besuchte, und der zusammen mit seiner Frau die Schweiz tatsächlich als Basis dafür benutzte, vielen Juden zu helfen, aus Deutschland und anderen Teilen Europas zu fliehen. Deshalb entbehrt es nicht der Ironie, dass wir uns nun in dieser Situation befinden."[13] D'Amato zog gleich und gestand, auch er habe die allgemein verbreitete Unkenntnis über die schweizerische Bösartigkeit geteilt, und er frage sich nun, was der Grund dafür gewesen sein könnte, dass diese Tatsache so lange verheimlicht wurde.

Die proschweizerische, rechtslastige Verschwörung auf höchster kultureller Ebene muss in der Tat ungeheuer gross gewesen sein. Vor 1995 fand man in der seriösen Literatur kaum ein hartes Wort über die Schweizer. Sogar *Niccolò Machiavelli*, aus dessen Feder selten Lob floss, beschrieb 1512 die Schweizer als „sehr wehrhaft und sehr frei" – ein Volk, das die Grundlagen der Staatsführung kenne und sie dazu verwende, seine gesunde Lebensart abzusichern.[14] Der Stanford-Historiker *James Murray Luck* und *Rolf Kieser*, Professor an der City University New York (CUNY), sind zwei der vielen Autoren, die mithalfen, das Bild der Schweiz als „Schwester-Republik" Amerikas zu verbreiten, eines Landes, in dem die meisten politischen Angelegenheiten auf Gemeindeebene durch Volksabstimmung entschieden werden und wo selbst Entscheidungen auf Bundesebene sehr häufig durch das Referendum getroffen werden.[15] Weder Föderalismus noch Demokratie, schon gar nicht in so hohem Ausmass, hätten Bestand, wenn die Bevölkerung nicht über eine ungewöhnlich grosse Toleranz verfügte und gewohnt wäre, die Bürgertugenden in der Praxis auszuüben. An erster Stelle unter den allgemeinen Pflichten steht der Dienst in der Milizarmee.

Was den Zweiten Weltkrieg betrifft, stammt das massgebendste Urteil über die Schweiz von *Winston Churchill*, dessen persönliches Engagement für besonnenes Führen jenes von Bill Clintons offensichtlich übertraf, und dessen Wissen um die Nazi-Machenschaften mindestens jenem von Alfonse D'Amato gleichkam. Churchill schrieb:

> Ich wünsche ein für allemal festzuhalten: Unter allen Neutralen hat die Schweiz den grössten Anspruch auf Auszeichnung. Sie war die einzige internationale Kraft, welche die grässlich zerstrittenen Nationen noch mit uns verband. Was bedeutet es schon, dass es ihr nicht möglich war, uns die wirtschaftlichen Leistungen zu erbringen, die wir wünschten, oder dass sie den Deutschen zuviel gegeben hat, um sich selber am Leben zu erhalten? Sie war ein demokratischer Staat, der in seinen Bergen für Freiheit in Selbstverteidigung stand, und in Gedanken, ungeachtet ihrer Herkunft, grösstenteils auf unserer Seite stand.[16]

Was wäre wohl geschehen, wenn Clinton und Eizenstat den Nazis auf der Höhe ihrer Macht real gegenübergestanden hätten, und nicht nur ihrem schimpflichen Andenken? Sie hätten sie wohl mit ebensolcher Nachsicht behandelt wie die Sowjetunion, als diese noch den Wind in ihren Segeln hatte.[17] Als Hitler noch fest im Sattel sass, verweigerte nur ein einziger europäischer oder amerikanischer Staatsmann die Gelegenheit, ihm seine Anerkennung zu zollen. Das war Winston Churchill. Wenn aber die Aussagen Clintons, D'Amatos und Eizenstats über die Schweiz richtig wären, bedeutete dann die durch Churchill ausgedrückte Solidarität mit der Schweiz, dass er schlecht informiert oder zu wenig anti-nazistisch war?[18] Und die Präsidenten *Roosevelt* und *Truman* sowie ihre Aussenminister, welche die Schweiz in schwierigen Zeiten eher als Freund und nicht als Nazi-Verbündeten behandelten: Waren auch sie Getäuschte?

Die für die Führung des Wirtschaftskrieges gegen die Achsenmächte Verantwortlichen haben schon vor langer Zeit die aussenpolitischen Hintergründe für die Behandlung der Schweiz geschildert. 1946 schrieben *David L. Gordon* und *Royden Dangerfield*, wie die U.S.-regierungsamtliche, von ihnen geleitete „Blockade-Abteilung, Administration für ausländische Wirtschaft", neutrale Staaten dazu zwang, ihre wirtschaftliche Tätigkeit mit den Achsenmächten zu reduzieren und die Kriegsanstrengungen der Alliierten zu unterstützen. Die

Schweiz – so schrieben sie – sei als Spezialfall betrachtet worden, weil sie total umzingelt gewesen sei. Deshalb durfte die Schweiz mit Erlaubnis der alliierten Wirtschaftskrieger fünfmal mehr Güter als andere neutrale Länder an den Feind liefern. Was die Frage betraf, wer auf welcher Seite stand, schrieben diese beiden Männer:

„Die grosse Mehrheit der Schweizer und Schweden hofften zweifellos auf einen alliierten Sieg. Aber die Alliierten drohten nicht mit Invasion wie die Nazis. Bis sich ein alliierter Sieg abzeichnete, wichen Schweden und die Schweiz nur in eine Richtung von der Neutralität ab, nämlich zu Gunsten von Deutschland. Sie gaben nur zögernd nach, wichen nur Zentimeter um Zentimeter zurück, sträubten sich, so lange es ging, und suchten immer nach Verhandlungspunkten, die ihnen Spielraum versprachen – aber sie gaben eben doch nach. Sie kämpften jedoch hartnäckig darum, mit der alliierten Welt in Verbindung zu bleiben. ... So blieben sie kleine Inseln des Friedens und des bescheidenen Wohlstandes im versklavten und belagerten Kontinent."[19]

Im Vorwort seines Buches *The Hidden Weapon* erzählt *Thomas K. Finletter*, der als Sonderbeauftragter von Aussenminister E.R. Stettinius Jr. gedient hatte und ein enger Vertrauter von Franklin Roosevelt war, dass Gordon und Dangerfield mit ihrer Blockade-Abteilung der siegreichen Politik der Administration auf bewundersweise Weise zum Durchbruch verholfen hätten.

Auf welcher Basis kann also Eizenstat diesen Beurteilungen widersprechen? Tatsächlich *versucht sein Bericht nicht einmal aufzuzeigen, warum Churchill, Roosevelt, Stettinius oder Amerikas Wirtschaftskrieger Unrecht gehabt haben sollten* – weshalb ihm auch der intellektuelle Respekt verweigert werden muss. Aber wer Macht und soziales Prestige besitzt, ist wohl nicht auf Respekt angewiesen.

Der Eizenstat-Bericht geht auch auf den Streitpunkt ein, der bei der extremen Linken in der Schweiz seit Kriegsbeginn immer schon ein bevorzugtes Thema war. Die Schweiz ist ein sehr konservatives Land. Die Frauen erhielten das nationale Stimm- und Wahlrecht erst im Jahre 1971. Lieblingsvorschläge von Intellektuellen der extremen Linken, wie zum Beispiel die Aufhebung der allgemeinen Wehrpflicht, werden in Abstimmungen regelmässig abgelehnt. Die Sozialdemokratische Partei der Schweiz schloss mitten im Zweiten Weltkrieg extrem linke Minderheiten aus. Seitdem versuchten diese marginalisierten Linksintellektuellen, die Rechtmässigkeit der Sozialordnung ihres Landes zu bestreiten und beschuldigen ihr Land sogar, beim Holocaust mitgeholfen zu haben. Das *NEW YORK TIMES MAGAZINE* fasste dies alles mit einem Zitat des Schweizer Schriftstellers und notorischen Radikalen *Adolf Muschg* zusammen: „Auschwitz war auch in der Schweiz."[20, A] Vielleicht um zu beweisen, dass sie vom konventionellen Begriff „Wahrheit" nichts hielt, vergass die *TIMES* zu erwähnen, dass diese Aussage buchstäblich falsch war und ähnliche Unrichtigkeiten überall in dieser Sammlung von Anschuldigungen zu finden sind. Man muss nur *EINE SCHWEIZ OHNE ARMEE*, eine Publikation der extremen Linken der Schweiz, lesen, um zu sehen, mit welchem Stolz über ein halbes Jahrhundert hinweg alle Themen, die in der Kampagne der Clinton-Administration aufgegriffen wurden, auch als Teile der Propaganda bei den extremen Linken benutzt worden sind: Das schweizerische soziopolitische System trage Mitverantwortung für den Mord an den europäischen Juden.[21] Dessen ungeachtet war all dies der Clinton-Administration eben recht.

Gemäss der Clinton-Administration sind also Leute wie Winston Churchill, Franklin Roosevelt und Harry Truman, fast alle Historiker, die Flut der Journalisten und der gewöhnlichen Leute, die während der letzten fünfzig Jahre mit der Schweiz zu tun hatten, bestenfalls Narren und schlimmstenfalls Nazi-Sympathisanten.

Um nun die Wirklichkeit ernst zu nehmen, ist zu fragen: Welche Einblicke in die Logik internationaler Angelegenheiten erbrachten die Erfolge und Unzulänglichkeiten der Schweizer im Zweiten Weltkrieg?

Militärische Abschreckung
Vor 1940 verliess sich das schweizerische Militär auf seine in der Öffentlichkeit wohlbekannte Möglichkeit, über 10% der Bevölkerung unter die Waffen zu rufen, um in gut vorbereiteten Grenzstellungen ihre international garantierte Neutralität gegen alle Eindringlinge zu

verteidigen. In Wirklichkeit aber war die militärische Sicherheit der kleinen Schweiz seit dem Hochkommen der Nationalstaaten vom Willen einer Nachbarmacht abhängig, mit militärischer Hilfe eine andere Nachbarmacht daran zu hindern, die Schweiz für eigene Zwecke zu gebrauchen. So hielten sich die Schweizer im Ersten Weltkrieg die Deutschen vom Halse, indem sie auf die Hilfe der Franzosen setzten, und entsprechend setzten sie im umgekehrten Fall auf die Hilfe der Deutschen. Bei Beginn des Zweiten Weltkrieges fühlten sich die Schweizer ausschliesslich von den Deutschen bedroht. Aber sie hofften, Frankreich und auch Italien seien stark genug und entschlossen, ihre schweizerischen Flanken zu sichern. Als Frankreich fiel und Italien an Deutschlands Seite in den Krieg eintrat, sah sich die Schweiz unerwarteterweise ganz auf ihre eigenen militärischen Kräfte zurückgeworfen.

Im besten Fall konnten diese militärischen Kräfte Deutschlands Kosten einer Besetzung als zu hoch erscheinen lassen. Und das hing davon ab, inwieweit die Schweiz den Wert ihrer drei militärischen „Aktivposten" – Alpenterrain, Gotthard- und Simplontunnel sowie die historische Kampfbereitschaft der Schweizer Soldaten – maximieren konnte. Maximales Nutzen des Alpenterrains erforderte aber die Opferung der Hälfte des Landes und mehr als zwei Drittel der Bevölkerung. Mit diesen Opfern wäre die Lebensgrundlage der Schweizer Bevölkerung zerstört worden. Deren Widerstandskraft wurde durch die bewusst geförderte Bereitschaft der Armee zum Kampf bis zum Tod so weit angefacht, dass manche einflussreiche Schweizer befürchteten, Deutschland könnte sich dadurch provoziert fühlen.

Mehrmals rechnete die deutsche Wehrmacht mit drei bis sechs Tagen bis zu einem Sieg über die Schweizer Armee – vergleichbar der Dauer des Feldzuges gegen Belgien – und dem Einsatz von neun bis zwölf Divisionen, einschliesslich vier Panzerdivisionen.[22] Diese zuversichtliche Haltung gründete in der Tatsache, dass sich die Schweizer Armee seit dem Ersten Weltkrieg nicht stark verändert hatte. Eine moderne Streitmacht musste nicht mit den Gräben und Maschinengewehrstellungen entlang dem nördlichen Mittelland der Schweiz rechnen. Aber das deutsche Oberkommando war sich auch bewusst, dass die Schweizer Armee daran gehindert werden musste, sich in geordneter Formation südwärts in die Alpen zurückzuziehen. Die in ihren Bergtälern verschanzte Schweizer Armee zu besiegen würde fast unmöglich sein.

Die Schweizer Armee ihrerseits kam zu den gleichen Schlussfolgerungen, weshalb sie den grössten Teil ihrer Armee vom nördlichen Mittelland in die südlicher gelegenen Alpentäler verlegte. Die militärische Logik dieses nationalen Reduits war in sich selbst schlüssig, weit weniger galt dies für die politische Logik. Der Rückzug ins Reduit bedeutete ja, mindestens zwei Drittel der Bevölkerung, einschliesslich der Familien der Soldaten, der Nazi-Besetzung auszuliefern. Wenn andererseits die Armee im Mittelland verblieb, würde sie ohnehin besiegt und das ganze Land besetzt werden. Kein Schweizer wollte die grösseren Städte des Landes einfach der Besetzung durch die Deutschen preisgeben, und kein Deutscher wollte, dass sich die Schweizer Armee in den Alpen verschanzte, und dass so die lebenswichtigen Alpentunnels nach dem Mittelmeer gesperrt würden und ein Guerrillakrieg im Gebirge drohe. Die Schweizer entschlossen sich also für eine militärische Strategie, bei der ernsthafte Verluste in Kauf genommen werden mussten, um den Feind abzuschrecken. Selbstverständlich zielen die meisten Abschreckungsstrategien darauf ab, den letzten Schritt zu vermeiden. Militärische Abschreckung ist zumeist ergänzendes Instrument für andere politische Massnahmen zur Verhinderung des Krieges. So war es auch in der Schweiz.

Die politische Heimatfront
Welches Vorgehen – politisch, wirtschaftlich, militärisch – eignete sich am besten für ein demokratisches, pluralistisches Land, das von einem Feind mit dreissig Mal mehr Arbeitskräften und Ressourcen umzingelt war? Es wäre wirklich sonderbar gewesen, wenn diese Frage nicht hitzige Debatten ausgelöst hätte. Das Schweizer Volk hat nie bezweifelt, dass Nazi-Deutschland der Feind war. Aber wie konnte die schweizerische Regierung dem Druck jener Leute standhalten, die aus dem anscheinend unvermeidlichen Sieg Deutschlands ihren Gewinn ziehen wollten? Auch in der Schweiz gab es einige Kommunisten, die zuerst mit Hitler sympathisierten und dann,

als die Nazis die Sowjetunion überfielen, für Unruhe sorgten. Auch gab es gewinnsüchtige Geschäftsleute und schwache Politiker. Die Schweizer mussten sich daran gewöhnen, offiziell und inoffiziell sanft mit und über Deutschland zu reden, denn die Schweiz hatte keinen grossen Handlungsspielraum. Aber wie kann ein Volk seine Moral aufrecht erhalten, wenn es sich auf die Zunge beissen muss? Wie kann eine Nation die Prinzipien der individuellen und wirtschaftlichen Freiheit hoch halten, wenn die Umstände verlangen, dass das Land Wirtschaftsplaner bevollmächtigen und sogar Zwangsarbeit befehlen muss, um Nahrung zu beschaffen?

Im Jahre 1940 wurde ein grosser Teil der Weltbevölkerung durch die militärischen Siege Deutschlands demoralisiert. Weil Macht die Menschen meistens dazu bringt, sich instinktiv zu beugen, waren die Völker Kontinentaleuropas geneigt, sich der Neuen Weltordnung anzupassen. Auf der ganzen Welt (nicht zuletzt auch in Washington, D.C.) empfand man Charles de Gaulles Aufruf, sich auf Ehre und Widerstand zu besinnen, weithin als völlig illusionär. Die Sowjetunion und die progressiven westlichen Führer, die ihrer Haltung folgten, verweigerten Nazi-Deutschland gegenüber den Widerstand durch Gedanken, Worte oder Taten. In den Vereinigten Staaten sprach Franklin Roosevelt in beschönigenden Worten über Hitlers Neues Europa, u.a. weil einige seiner wichtigsten Wähler, wie Joseph Kennedy, dafür Sympathien zeigten, während sich andere nach Hitlers damaligem Verbündeten Stalin ausrichteten. Trotzig brüllte der Löwe Winston Churchill vom Englischen Kanal her. Aber sein Rückgriff auf ein edleres Zeitalter konnte ein durch Pro-Nazis geschwächtes Establishment kaum überzeugen.

In der multiethnischen und vom Feind völlig eingeschlossenen Schweiz, wo alles den Ideen von Hitlers Neuem Europa diametral entgegenlief, deren Presse Hitler täglich in seiner eigenen Sprache beschimpfte und wo die Nazi-Subversion auf vollen Touren arbeitete, war es äusserst schwierig, den Zusammenhalt zu bewahren und das Staatsschiff zwischen den beiden Klippen Kapitulation und trotzigem Widerstand hindurch zu steuern. Während des Kalten Krieges wurde der Begriff „Finnlandisierung" geschaffen, um das Schicksal eines kleinen, freien Volkes zu umschreiben, das von der Gemeinschaft der freien Völker abgeschnitten und gezwungen war, sich mit einem totalitären, supermächtigen Nachbarn zu arrangieren. Der Schweiz gelang es jedoch während der Kriegszeit, sich eine grössere Unabhängigkeit als Finnland zu bewahren.

Der Ausgang des Kampfes an der inneren Front der Schweiz war nur während des Sommers 1940 ungewiss. Während Diplomaten und Industrielle die Deutschen versöhnlich zu stimmen versuchten, rief der schweizerische Oberbefehlshaber, General Henri Guisan, seine Truppen zusammen und drängte die Politiker zu Entscheidungen. Ein Instrument des Generals, die Organisation *Heer und Haus*, verbreitete Entschlossenheit im Volk. Obwohl Bundespräsident Marcel Pilet-Golaz einer diplomatisch-anpasserischen Haltung zuneigte, folgte er der öffentlichen Meinung, die voll hinter der Armee stand, und war damit einverstanden, dass die Anhänger des Feindes aus dem politischen Prozess ausgeschlossen wurden. Durch die Inhaftierung und Hinrichtung einer ansehnlichen Zahl von Schweizer Bürgern, die der Spionage für Deutschland überführt worden waren, versicherte sich die Schweiz erneut ihrer eigenen Identität und jener des Feindes. Glücklicherweise wurde nach 1942, als die Zweifel an Deutschlands Sieg wuchsen, die Bekämpfung der Nazi-Subversion leichter.

Als Rettungsboot inmitten vieler Schiffswracks wirkte die Schweiz wie ein Magnet auf Flüchtlinge aller Art. Als der Vorsteher des Schweizer Justiz- und Polizeidepartementes 1942 erklärte, das Boot sei voll, beherbergte die Schweiz mit ihren vier Millionen Einwohnern bereits 80 000 Flüchtlinge. Bis zum Ende des Krieges stieg diese Zahl auf ungefähr 300 000 an. Davon waren etwa 20 000 Juden, was ungefähr einem halben Prozent der Schweizer Bevölkerung entsprach. Proportional nahm die Schweiz also fünfmal mehr Flüchtlinge auf als die Vereinigten Staaten.

Der etwas eigenartige Aspekt im Verhalten der Schweiz gegenüber Flüchtlingen – nämlich die Diskrepanz zwischen dem, was die Landesregierung vorschrieb, und dem, was dann tatsächlich geschah – ist auf die ungewöhnliche dezentrale Struktur der Schweiz zurückzuführen. Kurz gesagt: Der Bundesrat erliess restriktive Vorschriften für die Zulassung der Flüchtlinge, kantonale Regierungen legten diese Vorschriften in der Praxis anders aus, Gemeindebehörden beugten sie und private Organisationen und Einzelpersonen (wahrscheinlich auch die Verwandten von Senatorin Barbara Boxer) ignorierten sie oft, vor allem angesichts der menschlichen Konsequenzen einer Ausweisung dieser schutzbedürftigen Menschen. Deshalb füllte sich das Rettungsboot kontinuierlich, insbesondere nachdem der dafür Verantwortliche erklärt hatte, es sei voll.

Ein beispielhafter Fall ereignete sich 1942 in Bern. Ein junges jüdisches Ehepaar aus Belgien, das in die Schweiz hatte fliehen können, verbrachte die Nacht auf dem jüdischen Friedhof. Mit grösster Zuvorkommenheit wurde das junge Paar von Zürcher Polizeibeamten ins Polizeirevier gebracht, wo man mit den Bundesbehörden Verbindung aufnahm, die – so glaubte die Zürcher Polizei – sich des Paares annehmen würden. Als die Bundesbehörden jedoch das junge Paar auswiesen, begannen Einzelpersonen und die Gemeindebehörden in Zürich, Flüchtlinge zu verbergen. Gewöhnliche Bürger in Grenznähe taten das gleiche; sie waren vom mitleiderregenden Anblick schockiert, den von Grenzwächtern abgewiesene Flüchtlinge boten. Als sich das Kriegsglück gegen die Achsenmächte wandte, kamen – wen erstaunt's – mehr Flüchtlinge herein. Das Gleichgewicht der Kräfte konnte das Verhalten nicht bestimmen, aber es beeinflusste manches.

Das Gleichgewicht der Kräfte
Waren denn die Schweizer einfach Wetterfahnen, die sich nach dem vorherrschenden Winde drehten? Die klassischen Regeln der Aussenpolitik lehren uns, dass selbst grosse Nationen, ähnlich grossen Segelschiffen, sich der Windstärke anpassen müssen. In den grossen klassischen Texten über die Staatsführung, einschliesslich Thukydides' *Peloponnesischer Krieg* und Machiavellis *Discorsi*, wird gesagt, der Entscheid darüber, ob und wie bei einem Konflikt eingegriffen werden müsse, sei der schwerste und komplexeste, den Staatenführer je zu treffen hätten. Beide Klassiker fragen: Welche Seite kann uns am ehesten Schaden zufügen, wenn wir uns nicht mit ihr zusammen tun? Wie gut können wir uns gegen den Unwillen eines jeden am Konflikt Beteiligten verteidigen? *George Washington* und *Alexander Hamilton*, die sich solchen Betrachtungen sehr zugänglich zeigten, hätten sich über Rabbi Israel Singers Anschuldigung lustig

gemacht, die Schweiz habe durch ihr Neutralbleiben im Zweiten Weltkrieg die Mitte im Kampf zwischen gut und bös gewählt. Erinnern wir uns an Amerikas ersten wichtigen Entscheid von internationaler Tragweite über die Frage, ob man sich mit dem revolutionären Frankreich, das Amerika beim Unabhängigkeitskrieg gegen England geholfen hatte, zusammen tun wolle. Die amerikanische öffentliche Meinung war profranzösisch und antibritisch. Washington und Hamilton wiesen jedoch darauf hin, dass amerikanische Schiffe und Truppen weder den Charakter der französischen Revolution ändern, noch den Ausgang des Krieges beeinflussen konnten. Mit einem Kriegseintritt konnte Amerika Frankreich nicht helfen, es hätte sich selbst geschadet.[23] Obwohl Washington und Hamilton nie eine „Äquidistanzposition" zwischen Gut und Böse anstrebten, versuchten sie, mit beiden Seiten Handel zu treiben. England und Frankreich respektierten Amerikas Neutralität in dem Masse, wie Amerika sie aus eigener Kraft durchsetzen konnte. Da es sich herausstellte, dass England Amerika mehr schaden konnte als Frankreich, sah sich Amerika gezwungen, sich England zuzuwenden. Amerika beharrte jedoch auf dem Versuch, England zur Achtung seiner Neutralität zu zwingen. Die Folge war der Krieg von 1812.

Die Äquidistanzidee lag dem schweizerischen Neutralitätsverständnis so wenig zugrunde wie dem frühen amerikanischen. Freilich schätzten die früheren Amerikaner Neutralität hauptsächlich dann, wenn sie sich vorübergehend schwach fühlten, während die Schweizer schon vor langer Zeit eingesehen hatten, dass sie immer schwächer sein würden als ihre Nachbarn. Unter echten Staatsmännern ist man sich jedoch darüber einig, dass Neutralität und Krieg immer nur Wege zum Ziel, nie aber das Ziel selbst sind. Als die Schweiz nach dem Ersten Weltkrieg dem Völkerbund, der weltweite Sicherheit versprach, beitrat, gab sie ihre Neutralität weitgehend auf. Als aber Hitlers Besetzung des Rheinlandes und der Anschluss Österreichs den Völkerbund zur grausamen Farce werden liess, kehrte die Schweiz wieder zur integralen Neutralität zurück, obschon die schweizerische öffentliche Meinung so antideutsch wie nie zuvor geworden war. In den Monaten vor dem Ausbruch des Krieges plante die Schweizer Armee heimlich gemeinsame Operationen mit der französischen Armee, was einer offensichtlichen Verletzung der Neutralität gleich kam. Frankreich war die Hoffnung der Schweiz. Als diese Hoffnung zusammenbrach, war die schweizerische Neutralität gegenüber Deutschland nur noch ein Vorwand. Dieser Vorwand stützte sich auf eine Armee, die sich ihrer eigenen Schwäche bewusst war, auf eine Wirtschaft, die aktiv wertvoller war als tot, und auf ein politisches System, das den Einfluss seiner Gegner einzuschränken verstand. Die umzingelte Schweiz hoffte jedenfalls, Deutschland möge den Krieg verlieren.

Die Geschichte zeigt, dass Neutrale durch beide Kriegführenden unter Druck gesetzt werden. Im Zweiten Weltkrieg befand sich die Schweiz in der Mitte zweier konzentrischer Blockaden. Die äussere, durch die Alliierten errichtete Blockade schränkte den Welthandel von und nach der Schweiz aus dem verständlichen Grund ein, dass die Deutschen die Schweizer zur Teilhabe an ihrem Handel zwingen wollten. Die innere, durch die Deutschen errichtete Blockade schränkte den schweizerischen Export in die alliierten Länder aus dem ebenfalls verständlichen Grund ein, dass schweizerische Produkte den Alliierten helfen könnten. Zur Erhöhung des Druckes drosselte Deutschland auch den schweizerischen Import von Brennstoffen und Nahrungsmitteln. Diese beiden Blockaden hatten zur Folge, dass sich die Schweiz für jedes Pfund Handelsware, das über die Grenze des Landes gelangte, sowohl mit den Achsenmächten als auch mit den Alliierten durch Abkommen einigen musste. Dies bedeutete sogar, dass die Achsenmächte und die Alliierten unter Einschaltung von schweizerischen Vermittlern miteinander verhandeln mussten. Jede der beiden Parteien wusste, welchen Druck die andere Partei auf die Schweiz ausübte. Die völlige Transparenz der damals ausgehandelten Kompromisse lässt die heutigen Behauptungen, die Geheimnisse um diese Kompromisse würden erst jetzt endlich aufgedeckt, lächerlich erscheinen. Da aber das alltägliche Geschäft der wirtschaftlichen Kriegführung darin bestand, den Feind am besten über die Neutralen zu erpressen, übten die Deutschen Vergeltung für Konzessionen, welche die Schweiz den Alliierten zugestand, und die Alliierten für Konzessionen der Schweiz an die Deutschen.

Beide Seiten merkten jedoch, dass es vor allem im Falle der Schweiz von Vorteil war, die Schraube nicht allzu fest anzuziehen.

Beide vertrauten darauf, dass sich die Schweiz um ihre jeweiligen Kriegsgefangenen kümmerte. Beide benützten die Schweiz als Briefkasten, um miteinander zu kommunizieren, und als Basis der gegenseitigen Spionage. Stillschweigend gestatteten die Alliierten den Deutschen über die Schweiz einen gewissen Zugang zu Weltmarktgütern. Ohne ein Geheimnis daraus zu machen, kauften die Alliierten über die Schweiz das einzige industrielle Produkt, das in Deutschland in einer sonst nirgends erreichten Qualität hergestellt wurde – nämlich Glasaugen.

Wirtschaftliche Abschreckung
Wenn eine Festung vollständig eingekreist ist, kann sie gewöhnlich durch wirtschaftliche Abschnürung eingenommen werden. Die Forderungen Deutschlands an die Schweiz waren hauptsächlich wirtschaftlicher Natur. Da die Schweiz für die Hälfte ihrer Nahrung, praktisch für sämtlichen Brennstoff und für alle Mittel, die ihre Industrie benötigte, vom Aussenhandel abhängig war und für alle diese Importe die Erlaubnis Deutschlands brauchte, kamen die Deutschen in den Genuss vieler (aber nicht aller) Vorteile einer Besatzungsmacht, ohne die entsprechenden Unannehmlichkeiten in Kauf nehmen zu müssen. Sobald sich die Schweizer einer Forderung Deutschlands zu heftig widersetzten, stoppten die Deutschen den Kohlenimport oder blockierten die Lieferung von Weizen, den die Schweizer in Argentinien gekauft hatten. Andererseits verhalf der Status des Schweizer Frankens als weltweit einzige frei konvertierbare Währung – die von allen Kriegführenden benötigt wurde, um mit den Neutralen der Welt Handel treiben zu können – der Schweiz zu beträchtlichem wirtschaftlichem Einfluss auf die Achsenmächte. Die ökonomischen Beziehungen zwischen der Schweiz und Deutschland veränderten sich nach Massgabe der Entwicklung des Krieges.

Unter solchen Bedingungen lautet die Frage nicht, ob den Forderungen des Belagerers nachgegeben wird, sondern in welchem Masse. Die Strategie des Belagerten besteht darin, bei der heiklen Aushandlung der Konzessionen die weitestmögliche Kontrolle zu behalten. Aus taktischen Gründen sollte so lange wie möglich der

Vorwand aufrecht erhalten werden, die wirtschaftlichen Beziehungen wickelten sich rein geschäftsmässig ab und hätten nichts mit dem Gleichgewicht der Kräfte zu tun. Der Erfolg misst sich an den Anreizen für den Feind, die militärischen Operationen zu verschieben, am Zeitgewinn, während dem sich das Gleichgewicht der Kräfte vielleicht verschiebt, und daran, ob der wirtschaftliche Schaden begrenzt bleibt. Selten nur gelingt es einer belagerten Festung, die Bedeutung der militärischen Abschreckung zu erweitern. Der Schweiz ist jedoch dieses schwierige Kunststück mittels ihrer wirtschaftlichen Beziehungen mit dem Belagerer gelungen. Am Ende des Kriegs war die Schweiz stärker als im Jahre 1940, weil sie einige der Ressourcen, die mit Deutschlands Erlaubnis die Blockade passierten, an ihr eigenes Militär weiterleiten konnte.

Durch die Kombination von militärischer und wirtschaftlicher Abschreckung, wie sie die Schweiz einsetzte, gelang es ihr, den deutschen Angriff so lange hinauszuschieben, bis Deutschland selbst besiegt war. Dafür bezahlte die Schweiz einen wirtschaftlichen Preis, der vielleicht hoch, vielleicht niedrig war. Aber zweifellos änderten sich jeweils Preis und Charakter der wirtschaftlichen Beziehungen während des Krieges in gleichem Masse, wie sich das Gleichgewicht der Kräfte verschob. Der Würgegriff auf Brennstoff und Nahrungsmittel blieb bis 1945 unverändert. Als jedoch der deutsche Sieg fraglich und dann unwahrscheinlich wurde, und als die Fähigkeit abnahm, genügend deutsche Truppen für einen Einfall in die Schweiz bereitzustellen, verlor Deutschland die Macht, die Schweiz auf der Basis neuer Kredite zu Lieferungen zu zwingen. Die Kraft des Schweizer Frankens, die in der ersten Zeit des Krieges den wirtschaftlichen Schaden etwas lindern konnte, machte am Ende des Krieges einen Teil dieses Schadens wieder gut.

Im Krieg sind alle wirtschaftlichen Beziehungen vom Gleichgewicht der Kräfte abhängig. Weder Nazi-Deutschland noch die Sowjetunion brauchten Geld, um Güter und Dienste von ihrem eigenen Volk oder von besetzten Ländern zu erhalten. Gewalt genügte. Um ungelernte Arbeitskräfte aus den besetzten Ländern zu gewinnen, errichteten die Nazis Sklavenarbeitslager. Keiner der Lagerinsassen profitierte davon. Wollten die Deutschen komplexere Güter oder Dienste von den besetzten Ländern erpressen, mussten sie subtilere Formen der Sklaverei anwenden, wie zum Beispiel Preis- und Lohnkontrollen. Sehr wenige Franzosen und Holländer erhielten mehr als einen Hungerlohn für die Unterstützung solcher Praktiken.

Für Forderungen an Schweden, das fast, oder die Schweiz, die völlig eingekreist war, verliessen sich die Nazis auf eine Kombination von wirtschaftlicher Nötigung – nämlich Einfuhrbeschränkung von Nahrungsmitteln und Brennstoff zu hohen Preisen – und Anreizen, denen man mit Gewaltandrohungen Nachdruck verlieh. Dennoch machten einige Schweden, die Eisenerz an die Deutschen lieferten, und einige Schweizer, die den Deutschen Werkzeugmaschinen und Waffen verkauften, gute Geschäfte, und zwar mit Krediten, welche ihre heimatlichen Banken nur unter Druck gewährten. Im Gegensatz dazu mussten die Nazis für Güter aus Spanien und Portugal, also aus Ländern, die sie nur in kleinem Masse bedrohen konnten, meistens Höchstpreise bezahlen, öfters noch in Konkurrenz mit den alliierten Gegenkäufen. Spanische und portugiesische Verkäufer von Wolfram machten dadurch enorme Gewinne.

Während sich Schweden oder die Schweiz manchmal verpflichtet fühlten, Güter auf schlechter Kreditbasis an Deutschland zu liefern, weigerten sich Spanien, Portugal und die Türkei, Wolfram und Chrom gegen Reichsmark, deren Wert ihnen zu unsicher war, abzugeben. Auch Gold wollten sie nicht entgegennehmen, denn anfangs 1942 begannen diese Länder daran zu zweifeln, dass ihnen Deutschland noch gefährlich werden könnte, und gleichzeitig nahmen sie die Warnungen der Alliierten ernst, kein deutsches Gold als Zahlung entgegen zu nehmen. Dagegen machten die Alliierten in den Jahren 1942 und 1943 weniger Einwände, wenn die Neutralen Schweizer Franken akzeptierten. Deshalb benützte Deutschland das eigene und das während des Krieges gestohlene Gold dazu, etwa 1.3 Milliarden Schweizer Franken zu kaufen. Mit diesem Geld kaufte Deutschland spanische, portugiesische und andere Güter, entweder direkt oder mit auf dem freien Schweizer Währungsmarkt gekauften Escudos und Pesetas. Die Zentralbanken Spaniens, Portugals, Schwedens usw. konvertierten ihrerseits Schweizer Franken und lokale Währungen so schnell wie möglich auf dem freien Schweizer Goldmarkt in Gold. So konnten diese Länder grosse Beträge in Gold aus Deutschland äufnen, ohne dabei allzu offensichtlich die Warnungen der Alliierten zu missachten. Mit anderen Worten: Viel von dem Gold, das Deutschland besessen oder gestohlen hatte, lief durch schweizerische Hände, landete aber schliesslich auf Konten anderer Neutraler, die grosse Mengen wichtiger Güter lieferten. Dies alles war durch und durch transparent.

Die politische, militärische und wirtschaftliche Lage der Schweiz erlaubte es ihr nicht, solche Transaktionen zurückzuweisen. In jenen Jahren der Abhängigkeit konnten die Alliierten die Lieferung von Wolfram, Chrom und Eisenerz der neutralen Länder an Deutschland vor allem dadurch senken, dass sie den Neutralen Schweizer Franken anboten, die auch sie mit Gold gekauft hatten. Im Jahre 1944 waren dann die Aussichten auf einen alliierten Sieg so realistisch geworden, dass die Alliierten kein Geld irgendwelcher Art brauchten, um die Neutralen zu beeinflussen. Ihre Macht war eine bessere Währung als Geld, sogar eine bessere als Gold. Im Gegensatz dazu hatte Deutschlands Macht in so grossem Masse abgenommen, dass es keine Währung mehr anbieten konnte, die für Spanien und Portugal attraktiv genug gewesen wäre, um ihre Hemmungen gegenüber den Alliierten zu überwinden. Um den Alliierten zu gefallen, hatte die Türkei zu diesem Zeitpunkt Deutschland den Krieg erklärt. Zusammenfassend kann gesagt werden, dass all diese Transaktionen zu Preisen vorgenommen wurden, wie sie eben waren, in der Form und zu jenem Zeitpunkt, an dem sie sich abspielten, weil das Gleichgewicht der Kräfte eben so war, wie es war.

Auch die Alliierten brauchten goldkonvertierbare Schweizer Franken, weil der Nachkriegswert des Dollars und des englischen Pfunds unsicher war, weil andere Währungen noch weniger akzeptabel waren und weil der Ausgleich internationaler Konten durch Überseetransporte von Gold zu riskant und sperrig war. So kauften sie 2.2 Milliarden Schweizer Franken mit Gold. Nachdem aber die Schweizerische Nationalbank dieses Geld freigegeben hatte, deponierten die amerikanischen und britischen Behörden das dafür in Aussicht gestellte Gold auf Konten bei der New Yorker Federal Reserve Bank – und froren es zusammen mit dem Gold ein, das die Schweiz vor dem Krieg aus Sicherheitsgründen nach New York transferiert hatte. Die Schweiz konnte dieses Gold deshalb nicht für die Stützung des Werts des Frankens auf dem innerschweizerischen

Markt benützen. Damit nicht genug, bekräftigten anfangs 1943 die Alliierten ihre damaligen wirtschaftlichen Forderungen an die Schweiz mit der Drohung, bei Nichterfüllung derselben werde das in New York lagernde Schweizer Gold ganz oder teilweise konfisziert.

Wer verstehen will, wie und warum der Wert von Währungen im gleichen Masse wie das Gleichgewicht der Kräfte schwankt, muss wissen, dass – entgegen einem weit verbreiteten Missverständnis – nicht das Geld massgebend für die Macht ist, sondern dass die Macht den Wert des Geldes bestimmt.[24] Hätte Deutschland den Krieg gewonnen, hätte ihm alles Gold Europas zur Verfügung gestanden, in welchem Land, auf welcher Bank oder auf welchem Konto auch immer, und Deutschland hätte nichts von seinen Schulden beglichen. Aber da Deutschland den totalen Krieg total verlor, war klar, dass seine finanziellen Aktivposten insgesamt als (minimale) Kompensation für aufgelaufene deutsche Schulden und durch Deutschland angerichtete Schäden verwendet werden würden. Die an Deutschland gerichteten Forderungen waren höher als die Aktiven, die Deutschland zur Tilgung anbieten konnte. So wurde das Gold, das Deutschland von Zentralbanken und Privaten in besetzten Ländern gestohlen hatte, flüssig gemacht, um die mehr oder weniger willigen Lieferanten der im Krieg zerstörten Güter zu bezahlen. Angesichts der Niederlage Deutschlands wurden deutsche Aktiven in Reichsmark oder in Aktien bei innerdeutschen Firmen wertlos. Nur die Aktiven von deutschen Firmen im Ausland oder auf ausländischen Konten in Fremdwährungen behielten einen gewissen Wert. Da jedoch Deutschland jegliche Macht verloren hatte, gingen diese Werte tatsächlich in die Verfügungsgewalt der Staaten über, in denen sich diese Werte befanden. Alle Länder, in denen sich deutsche Werte befanden – einschliesslich der Vereinigten Staaten und Grossbritanniens, aber auch neutraler Länder – konfiszierten diese Aktivposten und rechneten sie gegen ihre viel grösseren Forderungen an Deutschland auf.

Im Hinblick auf das Missverhältnis zwischen Forderungen und Aktiven, die zur Tilgung dieser Forderungen zu Verfügung standen, kam es zu einer unglücklichen Serie von internationalen Verhandlungen. Am traurigsten war dabei, dass jene Länder, die am meisten verloren hatten – vor allem Polen –, am wenigsten über deutsche Aktiven verfügen konnten. Am meisten benachteiligt waren jedoch jene Millionen Menschen in ganz Europa, die all die Kriegsjahre mit harter Arbeit unter der Armutsgrenze zugebracht hatten. Fast alle Europäer hatten ihre Ersparnisse verloren. Die Deutschen hatten alles private Gold konfisziert. Die Menschen waren verständlicherweise eingenommen von der Idee, all dieser verlorene Reichtum müsse irgendwo versteckt sein und könnte doch zurückgeholt werden, wenn nur jemand die Tresorräume endlich aufschlösse. Aber der Reichtum war tatsächlich verloren.

Die siegreichen Alliierten spielten mit dem Gedanken, die deutschen Guthaben in neutralen Ländern – nicht aber in den eigenen Ländern – zu eruieren und einem leidenden Kontinent zur Verfügung zu stellen. Die Neutralen wandten jedoch dagegen ein, auch sie seien Opfer der deutschen oder der sowjetischen Macht gewesen. Alle Neutralen hatten legitime Forderungen gegenüber deutschen Aktiven, die sich auf ihrem Hoheitsgebiet befanden. Vergleichsweise hatte die Schweiz weniger verloren als etwa Belgien, aber mehr als zum Beispiel Portugal. Da jedoch die Schweiz für einen unverhältnismässig grossen Anteil an deutschen Aktivposten zuständig war, übten die alliierten Verhandler grössten Druck auf sie aus. Am Ende machten alle Seiten symbolische Zahlungen, um Europas Misere zu lindern, und einigten sich darüber, dass der Weg zur Gesundung nicht im Kampf um kleine Restposten liege, sondern im Wiederaufbau.

Lehren

Versuche, eine Tragödie ungeschehen machen zu wollen, enden meist als Farce. Die Annahme, der grösste Teil des während des Hitler-Krieges verschwundenen europäischen Reichtums müsse immer noch vorhanden sein und werde in den Schweizer Banken von den „Gnomen von Zürich" versteckt, bildete während eines halben Jahrhunderts die Klammer für Verschwörungstheorien. Während der meisten Zeit beschränkte sich dieser Glaube auf die Fieberträume derjenigen, die an die Allmacht des Geldes glaubten und hinter jedem Desaster Profiteure vermuteten. Dann kam in den 1980er Jahren unter Akademikern eine Art „Oliver-Stone-Sichtweise" von Geschichte als Verschwörung auf. An Universitäten verkündeten angesehene Leute, Geschichte könne alles bedeuten, was man aus ihr machen wolle. In den höheren Rängen der Gesellschaft verführte wachsende Ignoranz die Zuhörerschaft zur Kritikunfähigkeit. Während der 1990er Jahre, als die amerikanische Aussenpolitik für Interessengruppen freigegeben wurde, befasste sich die Öffentlichkeit kaum mit einer Kampagne, die eine pseudohistorische Grundlage aufbaute, um von der Schweiz angeblich blutbefleckte Milliardenbeträge zu erpressen.

Die Einzelheiten dieser Kampagne bilden den am wenigsten wichtigen Teil des vorliegenden Buches. Wichtiger sind die Schlüsse, die hinsichtlich der Rolle des Gleichgewichts der Kräfte in den Beziehungen zwischen Kriegführenden und Ländern in verschiedenen Stadien von Neutralität und Engagement zu ziehen sind, sowie die Lehren über die wirtschaftliche Macht von Tyrannen.

Kapitel 2

Militär

„*Das Rennen gewinnt nicht notwendigerweise der Schnelle, und den Krieg ebensowenig der Starke.*"

– *Sprichwort*

WÄHREND DES ZWEITEN WELTKRIEGES ist es der Schweiz gelungen, die dreissig Mal stärkere Kriegsmaschinerie der Achsenmächte davon abzuhalten, ihr Heimatland zu überfallen. Starke wie schwache Staaten können daraus lernen. Die Geschichte ist voll von Beispielen, wie schwächere Nationen die Konfrontation mit stärkeren überlebten und manchmal sogar siegreich beendeten. Die amerikanische Geschichte erinnert uns daran, dass dreizehn schwache Kolonien das mächtige britische Weltreich in die Knie zwangen, dass die Vereinigten Staaten auf der Höhe ihrer Macht vom winzigen Vietnam besiegt worden sind, und dass das kleine Serbien der NATO-Allianz widerstanden hat. Theoretisch kann der Starke den Schwachen vernichten. Aber im wirklichen Leben gibt es unzählige Gründe, weshalb er nur einen Teil seiner Stärke gegen den Schwachen einsetzt. Benutzt dann der Schwache alle seine Kräfte geschickt, kann er dadurch unter gewissen Umständen das Gleichgewicht der Kräfte zu seinen Gunsten verschieben. Bemühen sich also sowohl der Schwache als auch der Starke in kluger Art um die Grenzen des Gleichgewichts der Kräfte, erreichen beide das Resultat, das die zu einer bestimmten Zeit gegebenen Umstände zulassen.

Versucht ein grosses, mächtiges Land, ein kleineres, schwächeres zu beherrschen, muss es bedenken, welchem Widerstand es begegnen wird, und ob es gewillt ist, diesen Widerstand zu brechen. Der Schwächere seinerseits muss sich überlegen, welche Kombination von Widerstand und Nachgiebigkeit am besten geeignet ist, das Schlimmste zu verhindern. Machiavelli schrieb: „Fürsten, die von einem stark Überlegenen angegriffen werden, können keinen grösseren Fehler begehen, als jeden Vergleich abzulehnen, besonders wenn er ihnen angeboten wird; denn nie wird ein Angebot so unvorteilhaft sein, dass es nicht einige Elemente enthält, die für denjenigen, der es annimmt, positiv sind. Und diese Elemente machen den Anteil ihres Sieges aus."

Vor zweieinhalbtausend Jahren fand zwischen den Athenern, welche die kleine griechische Stadt Melos mit übermächtigen Kräften belagerten, und den Regenten von Melos ein Dialog statt. Die Vertreter von Melos verlangten, dass ihre alte, traditionelle Neutralität zu respektieren sei, und erinnerten die Athener an die wirtschaftlichen Vorteile dieser Neutralität für sie. Sie wiesen auch darauf hin, dass die Verluste der Athener bei einem Angriff auf die Stadt Melos durch die Vorteile eines militärischen Sieges gegenüber dem *status quo* nicht kompensiert würden. Zudem könnte die Zerstörung von Melos andere Neutrale dazu veranlassen, sich von Athen abzuwenden. Doch die Bewohner von Melos unterschätzten ihre eigene militärische Schwäche, und die Athener ihrerseits unterschätzten die Kosten eines militärischen Sieges. Keine Seite verhandelte. Die Athener eroberten Melos gewaltsam, und das Wenige, das sie dabei gewannen, wurde – wie es die Bewohner von Melos vorausgesagt hatten – durch den gegen sie aufflammenden Unmut der anderen Neutralen mehr als kompensiert. Aber wie die Athener gewarnt hatten, endete der Kampf mit dem Tod aller Männer von Melos und der Versklavung aller Frauen und Kinder. Beide Seiten wurden durch Thukydides gerügt, weil sie nicht darauf geachtet hatten, was ihnen das Gleichgewicht der Kräfte und der Interessen zu tun erlaubte.

Im September 1938 befahl Adolf Hitler Österreichs Bundeskanzler, *Kurt (von) Schuschnigg*, nach Berchtesgaden zu kommen und verlangte von ihm ultimativ, den Nazi Arthur (von) Seyss-Inquart ins österreichische Kabinett aufzunehmen und sich damit einverstanden zu erklären, dass Deutschland sich Österreich praktisch einverleibe; sollte Schuschnigg diesen Forderungen nicht nachkommen – drohte Hitler –, „wird die Wehrmacht nicht tatenlos zusehen."[2] Schuschnigg gab klein bei. Deutschland besetzte Österreich, ohne dass ein Schuss gefallen wäre. Thukydides und der gesunde Menschenverstand würden wohl mehr Schuld bei Schuschnigg als bei Hitler vermuten.

Betrachten wir das Gleichgewicht der Kräfte. Was hätte ein Krieg, den Hitler zur Einverleibung Österreichs hätte führen müssen, gekostet? Was hätte Österreich seinerseits tun können, um diese Kosten möglichst hoch zu schrauben? Schuschnigg hätte Hitler gewisse, in der deutschen Öffentlichkeit erwünschte Zugeständnisse machen und dann realistische Vorbereitungen für eine militärische Aufrüstung zur Selbstverteidigung beginnen können. Hätte Österreich seine schwachen militärischen Kräfte in die Waagschale geworfen, zu welcher Art von Handel hätte sich da wohl Hitler eingelassen? In Österreich standen *nicht* Millionen von Menschenleben auf dem Spiel, denn 1938 hätte Hitler unter keinen vorstellbaren Umständen Österreich das angetan, was er während des Krieges jenen Ländern antat, die er besetzte, und noch viel weniger hätte er Österreich so behandelt wie dies Athen mit Melos getan hatte. Die deutsche öffentliche Meinung hätte kaum toleriert, dass Österreich ernstlicher Schaden zugefügt worden wäre. Schliesslich machte Hitlers Propaganda die Deutschen (mit einigem Grund) glauben, Österreich sehne sich nach einer Rückkehr ins Reich. Auch nur der kleinste Widerstand hätte Hitler in ein schlechtes Licht gebracht. Hätte Österreich das Gleichgewicht der Kräfte richtig anzuwenden verstanden, hätte seine Antwort auf Hitlers Forderungen zwingend eine militärische Komponente enthalten müssen. Da jedoch Schuschnigg diese militärische Komponente nie in die Waagschale warf, ging es Österreich schlechter, als dies nötig gewesen wäre.

Der Schlüssel liegt im richtigen Gleichgewicht der Kräfte und Interessen. In gewissen Fällen wird der Stärkere, wenn er den Bluff beiseite lässt, seine Forderungen mässigen, durch Verhandlungen die Übergabe erreichen und sich dadurch die Kosten des Kampfes ersparen. Im Jahre 1940 legten die Deutschen den Dänen mit einer Kombination von übermächtiger Stärke, Entschlossenheit (im Krieg gegen Grossbritannien musste Deutschland die dänischen Meerengen unter seiner Kontrolle haben) und scheinbar vernünftigen Forderungen folgendes vor: Die Dänen garantieren den Deutschen die Durchfahrt durch die Meerengen und erhalten als Gegenleistung eine milde Art von Protektorat. Die Dänen verzichteten auf Kampfhandlungen. Später entschlossen sich die Deutschen dann doch zur Härte.

In anderen Fällen ist der Kampf unvermeidbar. Wie schon 1914 mussten die Deutschen auch im Mai 1940 Belgien durchqueren, um Frankreich zu besiegen. Aber 1940 gelang es ihnen nicht, den Belgiern eine Kapitulation aufzuschwatzen, denn die Belgier erinnerten sich nur zu gut an die deutsche Besatzung, unter welcher ihre ältere Generation gelitten hatte. So blieb denn Deutschland nichts anderes übrig, als beim Angriff auf die belgischen Festungen Blut und Eisen zu opfern.

Welche Forderungen stellte Deutschland 1940 an die Schweiz, und zu welchem Kräfteeinsatz war es vorbereitet? Für Deutschland bestand keine Notwendigkeit, durch die Schweiz vorzustossen, um seinen Hauptfeind anzugreifen. Andererseits musste es auch nur zeitweise einen Angriff seiner Feinde durch die Schweiz befürchten, und noch weniger, von der Schweiz angegriffen zu werden. Der Wunsch des Nazi-Regimes war es, die zwei Drittel der Schweizer Bevölkerung, die einen deutschen Dialekt sprachen, dem Reich einzuverleiben und damit die deutschsprachige Presse der Schweiz mit ihren nazifeindlichen Kommentaren sofort zum Schweigen zu bringen. Aber dieser Wunsch war keine militärische Notwendigkeit. Deutschland war zwar unbedingt auf einen uneingeschränkten Eisenbahnverkehr mit Italien durch die Alpentunnels angewiesen, aber dazu waren keine militärischen Operationen nötig; denn der Vertrag vom 13. Oktober 1907 zwischen Deutschland, Italien und der Schweiz garantierte diesen Verkehr, und niemand konnte sich vorstellen, dass die Schweiz vertragsbrüchig würde. Freilich hätten die Deutschen – allerdings vertragswidrig – gerne auch Truppen und Waffen durch die Tunnels transportiert. Das hätte aber eine totale Invasion der Schweiz durch die Deutschen erfordert, welcher wohl die Tunnels zum Opfer gefallen wären. Die Deutschen hätten sich bestimmt auch gerne die Früchte der Schweizer Präzisionsindustrien angeeignet. Aber eine Invasion hätte die Uhrenhersteller versklavt. Sklavenarbeiter hätten wohl am Fliessband gearbeitet, hätten aber niemals etwas so Gutes herstellen können, wie es die Deutschen ohnehin von den freien, aber unter wirtschaftlichem Druck stehenden Schweizern erhalten konnten. Deutschland brauchte auch den Zugang zu einem allseits akzeptierten neutralen Währungs- und Bankenzentrum; beides wäre bei einer Invasion zerstört worden. Zudem wäre die Schweiz nach einem deutschen Endsieg ohnehin Deutschland zugefallen. Und schliesslich: Während die Schweiz für Deutschland keine dringliche militärische Herausforderung darstellte, waren dies andere Gebiete sehr wohl, weshalb die deutschen militärischen Planer die Invasion der Schweiz auf eine sehr niedrige Dringlichkeitsstufe setzten.

Welches waren die Ziele der Schweiz im Zweiten Weltkrieg? An absolut erster Stelle stand das Ziel, eine deutsche Besetzung zu vermeiden und eine grösstmögliche Unabhängigkeit zu bewahren. Aber wie konnte dieses Ziel *militärisch* abgesichert werden? Hätten die Deutschen die Schweiz besetzen wollen, hätte dies die Schweizer Armee nicht verhindern können. Sie hätte höchstens *den Preis, den Deutschland bei einer militärischen Invasion hätte bezahlen müssen, erhöhen können*. Wie hoch der Preis angesetzt werden musste, um eine Invasion zu verhindern, war weitgehend davon abhängig, welche Herausforderungen andernorts an die deutschen Truppen gestellt wurden. Der Preis war auch davon abhängig, ob und in welchem Ausmass es Deutschland gelingen würde, einige seiner Ziele in der Schweiz durch politisch-wirtschaftliche Druckversuche in Verbindung mit Gewaltandrohungen zu erreichen. Die Beurteilung des Preises hing also nur zum Teil von der Stärke der Schweizer Armee ab.

Einige Historiker sind der Ansicht, dass zu keiner Zeit eine wirkliche Bedrohung bestanden habe, denn Deutschland habe gar nie beabsichtigt, in die Schweiz einzufallen. Der revisionistische Historiker *Hans Ulrich Jost* argumentiert zum Beispiel wie folgt: „Doch bestand weder bei der militärischen noch der politischen Führung jemals ernsthaft die Absicht einer Eroberung der Schweiz; im Gegenteil, zahlreiche Stimmen insbesondere aus militärischen und wirtschaftspolitischen Kreisen rieten davon ab."[3] Gemäss dieser Logik wäre die schweizerische militärische Planung also reiner Selbstzweck gewesen. Doch dieses Argument gründet in einem Post-hoc-Trugschluss; wenn ein Ereignis nicht stattfindet, heisst das noch lange nicht, dass es nicht hätte stattfinden können. Warum sprachen sich die verantwortlichen deutschen Militärs und Wirtschaftsführer gegen eine Invasion der Schweiz aus? Hatte ihre Lagebeurteilung vielleicht mit der Kosten-Nutzen-Rechnung einer solchen Invasion zu tun? Wenn Menschen sich etwas wünschen, wissen sie zugleich, dass sie das etwas kosten wird. Wenn also Menschen es unterlassen, die Hand nach etwas auszustrecken, darf man nicht vermuten, dass sie es nicht haben möchten, so wenig wie man dem sprichwörtlichen Fuchs glauben kann, der die Trauben, die zu hoch hingen, als „sauer" bezeichnete. Da Deutschland eine ganze Anzahl kleiner Staaten erobert hatte, war es aus Schweizer Sicht keineswegs unvernünftig anzunehmen, ihr Land könnte als nächstes an der Reihe sein.

Die militärischen Planer der Schweiz hatten nur eines unter mehreren Elementen im Auge, um eine deutsche Invasion zu verhindern. Einige Historiker meinen, einen Riss innerhalb der damaligen militärischen Führung ausmachen zu können, nämlich zwischen jenen, die einer militärischen Konfrontation mit den Deutschen zuneigten, und jenen, die eine Beschwichtigung der Deutschen durch politisch-wirtschaftliche Konzessionen vorzogen.[4] Eine solche Unterscheidung ist jedoch völlig falsch. Nach dem Fall Frankreichs im Juni 1940 war allen klar, dass ein Krieg gegen Deutschland nur mit einer Niederlage der Schweiz enden konnte. Nach diesem Datum drehten sich alle professionell geführten militärpolitischen Diskussionen lediglich um die Frage, wie – und nicht ob – man verlieren und untergehen würde. Ob die Niederlage der Schweiz langsam oder schnell vor sich gehen würde und ob der Aggressor einen hohen Preis zu bezahlen hätte oder nicht, würde über die Ehre des Landes und deshalb auch über dessen Zukunft bestimmen. Aber immer stand das Ziel im Zentrum, den Krieg überhaupt zu vermeiden. Bei aller Heftigkeit der professionellen und persönlichen Auseinandersetzungen war die schweizerische Armeeführung darüber einer Meinung, dass ihre Vorbereitungen nur Teil einer übergeordneten Strategie sein konnten, welche auch noch politische und wirtschaftliche Elemente zur Invasionsverhinderung enthalten musste.

Der schweizerische Oberbefehlshaber, General Henri Guisan, war ursprünglich nicht Berufssoldat, sondern Agronom. Er war französischer Muttersprache und frankophil. Man hatte ihn gewählt, weil er ein eingefleischter Nazi-Gegner war. Beim Verfassen seiner Berichte nach dem Krieg hätte er zu Recht seinen bereits glänzenden Ruf noch aufpolieren können, und zwar mit dem Hinweis auf sein beharrliches Festhalten am militärischen Widerstand und seinen Verzicht auf Zugeständnisse. Guisan begann jedoch seinen Rechenschaftsbericht mit folgenden Worten: „Vom 30. August 1939 an fasste ich die Rolle der Armee in dem Sinne auf, dass sie jedem Kriegführenden gegenüber ein genügend starkes Hindernis zu bilden hatte, um neben den politischen und wirtschaftlichen Argumenten auch den Einfluss des militärischen Arguments zur Wirkung zu bringen, und dadurch jegliche Angriffsabsicht zu schwächen."[5]

Korpskommandant *Ulrich Wille* jun. verhielt sich völlig anders. Er war der Sohn eines Schweizer Generals, des Vorgängers von General Guisan. Mit Deutsch als Muttersprache hatte er ein enges Verhältnis zur deutschen Kultur und war Berufssoldat. Sein Ehrgeiz, in die Fussstapfen seines Vaters zu treten, war durch Guisans Ernennung zum General zunichte gemacht worden. Beruflich sah Wille auf seinen Vorgesetzten herab und zettelte Intrigen gegen ihn an. Was die Rolle der Armee betraf, stimmte er jedoch mit Guisan völlig überein.

Als an jenem kritischen 22. Juni 1940 das Armeekommando tagte, setzte sich Wille für die Demobilisierung von mehr Truppen ein, um der Schweizer Wirtschaft zu ermöglichen, den wirtschaftlichen Forderungen Deutschlands schneller nachzukommen. Aber zur gleichen Zeit und auch beim Rapport vom 6. Juli 1940 setzte er sich zusammen mit seinem deutschfreundlichen Stab, angesichts des sicher scheinenden Sieges Deutschlands und des Höhepunktes anpasserischer Ideen, dafür ein, dass die Schweizer Armee ihre Waffen in einem Alpenreduit deponieren sollte. Ein solches Reduit war seiner Ansicht nach für die Deutschen eine härtere Knacknuss, denn es würde grossen [deutschen] Einheiten keine Bewegungsfreiheit erlauben, nicht einmal den Stukas.[6] Vier Tage zuvor hatte Willes engster Mitarbeiter und Berater, der ebenfalls deutschfreundliche Oberst *Hans Frick*, seinem Vorgesetzten folgendes geschrieben: „Wenn uns jetzt noch etwas übrig geblieben ist, um es gegen die masslosen deutschen Forderungen auf die Waagschale zu legen, dann ist es die Armee und nur die Armee. [...] In der Situation, in der wir uns befinden, brauchen wir eine radikale [militärische] Lösung, wenn wir ehrenhaft überleben wollen."[7] Kurz gesagt: Fast dem ganzen Spektrum schweizerischen militärischen Denkens gemäss waren sowohl Anpassung als auch militärischer Widerstand untrennbare Teile ein und derselben Strategie.

Das Folgende enthält die Geschichte, wie die Schweizer Armee durch das Manipulieren einer einzigen Variablen – nämlich der militärischen Kosten einer Invasion – der Schweiz dazu verhalf, ihr grosses Ziel zu erreichen. Es ist die Geschichte, wie wenige Aktivposten maximiert und viele Belastungen so geschickt wie möglich behandelt wurden – kurzum: Wie man eben aus Zitronen Limonade macht. Die Geschichte beginnt mit der militärischen Tradition der Schweiz, mit den Vorbereitungen auf den Zweiten Weltkrieg und dem brutalen Realitätsschock vom Juni 1940. Danach werden wir den Weg verfolgen, auf dem die Schweiz ihre konsequente Widerstandsstrategie fand, und den Wert abschätzen, der dem aufgebauten militärischen Instrumentarium zukam. Nach einem Blick auf die Rolle des Schweizer Nachrichtendienstes und ausländischer Nachrichtendienste in der Schweiz werden wir die Rolle der Armee prüfen, um herauszufinden, wie sie die Subversion innerhalb ihrer eigenen Reihen und im Volk bekämpfte. Der politische Beitrag der Schweizer Armee zur Bildung des Widerstandsgeistes gegen den Defätismus war wohl wichtiger als alles andere, was die Armee auf dem ausschliesslich militärischen Gebiet getan hat. Das Herz und der Geist einer Armee sind oft ihre wichtigsten Waffen.

Militärische Tradition und Vorbereitung
Es ist nicht aussergewöhnlich, dass ein Gebirgsland wilde Kämpfer hervorbringt. Julius Caesar schrieb über die alten Helvetier folgendes: *„Cum virtute omnibus praestarent"* (Sie übertrafen mit ihren [militärischen] Tugenden alle anderen).[8] Im Heiligen Römischen Reich Deutscher Nation waren die Schweizer Städte dafür bekannt, dass sie ihre Rechte gegenüber dem hohen Adel verteidigten, indem sie militärische Lagerhäuser anlegten, um Belagerungen durchzustehen und um tapfere Milizsoldaten heranzubilden. Tatsächlich geht die Schweizerische Eidgenossenschaft unter anderem auf das zwischen den Leuten der Kantone Uri, Schwyz und Unterwalden geschlossene Bündnis des Jahres 1291 zurück, das eine Antwort auf die Unterdrückung durch das mächtige süddeutsche Geschlecht der Habsburger war. Während der Renaissance-Zeit, als die meisten europäischen Fürsten Söldner in ihren Diensten hatten, erwarben sich die Schweizer den Ruf, ungewöhnlich harte Kämpfer zu sein. Im Jahre

1512 schrieb Machiavelli, die schweizerische Infanterie habe noch nie eine Niederlage erlitten, weder durch die Kavallerie noch durch eine andere Infanterie.[9] Der relative Wert dieser Truppen rührte wahrscheinlich daher, dass die schweizerischen Söldnertruppen aus Leuten bestanden, die aus der gleichen Gegend stammten und sich daher gegenseitig unterstützten, während andere Söldnertruppen meistens eine wahllos zusammen gewürfelte Gesellschaft waren. Schweizerische Söldner wurden auch als persönliche Leibgarden sehr geschätzt. Die Schweizergarde des französischen Königs Ludwig XVI starb bis auf den letzten Mann bei der Verteidigung ihres Brotherrn. Bis zum heutigen Tag gibt es die Schweizergarde des Papstes. In vielen Städten der Schweiz können die Touristen in den alten Quartieren noch immer die stattlichen Häuser bestaunen, welche die damaligen Söldner-Führer gebaut hatten.

Mit dem Beginn der Reformationskriege verdingten sich weniger schweizerische Krieger im Ausland, es gab dennoch schweizerische Söldner, die weiterhin im Ausland kämpften, sogar im Krieg der Briten gegen die Zulus im Jahre 1879. Weil sich die Schweiz nun aus protestantischen und katholischen Kantonen zusammensetzte, die in einem unsicheren Frieden miteinander lebten, wollten die Schweizer die Macht der Ausländer nicht noch stärken, die hätten kommen und den Frieden brechen können. Das ist der Anfang der Schweizer Neutralität, die faktisch schon im sechzehnten Jahrhundert, dem Namen nach aber erst im siebzehnten Jahrhundert begann. Zudem blieb man, obschon die Schweizer im Ausland als Berufssoldaten bekannt waren, innerhalb der Schweizer Grenzen der jahrhundertealten Tradition des Milizheeres treu. Von jedem wehrfähigen Mann wurde erwartet, dass er seine Heimat mit irgendeiner Waffe, die er mitbringen konnte, verteidigte.

Aber diese auf die engere Heimat beschränkte und militärisch unprofessionelle Art diente den Schweizern immer weniger gegenüber den Nachbarn, die sich zu immer grösseren und besser gerüsteten Staaten konsolidierten. Während des ganzen 17. und 18. Jahrhunderts bestand das wiederholt auftauchende Problem der Schweiz darin, dass eine der beiden Berufsarmeen von Frankreich und Österreich im Kriegsfall versuchen könnten, einen Schweizer Kanton zu durchqueren oder diesen gar zu annektieren. Die Miliz des betroffenen Standes wäre zu klein gewesen, und die Hilfe aus anderen Ständen wäre zu spät eingetroffen. Bisweilen waren die Stände sogar der Ansicht, es sei leichter, sich bei einer ausländischen Grossmacht Hilfe zu holen als bei den Miteidgenossen. Als sich Ludwig XIV. an der Schwelle zum 18. Jahrhundert auf der Höhe seiner Macht befand, verhandelten die Schweizer vorsichtshalber sogar mit dem fernen Grossbritannien. Da ihr Bund nur einen lockeren Zusammenhalt bot, waren die Schweizer sowohl der Subversion wie der Überlegenheit grösserer Armeen ausgesetzt. Trotzdem gelang es der Schweizerischen Eidgenossenschaft, von 1521 bis 1798 eine Art von bewaffnetem Frieden aufrecht zu erhalten.

Ende des achtzehnten Jahrhunderts brachten die Kriege der französischen Revolution grössere Armeen und mehr Subversion, als die Eidgenossenschaft bewältigen konnte. Nach der Besetzung durch Napoleon verlor das Land seine Unabhängigkeit und wurde ein Satellit Frankreichs. Das Veltlin teilten die Franzosen ihrem neuen Satelliten, der Cisalpinischen Republik (die heutige italienische Provinz Sondrio) zu und besetzten das Gebiet um Genf. Ungehindert durchquerte Napoleon die Eidgenossenschaft, um in Italien Krieg zu führen. Die Kantone entzweiten sich wegen der französischen Propaganda über Freiheit, Gleichheit und Brüderlichkeit. Als im Februar 1798 eine französische Armee in Richtung Bern marschierte, traf sie zunächst nur vereinzelt auf ernsthaften Widerstand. Nach der Besetzung der Eidgenossenschaft mussten die Schweizer Kontingente für die napoleonische Armee stellen. Eine schweizerische Heldentat zu jener Zeit wurde am 12. Oktober 1812 vollbracht, als zu Beginn von Napoleons katastrophalem Rückzug aus Russland ein Detachement schweizerischer Soldaten unter Aufopferung des eigenen Lebens den Übergang französischer Truppen über die Beresina deckte.

Die moderne Schweiz
Als die Schweizerische Eidgenossenschaft nach dem Wiener Kongress von 1815 mit einer formellen Anerkennung ihrer Neutralität neu entstand, musste sie zu deren Schutz ein militärisches Instrument schaffen. Bis 1848 konnte die Regierung [die eidgenössische

Tagsatzung] zu diesem Zwecke nur die Kantone ersuchen, an einer gemeinsamen Armee aus dem ganzen Lande beizutragen. Die Exekutive der (heutigen) Schweiz ist der Bundesrat, dessen sieben Mitglieder den Departementen vorstehen – zum Beispiel dem Militärdepartement [damalige Bezeichnung], dem Politischen Departement (Aussenpolitik) usw. Das hauptsächlich repräsentative Amt des Bundespräsidenten rotiert jährlich unter den Mitgliedern des Bundesrates. Das aus zwei Kammern bestehende Parlament verfügt über viel weniger Kompetenzen als ähnliche legislative Behörden in anderen Staaten, weil das Schweizer Volk die meisten wichtigen Vorlagen durch Abstimmung entscheidet. Wenn jedoch unter Nachbarstaaten Krieg auszubrechen droht, der auch auf die Schweiz übergreifen könnte, schlägt der Bundesrat einen fähigen Offizier vor, und das Parlament wählt diesen zum Oberbefehlshaber der Schweizer Armee im Range eines Generals, ein Vorgang, der teilweise an die Wahl eines Diktators im alten Rom erinnert. Der General ersucht den Bundesrat, die Armee zu mobilisieren. Die Mobilmachung hat schwerwiegende Folgen, werden doch damit fast alle dienstpflichtigen Männer der Wirtschaft entzogen. Deshalb müssen sich bei länger dauernden militärischen Notwendigkeiten – wie zum Beispiel im Ersten und Zweiten Weltkrieg – General und Bundesrat eingehend darüber absprechen, wieviele Armeeangehörige jeweils zum Aktivdienst aufgeboten respektive entlassen werden. Der General hat jedoch die Kompetenz, die kantonalen Kontingente nach seinem Ermessen zum Besten des Ganzen einzusetzen. Auf Grund der Lehren aus dem deutsch-französischen Krieg schufen die Schweizer 1874 neu einen Generalstab und modernisierten die Armee. Seit dieser Zeit müssen die Schweizer Soldaten nicht mehr selber für die Bezahlung ihres Gewehres aufkommen. Die militärische Tradition aber wird weitergeführt: jeder Mann ein Soldat! Tatsächlich erhielten die Schweizer Soldaten bis zum Zweiten Weltkrieg keine Kompensation für den Ausfall ihres Lohns. Aber noch im Zweiten Weltkrieg mussten die Schweizer Kavalleriesoldaten ihre eigenen Pferde mitbringen oder dafür bezahlen.

Auch Besucher, welche die Schweiz nur gelegentlich bereisen, sind erstaunt, wie stark dieses Land militarisiert ist. An jedem Wochenende sieht man auf den Bahnhöfen viele Soldaten, die in Schulen oder Kurse einrücken oder aus diesen zurückkehren. Sie stellen ihre automatischen Waffen zu geordneten Pyramiden auf dem Bahnsteig zusammen, und nur Ausländer wundern sich über dieses Tun. Oder man sieht plötzlich Polizisten, die freundlich lächelnd Männern zunicken, die mit umgehängtem Sturmgewehr gerade eine Bank verlassen: Es sind Reservisten, die ihre persönliche Waffe zu Hause aufbewahren und sie hin und wieder mit zur Arbeit nehmen, weil sie am Feierabend ihre obligatorischen Schiessübungen absolvieren wollen.

Die Soldaten sind von Jugend her an Gewehre gewöhnt. Die Schweiz ist neben den Vereinigten Staaten das einzige Land, in welchem man ohne grosse Schwierigkeiten Waffen kaufen kann. Während in anderen europäischen Ländern Karten oder Golf gespielt wird, ziehen viele Schweizer Männer ihre Schiessübungen vor. Die Schweiz hat wenig Golfplätze, aber sehr viele Schützenstände. Schon seit dem Jahre 1657 kennt die Stadt Zürich ein dreitägiges Fest, das sogenannte Knabenschiessen, bei welchem Knaben (heutzutage auch Mädchen) ab 12 Jahren in die Kunst des Schiessens eingeführt werden. Man sieht auch Radfahrer jeden Alters mit umgehängtem Gewehr auf dem Weg zum Schützenstand, wo sie den Schiesssport pflegen.

Ab dem zwanzigsten Altersjahr ist jeder diensttaugliche Schweizer Wehrmann (nach Absolvierung der Rekrutenschule) verpflichtet, zur Zeit jedes zweite Jahr einen dreiwöchigen Militärdienst zu leisten, und zwar bis zu seinem 42. Altersjahr. Höhere Ränge sind bis zum 52. Altersjahr dienstpflichtig, hohe Offiziere bis zum 62. Altersjahr, in dringenden Fällen sogar bis zum 65. Altersjahr. Schweizer Männer müssen zusätzlich jedes Jahr ein ausserdienstliches Schiessprogramm absolvieren. Am Ende der Dienstpflicht dürfen sie ihre persönliche Waffe behalten. Im Gespräch mit Topleuten der Schweizer Gesellschaft entdeckt man immer wieder, dass sie – anders als ihre europäischen oder amerikanischen Kollegen – über vertiefte militärische Kenntnisse verfügen und sich lebhaft für militärische Dinge interessieren. Erfolgreiche Geschäftsleute sind meistens auch höhere Offiziere der Infanterie-, Artillerie- oder Genietruppen. Einmal wurde ich vom verantwortlichen Nachrichtenchef des französischsprachigen Fernsehens interviewt: Er war gleichzeitig auch

Artillerieoberst. Das gibt es sonst – ausgenommen in Israel – nirgends im Westen.

Die Schweizer Armee unterscheidet sich von anderen Armeen auch darin, dass in ihr, entgegen dem säkularisierten Zeitgeist, die christliche Pflicht hochgehalten wird, das eigene Land bis zum Tod zu verteidigen. Weniger religiös Denkende finden andere Quellen für den Patriotismus. Trotzdem war wohl jeder Kenner der modernen europäischen und amerikanischen Militärliteratur über den Artikel „Lang lebe unser Milizsystem!", den Oberst Pierre Altermath im November-Heft 1995 der SCHWEIZERISCHEN MILITÄRZEITUNG veröffentlichte, erstaunt. Der Artikel zitiert Martin Luthers allseits bekanntes Lob über das Waffentragen zum Wohle anderer, zur Unterdrückung des Bösen und zur Rettung des Glaubens. Der Artikel enthält auch das Jesus-Zitat: „Niemand hat grössere Liebe als jener, der sein Leben hingibt für seine Freunde," sowie die Ermahnung des Heiligen Johannes, ebenso in Wort wie in Tat zu lieben. Auch die Propheten Ezechiel und Habakuk sowie zeitgenössische geistliche Führer werden zur Bekräftigung des Hauptmotivs zitiert: Wir Schweizer Männer sind verpflichtet, unsere Pflicht zu tun und für unser Land zu kämpfen und zu sterben. Ein solcher Artikel in der Schweizer Militärliteratur ist nichts Aussergewöhnliches, aber wo sonst in der modernen westlichen Militärliteratur oder in der *Praxis* würde man noch etwas Ähnliches finden? Und wie mag erst die Geisteshaltung der Schweizer Soldaten in alten Zeiten gewesen sein!

Die Schweizer Armee zur Zeit des Ersten Weltkrieges, die rund 250 000 Soldaten zum Aktivdienst aufbieten konnte, war technisch nicht ganz auf dem gleichen Niveau wie die Armeen ihrer Nachbarländer. Sie war gut motiviert, sozial gefestigt und technisch kompetent. Ihre höheren Offiziere waren Absolventen von Militärschulen in Frankreich und Deutschland. Ihre schwere Artillerie verwendete das deutsche Geschütz Kaliber 120 mm aus dem deutsch-französischen Krieg. Die Feldartillerie verfügte über die französische Hauptwaffe, das 75mm-Geschütz. Die Maschinengewehre waren gute landeseigene Modelle. Und die Schweizer hatten an ihrer nördlichen und westlichen Grenze ein wirksames System von Feldbefestigungen errichtet.

Am Vorabend des Ersten Weltkrieges konnte sich jedoch niemand vorstellen, dass die Schweizer Armee gegen irgendeinen ihrer Nachbarn ganz allein auf sich gestellt wäre. 1907, da Frankreich als der wahrscheinlichere Angreifer galt, tauschte der schweizerische Oberst Theophil Sprecher von Bernegg Eventualabmachungen mit der deutschen und der österreichisch-ungarischen Armee aus, die Einzelheiten einer Zusammenarbeit im Falle einer französischen Invasion vorsahen. Als es dann aber 1917 schien, Deutschland könnte die kurz zuvor von der russischen Front zurückgekehrten Divisionen über schweizerisches Gebiet gegen Frankreich einsetzen, nahm derselbe Sprecher von Bernegg Gespräche mit dem französischen Generalstab auf. Kurz gesagt: Die schweizerische Neutralität hing wesentlich davon ab, ob die Nachbarn der Schweiz gegenseitig willens waren, die Vorteile einer Durchquerung der Schweiz zu unterlaufen. Dabei hätte die Schweizer Armee geholfen, den Angreifer zu einer grösseren Offensive zu zwingen und so dessen Erfolg so lange hinauszuzögern, bis Hilfe eingetroffen wäre. Aber die Schweiz liess keinen Zweifel daran, dass solche Hilfe erst dann willkommen gewesen wäre, wenn sie darum gebeten hätte, keinen Moment früher.

Die männliche Bevölkerung verbrachte die Zeit während des Ersten Weltkrieges damit, zwischen Zivilleben und Schützengraben zu wechseln. In Uniform litt man unter General Willes Drill preussischer Art, zuhause litt man unter Hunger und zunehmender Armut, dem Erliegen des internationalen Handels, vor allem beim Import landwirtschaftlicher Güter. Nur die Bauern wurden reich, konnten sie ihre Nahrungsmittel doch zu horrenden Preisen verkaufen. Der soziale Zusammenhalt schwand. Gleichzeitig lasen die Schweizer die Nachrichten über die ungleich grösseren Leiden ihrer französischen, deutschen und italienischen Brüder und Schwestern jenseits der Grenzen. Am Ende des Krieges zeigten sich die Schweizer, wie es auch für den Rest von Europa charakteristisch war, antimilitaristisch und kriegsmüde, wenn auch in geringerem Masse. Wie überall in Europa waren auch schweizerische Städte voll von sozialistischen Demonstranten, die „Nie wieder!" riefen. Wie in Deutschland drohten 1918 auch in der Schweiz marxistisch inspirierte Demonstranten damit, die Regierung zu stürzen. Im Jahre 1932 wurden

Truppen eingesetzt, um eine sozialistische Demonstration aufzulösen. Dabei wurde geschossen, und es gab elf Tote. Kurz gesagt: in den Jahren nach dem Ersten Weltkrieg waren auch die Schweizer militärisch weniger sicherheitsbewusst.

Das war einer der Gründe, weshalb sich im Jahre 1920 die Schweizer Bevölkerung an der Urne mit knappem Mehr für den Beitritt zum Völkerbund aussprach. Die Schweizer knüpften jedoch ihren Beitritt an die Bedingung, nie an einem Krieg teilnehmen zu müssen. So hofften sie, internationales Engagement und Neutralität unter einen Hut zu bringen. In der Tat galt der Beitritt zum Völkerbund auch in der Schweiz, wie andernorts, dem Stimmvolk nicht als Verpflichtung, an Kriegen zur Wahrung von Rechten anderer Leute teilzunehmen, sondern der Völkerbund sollte als Ganzes die Rechte jedes einzelnen Mitgliedstaates einigermassen sichern – ein weiterer Grund, warum die militärischen Angelegenheiten vernachlässigt wurden. Als der Völkerbund 1935 auf die Besetzung Abessiniens durch Italien so reagierte, dass sich die italienischen Nachbarn im Süden der Schweiz zu einer problembeladenen Zusammenarbeit mit den deutschen Nachbarn im Norden getrieben fühlten, kehrten die Schweizer von der differenziellen zur absoluten Neutralität zurück.

Vor dem Sturm
Die Illusion, nach dem Grossen Krieg gäbe es nie wieder Krieg, verblasste in der Schweiz schneller als andernorts. Wie später im Buch gezeigt wird, war Adolf Hitler für die Schweizer – insbesondere für die deutschsprechenden – weit weniger ein Mysterium als für andere Nationen. Auch war der Gedanke an Wiederaufrüstung für die Schweizer weniger schockierend als für andere Europäer und für Amerikaner. Zudem litten andere Länder in den 1930er Jahren unter schlechten Regierungen, im Gegensatz zur Schweiz, die beispielsweise mit *Rudolf Minger*, der ab 1930 das Eidgenössische Militärdepartement leitete, einen sehr guten Bundesrat besass. In den ersten beiden Jahren nach der Machtergreifung Hitlers gelang es Minger, das Verteidigungsbudget von ca. 95 Millionen Franken auf ca. 130 Millionen Franken zu erhöhen. 1935 schlug er über das nor-

male Verteidigungsbudget die Ausgabe einer Wehranleihe im Werte von 235 Millionen Franken vor, welche direkt durch die Bevölkerung gezeichnet werden sollte. Das Schweizer Volk antwortete mit der Überzeichnung der Anleihe im Betrag von 335 Millionen Franken, der 1939 um weitere 171 Millionen Franken anwuchs. An der Urne sprach sich die Schweizer Bevölkerung für die Verlängerung der Wiederholungskurse und für die Heraufsetzung des Militärdienstalters auch für untere Ränge bis zum 60. Altersjahr aus. So war am Vorabend des Zweiten Weltkrieges eine Nation mit 4.2 Millionen Einwohnern bereit, eine Armee von 440 000 Soldaten aufzubieten, unterstützt von 150 000 bewaffneten Freiwilligen (Männer im Alter von über 60 Jahren und unter 18 Jahren) und rund 200 000 Hilfsdienstpflichtigen.

Mit dem Ausbruch des Krieges begann der Einsatz neuartiger Waffen. Aber wie die meisten anderen Armeen hatte auch die Schweiz die moderne, mechanisierte Art der Kriegsführung nicht vorausgesehen und war ungenügend ausgerüstet. Auch die Schweizer glaubten an eine Wiederholung des Ersten Weltkrieges.

Den kombinierten Flieger- und Fliegerabwehrtruppen standen 50 ausgezeichnete deutsche Me-109 Jagdflugzeuge zur Verfügung. Da aber die Pläne des Generalstabs keine Unterstützung der Bodentruppen durch Flugzeuge vorsahen, hatte die Schweiz keine Bomber und für den Erdkampf geeignete Flugzeuge (wie zum Beispiel Stukas) gekauft. Für die Fliegerabwehr besass die Schweiz vier Vickers- und vier Schneider-75-mm-Kanonen sowie 34 moderne Oerlikon-20-mm-Kanonen. Die Aufgabe der Flieger- und Flabtruppen war es, den Schweizer Luftraum und die Schweizer Flugplätze zu schützen. Hätten jedoch die Me-109-Jäger um die Lufthoheit kämpfen müssen, wären sie allein wegen ihrer geringen Zahl vom Himmel geholt worden. Wahrscheinlich wären sie sogar schon zerstört worden, bevor sie von ihren unverteidigten Flugplätzen abgehoben hätten. Zweiundvierzig Flab-Kanonen waren offensichtlich ungenügend, um Flugplätze oder irgendetwas anderes zu verteidigen.

Zudem waren die Bodentruppen nicht für den modernen Kampf ausgerüstet. Jedes Bataillon hatte nur eine Infanteriekanone, die gegen Panzer eingesetzt werden konnte, sowie zwei Minenwerfer. Offensichtlich war die Idee der Kriegsführung mit Panzern nicht bis in die Köpfe der schweizerischen Planer vorgedrungen. Im Krieg, den ihre Pläne vorsahen, wäre angreifende feindliche Infanterie aus den Schützengräben an der Grenze heraus beschossen worden. Für diesen Zweck waren 16 000 Maschinengewehre, 400 pferdegezogene französische 75-mm-Feldkanonen und nur 15 120-mm-Kanonen vorhanden. Zusätzlich gab es noch verschiedene kleinkalibrige Gebirgskanonen. Die Motorisierung der Infanterie basierte lediglich auf requirierten zivilen, und damit der Wirtschaft entzogenen Motorfahrzeugen (bis maximal 15 000); zusätzlich standen der Infanterie noch 50 000 Pferde aus der Landwirtschaft zur Verfügung. Bilder jener Zeit zeigen ganze Reihen von leichten Kanonen, angehängt an ganz verschiedene Zugfahrzeuge wie Taxis oder Familienautos, dazu die schweizerische Kavallerie auf ihren Pferden.

Die Stärke der Armee lag in ihren 440 000 Soldaten, eingeteilt in neun Divisionen mit Infanterie- und Kavallerieregimentern und ein halbes Dutzend Brigaden, sowie in ihren guten, tief im Boden fundierten Befestigungen und den Schützengräben entlang der Schweizergrenze. Ungefähr ein Fünftel der Armee hatte diese Positionen zu besetzen, während der Rest dahinter, nahe der deutschen und der französischen Grenze, in Wartestellungen für Einsätze bereitlag, wo immer ein Angreifer auftauchen sollte. Die Feldbefestigungen sollten das Artilleriefeuer des Feindes absorbieren, die Maschinengewehre würden ihren Tribut fordern und die Gegenangriffe der Felddivisionen, einschliesslich der Kavallerie, würden den Feind aufhalten – bis Hilfe kommen könnte.

Die ersten Nachrichten vom deutschen Feldzug gegen Polen liessen diese Abwehrträume platzen. Die Speerspitzen der deutschen Panzer hatten eine der Schweizer Armee ähnliche vernichtet. Der geistige Prozess, in dem sich die Schweiz den neuen Umständen anpasste, ist von mehr als nur historischem Interesse.

Am 30. August 1939 übertrug das Schweizerische Parlament den nur in Kriegszeiten aktivierten Posten eines Generals an Henri Guisan. Der neue Befehlshaber beklagte sich sofort über das Nichtvorhandensein von Operationsplänen. Aber kein fixierter Operationsplan hätte die Schweizer Armee auf die Umstände vorbereiten können, in die sie durch die eintretenden Ereignisse gedrängt wurde.

Guisans erste Reaktion war, die Armee von ihrer verstärkten grenznahen Frontlinie auf eine das Terrain ausnützende, natürliche Verteidigungslinie zurückzunehmen.

Entgegen der Meinung jener, die nie auf eine Landkarte blicken, befinden sich die Alpen nur im Süden und Osten der Schweiz. Das Dach Europas schützt die Schweiz nur im Süden und im Osten, d.h. gegen Italien und vor allem gegen Österreich. Von Westen, d.h. von Frankreich aus, ist die Schweiz durch das Rhonetal und über die Jurahöhen einigermassen zugänglich. Insbesondere ist aber der Norden und Nordosten der Schweiz, an Deutschland grenzend, recht offen. Das Gebiet ist gekennzeichnet durch sanfte Hügelzüge, abwechselnd mit lieblichen Flüssen und Seen. Drei Viertel der Schweizer Bevölkerung sind in diesem leicht zugänglichen Teil des Landes ansässig, ebenso wie der grösste Teil der Industrie- und Landwirtschaftsbetriebe. Dieser nicht gebirgige Teil der Schweiz kann zwar leichter verteidigt werden als das nördliche Frankreich – aber er ist auch ein ziemlich gutes Panzerterrain. Die steilen Alpentäler hingegen sind natürliche Festungen. Freilich wohnt dort nur ein Viertel der Schweizer Bevölkerung. – Das schweizerische Terrain bietet demnach verteidigungstechnische Vorteile, aber nur, wenn die Verteidiger diese unter den jeweils gegebenen technischen Umständen gegen eine gegebene Art von Angreifern ausnützen.

Ein Blick auf die Karte der Schweiz zeigt, dass eine fast gerade Linie von Flüssen und Seen einigermassen parallel der nördlichen Grenze entlang läuft, vom Rhein bei Sargans im Osten, dem Walensee, der Linth, dem Zürichsee und der Limmat entlang, fast bis zum Plateau von Gempen im Nordwesten, südlich des Rheins bei Basel. General Guisan befahl den grössten Teil der Armee hinter diese durch Gewässer gebildete Linie zurück, um sich einzugraben; nur die Grenzschutztruppen beliess er in ihren vorbereiteten Stellungen. Dieser neue Plan überliess jedoch 20% des Landes, einschliesslich Basel und Schaffhausen, der feindlichen Besetzung, und setzte Zürich, die grösste Stadt der Schweiz, mitten in die Verteidigungslinie. Zudem dienten nun die mit hohen Kosten errichteten Grenzstellungen nur mehr dazu, den Vorstoss des Angreifers etwas zu verzögern. Aber die Ereignisse sollten bald zeigen, dass sogar dieses Opfer ganz und gar ungenügend war – das schweizerische Militär würde auf dem schweren Pfad dieser Logik noch viel weiter nach unten gedrückt.

Die vom General mit Frankreich getroffenen Hilfsabmachungen sollten schlimm enden. Allgemein wurde angenommen, die schweizerische militärische Führung sähe sich nur mit einer einzigen Strategie-Alternative konfrontiert: entweder die Hauptmacht im Norden (gegen Deutschland) oder dann im Westen (gegen Frankreich) einzusetzen. Wie die meisten seiner Mitbürger bezweifelte Guisan nie, dass die Bedrohung nur aus Deutschland kommen würde. Aber die formelle Neutralität des Landes und die Präsenz hoher Offiziere, welche die Bedrohung lieber von der anderen Seite hätten kommen sehen, zwangen Guisan, formell so zu handeln, als träfe er seine basisstrategische Wahl ganz unparteiisch. Deshalb musste er mit den Franzosen im Geheimen planen. Guisan war mit einigen der höchsten französischen Offiziere persönlich bekannt, wie zum Beispiel mit Gamelin, Georges und De Lattre, mit denen zusammen er die Maginot-Linie besichtigt hatte. Als Vermittler setzte er Major *Samuel Gonard* ein, der an der *Ecole de Guerre* in Paris studiert hatte und als Anwalt im Zivilleben oft nach Paris reiste, sowie Major *Bernard Barbey*, Schriftsteller mit guten Verbindungen zur französischen Armee.

Das Resultat dieser Kontakte war ein informelles, aber doch schriftliches Abkommen, laut welchem die französische Armee Artillerie-Unterstützung für die nordwestliche schweizerische Armeestellung auf dem Plateau von Gempen und französische Truppenbewegungen zur Verstärkung jener Stellung versprach. Tatsächlich verbesserten die Schweizer die Strassen, die zum Plateau führten, und erstellten für schwere Artillerie notwendige Bauten zur allfälligen Verwendung durch die französische Armee. Dadurch entstand eine Verbindung der Maginot-Linie mit den Schweizer Befestigungen. Zusätzlich war vorgesehen, dass Teile des französischen 7. (später 45.) Armeekorps bei Genf die Schweizer Grenze überschreiten und in nordöstlicher Richtung vorrücken sollten. Für den Fall des Bekanntwerdens der Geheimverhandlungen mit Frankreich nahm Guisan – aus Symmetriegründen – geheime Vorgespräche mit Deutschland auf, und zwar über Major *Hans Berli*, der gute Kontakte zur Wehrmacht besass. Aber aus diesen Vorgesprächen resultierten keine konkreten Pläne. – Die gemeinsame Planung mit Frankreich erwies sich eher als Quelle von Verwirrung denn als Hilfe, denn Frankreich kapitulierte nach dem deutschen Angriff sehr schnell, und die Akten über die schweizerischen Verhandlungen fielen den Deutschen in die Hände, – darunter eine Wagenladung von Regierungs-Dokumenten, die von den Franzosen zurückgelassen und von den Deutschen am 16. Juni 1940 in der Kaserne Dampierre in Dijon gefunden wurden. Nun befürchteten die Schweizer, die Deutschen könnten diese Neutralitätsverletzung als rechtliche Grundlage verwenden, um ihrerseits die schweizerische Neutralität nicht mehr ernstzunehmen. Aber sie hätten sich keine Sorgen zu machen brauchen. Hätten die Deutschen einmarschieren wollen, dann hätte ihnen ohnehin ein ähnlicher pseudo-rechtlicher Vorwand genügt, wie die Inszenierung der Grenzzwischenfälle in Polen im August 1939. Grössere Sorgen musste man sich hingegen um die grundlegend missliche militärische Lage der Schweiz machen.

Der Fall von Dänemark und Norwegen im April 1940 zeigte, dass die deutschen Armeen genauso schnell gegen westliche Armeen und über Meere vorankamen wie gegen Polen. Der deutsche Angriff auf Frankreich am 10. Mai 1940 liess klar erkennen, wie offenkundig das Missverhältnis zwischen der deutschen und der Schweizer Armee war. Bei ihrem Marsch durch Belgien Richtung Frankreich machten die Deutschen mit Hilfe von Fallschirmspringern und Saboteuren den Weg für ihre mobilen Kräfte frei. Ebenso gut wie auf die belgische Festung Eben Emael, die fälschlicherweise als uneinnehmbar betrachtet wurde, hätten die deutschen Fallschirmspringer auch auf schweizerische gegen Luftangriffe verletzliche Festungen abspringen können. Koordinierte Angriffe am Boden hätten sie überwältigt. Würde es den Deutschen gelingen, die neue schweizerische Armeestellung entlang der Linth-Limmat-Aare-Linie zu durchbrechen? Ohne panzerbrechende Waffen konnte die schweizerische Infanterie solche Durchbrüche nicht verhindern. Und falls die Schweizer Truppen wie andere Armeen reagierten, würden sie beim Nahen der mächtigen deutschen Kolonnen ebenso in Panik geraten. In der Tat flohen nach dem Fall Frankreichs Zehntausende schweizerischer Zivilisten mit Matratzen auf ihren Autos in die Berge und nach Südwesten, während Gruppen von

Nazi-Anhängern triumphierend herumstolzierten und sich kein Politiker fand, um das Land zu einen. Keine Armee kann schliesslich ohne Mittel oder Hoffnung kämpfen.

Erstarkender Widerstand
Schon als die Schweizer noch auf die Hilfe Frankreichs hofften, dachten sie darüber nach, wie sie mit der Beweglichkeit und dem psychologischen Schock moderner Kriegsführung fertig würden. Da keine Möglichkeit bestand, die Schweizer Armee schnell auf einen der deutschen Armee ebenbürtigen Stand zu bringen, und noch weniger, die Anzahl der Soldaten zu erhöhen, verblieb für die Schweiz der blutige taktische Widerstand bis zum letzten Mann, verbunden mit radikalem strategischem Rückzug.

Der psychologische Effekt der deutschen Erfolge hatte die Auswirkungen der deutschen Taktik vervielfacht. Das unmittelbare Ziel jedes Angriffs von Bodentruppen ist es, die feindlichen Linien zu durchbrechen und dem Feind durch Zerstören des rückwärtigen Raumes den Rückzug abzuschneiden. So kann der Angreifer mit Desorganisation und Entmutigung des Verteidigers und schliesslich mit dessen völliger Vernichtung rechnen. Die durch Deutschland 1939 eingeführte bewegliche Kriegsführung erwies sich diesbezüglich als erfolgreich. Ist jedoch der Verteidiger bei einem Durchbruch willens, den Kampf in jeder Stellung kraftvoll weiterzuführen – Widerstand bis zum letzten Mann –, verringern sich die Chancen des Angreifers. Später im Krieg waren amerikanische Soldaten dazu gezwungen, die japanischen Truppen im Nahkampf zu töten, was viel Blut, Material, Moral und Zeit kostete. Widerstand bis zum letzten Mann zu leisten, ist indessen leichter zu predigen als in die Praxis umzusetzen.

Den Befehl General Guisans nach dem Durchbruch der deutschen Truppen durch die französischen Linien bei Sedan kann man leicht missverstehen, wenn man die militärische Tradition der Schweiz nicht kennt. Der Befehl erklärte „den erstaunlichen täglichen Vormarsch gewisser Truppen" (es wäre politisch nicht korrekt gewesen, irgendeinen Kriegführenden beim Namen zu nennen) damit, dass die einzelnen Soldaten ihre Pflicht nicht erfüllt hätten. Deshalb befahl Guisan den schweizerischen Truppen, nicht zu beachten, was um sie herum geschehe. „Jeder Soldat, auch wenn er auf sich allein angewiesen ist, muss auf dem Platz, auf dem er sich befindet, Widerstand leisten. [...] Selbst wenn er überholt oder umzingelt ist, muss er bis zur letzten Patrone kämpfen und dann mit der blanken Klinge angreifen. [...] Solange ein Mann noch eine Patrone hat oder sich seiner blanken Waffe noch zu bedienen vermag, ergibt er sich nicht."[10] Jeder Offizier oder ad hoc-Vorgesetzte war dafür verantwortlich, unabhängig von den Umständen verstreute Wehrmänner zu sammeln und gegen den Feind zu führen. Befehl auf Befehl erinnerte die Truppen daran, die Behörden des Landes hätten sich unwiderruflich dem militärischen Widerstand verpflichtet; allfällige Radiosendungen, nach denen die Schweiz angeblich kapituliert habe und die Armee etwas anderes tun sollte als kämpfen, seien als Erfindungen der feindlichen Propaganda zu betrachten. Diese Parole hatte zur Folge, dass jeder Regierungsbeamte oder höhere Offizier, der das Handtuch hätte werfen wollen, automatisch als Verräter gebrandmarkt worden wäre.

Guisans Befehl stellte fest: „Nicht die materielle Wirkung der Waffen ist es in erster Linie, die dem Gegner den Erfolg bringt, sondern der Zusammenbruch des Kampfwillens bei denen, die noch kämpfen könnten." ... „Ihr seid hier," – so der General – „um euer Leben aufzuopfern." Auf die verständliche Frage der Truppen, wie sie denn gegen feindliche Flugzeuge über ihren Köpfen kämpfen könnten, antwortete der General, die Geschosse aus der Luft seien nicht tödlicher als jene der Artillerie. Aber wie ist das mit den Panzern – die können doch geradewegs durch unsere Stellungen hindurch brechen! „Ihr dürft eure Posten nicht verlassen, auch wenn Panzerfahrzeuge euch angreifen und sich schon an eurer Flanke befinden oder sogar schon in den rückwärtigen Raum vorgestossen sind ... Ihr müsst darauf vertrauen, dass unsere im rückwärtigen Raum aufgestellten Einheiten sich ihrer annehmen ... Solange ihr die Stellungen auf beiden Seiten des Durchbruchs halten und jegliche Verstärkung verhindern könnt, schaden diese Durchbrüche nicht allzu sehr." Das gleiche galt bei einer Umgehung durch feindliche Fallschirmspringer.[11] Während es gewiss unsinnig war zu behaupten, gegnerisches Eindringen und Umgehen sei militärisch bedeutungslos, machte diese Aussage durchaus Sinn als Teil einer

Strategie, um die Armee beisammen zu halten und dem Feind zu schaden.

Selbstverständlich weiss niemand, ob diese Befehle bei einer deutschen Invasion befolgt worden wären. Aber sie hielten die Armee zusammen. Mitte Mai 1940 massierte Deutschland Truppen in der Nähe der Schweizer Grenze. Dies stellte sich später als Finte heraus, um die Franzosen von der durch Belgien führenden Hauptstossachse des Angriffs abzulenken. Jedenfalls massierte die Schweiz Truppen an ihrer Nordgrenze, um bereit zu sein, und sie hätten zweifellos auch gekämpft. Als sich dann im späteren Kriegsverlauf deutsche Armeen bei Genf der Schweizer Grenze näherten, verstärkte die Schweiz auch dort ihre Truppen und internierte zur gleichen Zeit die fliehenden Reste jener französischen Armee, mit deren Hilfe sie ursprünglich gerechnet hatte.

In der kritischen Zeit des Krieges – Juni 1940 bis Frühling 1944 – baute die militärische Strategie der Schweiz auf die Bereitschaft der Grenztruppen, bis zum Tod zu kämpfen, und der übrigen Teile der verschanzten Armee, Verluste in Kauf zu nehmen, ohne dabei auf Hilfe hoffen zu können. Schon die Planung solcher Operationen erforderte eine gewisse Kaltblütigkeit. Wir sollten daraus aber nicht schliessen, die Bereitschaft zu sterben sei nur in aussichtslosen Lagen nötig; sie ist vielmehr eine unverzichtbare Bedingung für jede sinnvolle militärische Aktion.

Der einzige Ort, wo Schweizer und Deutsche während des Krieges aufeinander schossen, war der Luftraum über der schweizerisch-französischen Grenze. Als insgesamt 180 deutsche Flugzeuge den Schweizer Luftraum verletzten, schossen die Schweizer neun ab und verloren dabei selber nur eine Me-109 und eine ältere C-35. Darüber verärgert, beauftragte der Oberbefehlshaber der deutschen Luftwaffe, *Hermann Göring*, ein Spezialkommando, schweizerische Flugzeuge in die Luft zu sprengen. Dieses Kommando wurde am 16. Juni 1940 von schweizerischen Behörden verhaftet. Leider gelang es dem Reich bald darauf, die schweizerische Regierung einzuschüchtern, sodass das Kommando zusammen mit den gefangenen deutschen Piloten und mit den Überresten der auf Schweizer Boden niedergegangenen Flugzeuge freigegeben wurde. Die schweizerische Regierung rang sich sogar zu einer doppeldeutigen

Entschuldigung durch. Kurz: Das schweizerische Militär hatte Tapferkeit und Geschick – aber zuwenig anderes.

Neueinschätzung und Reduit
War schon der Fall Frankreichs unvorstellbar gewesen, so erfolgte nun Italiens Eintritt in den Krieg an der Seite Deutschlands völlig wider Erwarten. Im allgemeinen hatte man in Europa angenommen, Mussolini werde Italiens natürliche geopolitischen Interessen verfolgen: die Begrenzung von Deutschlands Macht. Diese Annahme liess sich zwar nicht mehr halten, als es 1938 dem Duce nicht gelang, Österreichs schwachen Widerstand gegen den Anschluss wirksam zu unterstützen. Aber noch 1940 war Winston Churchill davon überzeugt, Mussolini sei sich seines Interesses wohl bewusst, sich nicht mit Hitler zu verbünden.[12] In der Schweiz herrschte die herkömmliche Meinung vor, Mussolini werde alles Nötige tun, um eine Umfassung Norditaliens durch eine stärkere Macht zu vermeiden. Die Schweizer zählten deshalb darauf, dass Italien wie Frankreich helfen würde, einen „Schweizer Puffer" zu erhalten. Führende schweizerische Politiker des Jahres 1940 hatten von ihren Vorgängern eine Aussenpolitik geerbt, bei welcher die Interessen der Schweiz mit denen von Mussolinis Italien recht gut harmonierten. Als dann aber Mussolini im Juni 1940 das Gewicht von vierzig Millionen Italienern jenem von achtzig Millionen Deutschen hinzufügte, hätte die militärische Lage von vier Millionen Schweizern nicht schlechter oder unerwarteter sein können. Die Schweiz konnte nun von allen Seiten her angegriffen werden und von niemandem Hilfe erwarten. Der grösste Teil des Kantons Tessin, einschliesslich der Stadt Lugano, war nicht mehr zu verteidigen, gleich wie Genf, Lausanne, Freiburg, Bern, Basel und Zürich. Die Frage stellte sich: Konnte die Schweizer Armee überhaupt noch etwas mit sinnvollem Ziel verteidigen?

Die Ereignisse vom Juni 1940 zwangen die Schweiz dazu, sich mit einem Problem zu beschäftigen, mit dem sich keine militärische Führung irgendwo in der Welt konfrontiert sehen möchte: Was ist zu tun, wenn wir uns allein einem hochklassigen Feind gegenüber vorfinden und uns nur auf unsere eigenen Ressourcen verlassen können? Die meisten Länder bauen ihre Armeen im Hinblick auf

Kriege auf, die sie zu führen wünschen, nicht auf solche, vor denen sie sich fürchten. Die wichtigste militärische Lehre lautet, Armeen seien so vorzubereiten, dass sie zunächst und vor allem gegen den schlimmsten aller Feinde ganz alleine auf sich gestellt zu kämpfen in der Lage sind. Die schweizerischen Pläne, schwere Infanterie hinter den gefährdeten Grenzen als Schutzschild aufmarschieren zu lassen und laut neutrale Selbstgenügsamkeit zu verkünden, während man jedoch insgeheim Hilfe von grossen ausländischen, modernen Streitkräften in die Wege leitete, waren nicht weltfremder als, sagen wir, der amerikanische Plan während des Kalten Krieges, gegen die Sowjetunion in Europa einen Krieg am Boden zu führen. Ebenso wirklichkeitsfremd waren auch die Vorstellungen der alten Athener, ihre Flotte, mit der Athen zur weltweit grössten Seemacht wurde, bei einem grösseren Landkrieg im fernen Sizilien einzusetzen. Ähnlich fragwürdig ist es auch, wenn sich Amerika bei seinen Plänen nach dem Kalten Krieg auf die Freundschaft und Geduld der meisten Länder der Welt verliess und dabei annahm, keine Nation würde ernsthaft Nuklearraketen einsetzen. Wiederum gehen die militärischen Pläne der meisten Länder davon aus, dass Verbündete eine wichtige Rolle spielen würden, und dass der Feind schon nicht das Allerschlimmste tun werde. Was der Schweiz im Juni 1940 passierte, vermittelte eine Lehre, die durch die ganze Geschichte hindurch immer wieder beachtet sein will: Die Verfügbarkeit von Verbündeten verhält sich umgekehrt proportional zu ihrer Notwendigkeit, wie stark man sie braucht – und, in der Tat, der Feind kann sehr effizient sein.

Haben militärische Planer einmal akzeptiert, dass sie sich allein auf ihre eigenen Ressourcen verlassen müssen, werden sie nie mehr fragen: „Welche Art von Krieg möchten wir führen?", sondern eher: „Welche Art von Kriegsführung erlauben uns unsere Ressourcen? Welches sind unsere reellen Möglichkeiten? Sind wir stärker zu Land oder auf See? Wo liegt unsere Stärke?" Im Falle der Schweiz gab es nur eine Antwort: So gern wir unser Land gegen alle Eindringlinge verteidigen möchten, müssen wir einsehen, dass wir, wenn wir alle unsere Karten richtig ausspielen, eine Zeitlang durchhalten können – aber das nur in den Alpen. – Betrachten wir die Topographie der Schweiz:

Der nördliche Teil des Landes wird durch das breite Tal des Rheines gebildet. Im Südwesten liegt das breite Rhonetal, im Nordwesten das breite Tal der Aare, die in den Rhein mündet. Das Tessintal bildet den südlichen Ausläufer des Landes. In der unteren Mitte erhebt sich ein Gebirgsmassiv, das zum grössten Teil die Grenze zu Italien bildet. In dessen Zentrum befindet sich das St. Gotthard-Massiv, von dem aus die Rhone nach Westen, die Reuss nach Norden, der Rhein nach Osten und der Tessin nach Süden fliessen. Das ist das Dach Europas, wo sich drei Ethnien – die italienische, die französische und die deutsche – begegnen. Das ist auch teilweise die Heimat jener Schweizer – ein Prozent der Schweizer Bevölkerung –, die rätoromanisch sprechen und in einer ansichtskartenwürdigen Gegend leben. An ihrem Ausgangspunkt liegen diese Täler hoch, sind sehr eng und haben steile Flanken. Die natürliche Ausnutzung dieser Topographie zu Verteidigungszwecken besteht darin, dass die vier Täler dort, wo sie breiter werden, blockiert werden können, ebenso die Pässe, die im Norden, Süden, Osten und Westen in diese Täler führen.

Zur Kontrolle des südlichen Haupteingangs ins Land muss der St. Gotthard-Pass gesperrt werden, was in den Sommermonaten ziemlich einfach und in den übrigen acht Monaten bei Schneebedeckung kein Problem ist. Der Pass wird durch eine Festung überwacht. Die anderen vom Süden in die Schweiz führenden Pässe, die von Bergen wie Matterhorn und Monte Rosa flankiert werden, sind militärisch gesehen weniger interessant. Am nordöstlichen Eingang der Schweiz, im Rheintal, steht die Festung Sargans, während im Südwesten die Festung St. Maurice den Eingang zum Rhonetal bewacht. Die nördlichen Seitenzugänge in diese Region sind kurze, steile Gebirgstäler, wie zum Beispiel die Täler im Berner Oberland, die schon ohne militärischen Widerstand schwierig zu befahren sind. Die einzige Ausnahme bildet teilweise das Tal, das vom Vierwaldstättersee her nach Süden führt.

Hier (in den Alpen) gab es also ein Gebiet, in dem die Armee ihre begrenzten defensiven Ressourcen vorteilhaft konzentrieren konnte. Der grosse Nachteil dieser natürlichen Bastion besteht darin, dass sie nur wenig Verteidigungswürdiges enthält: Die wichtigsten Orte, die in diesem Gebiet liegen, heissen Chur, Brig, St. Moritz und Andermatt, Namen, die man eher mit Wintersport in Verbindung bringt als mit wirtschaftlicher Produktivität. Es brauchte kein Genie, um dieses natürliche Reduit zu entdecken, wohl aber eine merkwürdige Kombination von Redlichkeit und Verzweiflung, um es so zu gebrauchen, wie dies die Schweizer schliesslich taten.

Hier müssen wir auf den Hauptpunkt bei den Erwägungen der Wehrmacht zurückkommen, nämlich, was es brauchen würde, um die Schweiz zu besiegen: Nur ungefähr gleich viel wie für die Ausschaltung der belgischen Armee – es sei denn, es gelänge einem grossen Teil der Schweizer Armee, sich ins Gebirge zurückzuziehen. Tatsächlich wurde in der ersten deutschen Planstudie für eine Invasion der Schweiz vom 25. Juni 1940 darauf hingewiesen, dass „ein geordneter Rückzug in die Gebirgsregion die militärische Entscheidung verzögern" würde. In jenem Sommer erstellte der deutsche Generalstab, mit Datum 6. und 12. August, noch zwei weitere Versionen von Plänen für eine Invasion der Schweiz. Diese unterscheiden sich vor allem in bezug auf die Anzahl der benötigten Divisionen, die genauen Ziele und die Demarkationslinie zwischen den deutschen und italienischen Truppen. Die letzte Version, unterzeichnet von General *Franz Halder*, Generalstabschef im Oberkommando des deutschen Heeres, reduzierte die Anzahl der benötigten Divisionen von einundzwanzig auf elf, erhöhte jedoch die Anzahl der Panzerdivisionen auf vier. Aber das primäre militärische Ziel blieb sich gleich: Schnell genug in den Rücken der Schweizer Armee zu gelangen, um „den Rückzug der an der nördlichen Schweizer Grenze massierten Divisionen ins Hochgebirge zu verhindern".[13] Nachdem die Schweizer Armee tatsächlich ihre Gebirgsregion befestigt hatte, schrieb der deutsche Militärattaché in Bern im Januar 1944, die Eroberung dieser Region werde eine schwierige Aufgabe sein. Aber zu jener Zeit wuchsen Deutschland andernorts immer mehr grössere Sorgen zu. Tatsächlich sahen 1944 und 1945 dieselben Offiziere, die damals das Schweizer Alpenreduit beurteilt hatten, Deutschlands grösste Chance überlegenen Feinden gegenüber im Rückzug in seine eigenen Alpen.

Nach einer der ältesten Weisheiten der Militärwissenschaft reduziert eine numerisch unterlegene Armee, die sich in guter Ordnung in enge Räume zurückzieht, ihre Verletzlichkeit *ipso facto* auf die

Raumeingänge, wo sie den mächtigeren Verfolger zwingt, zu zahlenmässig gleichen Bedingungen und mit taktischen Nachteilen zu kämpfen. So verzögerten die Spartaner bei den Thermopylen das Vordringen der Perser, und die Athener des Demosthenes hielten am felsigen Strand von Pylos die Spartaner auf.[14] Mindestens würde das Vernichten der in ihrem Gebirge verschanzten Schweizer Armee Zeit, Material und Unannehmlichkeiten kosten. Und sicher würde eine solche Armee den Schienenverkehr durch den Gotthard- und den Simplontunnel unterbrechen und höchstwahrscheinlich die beiden Tunnels sogar sprengen. Im schlimmsten Fall konnte sie über Jahre hinweg Gegenangriffe lancieren, die es der Besatzungsmacht schwierig machen würden, von der Eroberung des restlichen Teils des Landes zu profitieren. Diese Armee wäre ein Hort des Widerstandes im Herzen Europas gewesen, während Deutschland immer noch tödlichen Feinden gegenüber gestanden hätte. *Dieser schlimmste Fall wäre dann am wahrscheinlichsten, wenn die Alpen nicht nur durch die den deutschen Panzerzangen entkommenen Reste einer geschlagenen Schweizer Armee, sondern durch eine unbesiegte verteidigt würden, eine Armee, die sich im Reduit verschanzt, Vorräte angelegt und Festungen gebaut hätte.* Dies war sowohl den Schweizern als auch den Deutschen bewusst. Dennoch verlangte die Ausnützung solch natürlicher, rationaler Vorteile einige unnatürliche, ja sogar irrationale Entscheidungen.

Nach dem Juni 1940 war es allen militärischen Kreisen der Schweiz klar, dass die Armee bei einem deutschen Angriff früher oder später geschlagen würde und ihre Überreste gezwungen wären, sich ins Gebirge zurückzuziehen. Niemand stellte die Bereitstellung von Vorräten und den Bau von Festungen für die Überreste in Frage – je grösser die Vorbereitungen waren, desto glaubwürdiger wurde das Beharren auf schweizerischer Unabhängigkeit. Einwände bezogen sich nur auf die widerwärtigen Schlussfolgerungen, zu denen diese Logik führte: Der grösste Teil der Bevölkerung wäre der Gnade der Nazis ausgeliefert, viele Produktionsstätten des Landes hätten zerstört werden müssen; und – wohl das Schlimmste von allem: Allein die Tatsache von Vorbereitungen für diese drastische Lösung könnte die Deutschen dazu provozieren, noch härter mit der Schweiz umzugehen als sonst.

Die Logik der durch das Schweizer Militär getroffenen Entscheidung nach dem Fall Frankreichs entsprang folgender Frage: Sollte das Land bewaffnete Kräfte benützen, um die Unabhängigkeit aufrecht zu erhalten? Als am 26. Juni 1940 der französische Waffenstillstand in Kraft trat, hielt Marcel Pilet-Golaz, Bundesrat und Vorsteher des Eidgenössischen Politischen Departementes (Aussenministerium), der damals auch gerade Bundespräsident war, über das Radio eine Rede an die Nation, die, obschon inhaltlich nicht sehr deutlich, doch für viele wie das Eingeständnis klang, die Schweiz werde in Zukunft zum Satelliten Deutschlands. Das nachfolgende Kapitel wird den politischen Kampf um den Geist des Landes und Pilet-Golaz' Anteil daran beschreiben. An dieser Stelle soll nur darauf hingewiesen werden, welchen Eindruck die Rede auf die Armee machte. Einige Soldaten waren der Meinung, der Krieg sei nun vorbei und sie würden nicht mehr benötigt. Andere, einschliesslich fast aller Offiziere, wollten die Unabhängigkeit aufrecht erhalten und suchten nach einem Weg, die Glaubwürdigkeit der Armee durch Schaffung eines nationalen Reduits zu stützen. Das Armeekommando (Generalstab zusammen mit den vier Kommandanten der Armeekorps) dikutierte am 22. Juni und dann wieder am 6. Juli 1940 sinnvolle Pläne für das umzingelte Land. Obschon heftige Meinungsverschiedenheiten darüber herrschten, worum genau es in den neuen Plänen gehen sollte, erkannten alle, dass jeder militärisch vernünftige Plan zur Folge hätte, die Armee auf Kosten des Landes intakt zu erhalten – also das Land preiszugeben, um es zu retten – und dass dies nicht leicht durchzuführen sein würde.

General Guisan unterstützte die radikalsten Pläne zunächst nicht. Aber am Tag nach der unglücklichen Rede Pilet-Golaz' bereitete er die politische Basis für jedwelchen Plan mit der formellen Frage an den Bundesrat vor, ob sein Auftrag, die Unabhängigkeit des Landes aufrecht zu erhalten, immer noch gelte. Bei einem bundesrätlichen Nein wäre der General zurückgetreten, was einen Proteststurm im ganzen Land ausgelöst hätte. Als der Bundesrat seine Pro-Forma-Zustimmung gab, erliess Guisan eine Anzahl militärischer Anordnungen. Diese führten die Militärpolitik des Landes auf einige einschneidende Grundsätze zurück. Am 12. Juli 1940 erliess Guisan folgenden Befehl:

Die Schweiz kann sich dieser Drohung eines direkten deutschen Angriffs nur dann entziehen, wenn das deutsche Oberkommando bei seinen Vorbereitungen zur Überzeugung gelangt, dass ein Krieg gegen uns lang und kostspielig wäre, und dass es dadurch in unnützer und gefährlicher Weise im Herzen Europas einen Kampfherd schaffen und die Ausführung seiner Pläne beeinträchtigen würde. Deshalb muss der Grundsatz unserer nationalen Verteidigung der sein, unseren Nachbarn zu zeigen, dass der [gegen uns] geführte Krieg ein langes und kostspieliges Unterfangen wäre. Sollten wir in den Kampf verwickelt werden, so wird es sich darum handeln, unsere Haut so teuer als möglich zu verkaufen.[15]

Mit anderen Worten: Nachdem die militärischen Führer die Idee, die Schweiz als Ganzes verteidigen zu können, aufgegeben hatten, konzentrierten sie sich strikte auf Dissuasion, auf die Verhinderung eines Angriffs. Um ihre Bereitschaft zum Kampf – ohne Hoffnung auf Sieg – zu zeigen, mussten sie bereit sein, eine ganze Menge Dinge zu tun: die Infrastruktur aufgeben und zerstören, was sie – auch abgesehen von der Meinung der Politiker – nur sehr ungern machten.[16] In den Beratungen über die Abschreckung erwähnte ein Adjutant von General Guisan die Rede Perikles' an die Athener, als Sparta bei Ausbruch des Peloponnesischen Krieges in Athens Territorium einzudringen drohte. Perikles sagte damals, wenn er könnte, wollte er die Athener dazu bringen, dass sie selbst ihre eigenen Häuser und Obstgärten ausserhalb der Mauern zerstörten, um den Spartanern zu zeigen, dass die Athener weniger für solche Dinge übrig hatten als für ihre höchsten Ziele.[17] Diese Logik fand Anklang, was zu einer noch radikaleren Version des Reduitplanes führte.

Während die Offiziere ohne Zögern gewillt waren, ihre eigene Haut zu verkaufen, waren sie sich nicht einig, wieviel Haut des Volkes sie opfern sollten. Das nationale Reduit zu bauen und mit Vorräten zu versehen, würde eine Menge Geld kosten, aber die Bevölkerung ausserhalb des Reduits wäre davon ausgeschlossen. Noch schlimmer war, dass die Armee alle Strassen, die von der Grenze zum Reduit führten, in Fallen für den Feind verwandeln würde. Das hätte landesweite Kämpfe zur Folge gehabt. Alte Männer und junge Burschen aus der zivilen Bevölkerung hätten diese Kämpfe – mit schrecklichen Repressalien als Folge – führen müssen. Zudem musste die Armee Strassen, Brücken, aber auch Fabriken und die Alpentunnels, zur Sprengung vorbereiten. Wenn aber alles gesprengt würde, was ausserhalb des Reduits lag und den Nazis hätte dienlich sein können, hätte man die Zivilbevölkerung in grösste Not gebracht.

Unterstützt von frankophonen Anhängern der schweizerischen Miliz-Tradition gab Guisan zu bedenken, dass er in der Armee diene, um das Land zu schützen, nicht um es zu zerstören. Korpskommandant *Fritz Prisi* erwähnte die Pflicht der Armee, sich aufzuopfern, um die fast unlösbare Aufgabe des Bevölkerungsschutzes bestmöglich anzugehen und dadurch nachkommende Generationen zu inspirieren. Prisi und seine Anhänger waren damit einverstanden, viele Truppen ins Reduit zu verlegen und dieses zu befestigen, waren aber der Meinung, dass sich die Armee auf tapferen Widerstand, wenn nicht an der Grenze, so doch an der rückwärtigen Linth-Limmat-Aare-Stellung konzentrieren müsse. All jene, die der Vernichtung entkämen, könnten dann ins Reduit zurückweichen.

Anderer Meinung waren die deutschsprachigen Berufsoffiziere unter Führung von *Ulrich Wille* und dem früheren Generalstabschef *Jakob Labhart*; sie fanden, jedes verlorene Menschenleben ausserhalb des Reduits würde unnötig verschwendet. Ein solcher Tod erfolge eher schnell als ehrenhaft. Warum kämpfen oder androhen zu kämpfen, wenn nicht unter den vorteilhaftesten Bedingungen? Warum sollte das Reduit nur zum Fluchtort für Versprengte gemacht werden, statt zu einem starken militärischen Trumpf? Vor allem Wille strebte eine maximale Abschreckungswirkung an; er wollte das ganze Waffenarsenal des Landes und das Armee-Hauptquartier ins Reduit verlegen und gleichzeitig die Armee auf Friedensniveau demobilisieren, um den Deutschen genügend Anreize zu bieten, friedfertige wirtschaftliche Beziehungen mit der Schweiz zu pflegen.

Eine Mittelstellung nahm Guisans Generalstabschef und Berufsartillerist *Jakob Huber* ein. Er betonte die praktischen Erwägungen. Das Reduit sollte selbstverständlich mehr als ein Fluchtort für Versprengte sein; es müsse stark gemacht werden. Da jedoch die Schweizer Armee nicht über längere Zeit hinweg mobilisiert bleiben könne und infolgedessen im Angriffsfall Zeit zur Remobilisation brauche, dürfe das Land seine Grenzen nicht einfach unverteidigt lassen. Einige Truppen müssten sich opfern, um den übrigen Zeit zu geben, ihr Zivilleben zu verlassen und sich ins Reduit zurückzuziehen. Und da die befestigte Linth-Limmat-Aare-Stellung bereits existiere, sei es doch naheliegend, sie zu gebrauchen, um den Feind zu verlangsamen und ihm Schaden zuzufügen. Im selben Sinn könnten entlang der Hauptstrassen auch Mini-Festungen errichtet werden, um so jede Strassenkurve, jede Brücke und jeden Übergang zur Todesfalle für den Feind zu machen. Der Eindringling käme so bereits mit Verlusten an den Toren zum Reduit an. Übrigens bräuchte man Monate für den Bau des Reduits und die Einlagerung der Vorräte. In der Zwischenzeit täten die Schweizer besser daran, die bereits bestehenden Stellungen zu nutzen.

Die Berufsoffiziere wandten indessen ein, jetzt sei die Zeit der grössten Gefahr, in der den Deutschen am dringlichsten Beweise schweizerischer Entschlossenheit vor Augen geführt werden müssten.

Kurz gesagt: Guisan wählte am 10. Juli 1940 eine mittlere Verteidigungsvariante. Zwei Drittel der Armee wurden aus dem Aktivdienst entlassen. Mit dem Armeebefehl Nr. 12 vom 12. Juli 1940 reorganisierte der General das Armeedispositiv. Dabei wurde der Begriff „Reduit" nur indirekt verwendet; der Befehl sprach von „einer Staffelung in die Tiefe"; die Grenzbrigaden sollten unter Aufopferung ihrer selbst dem Eindringling den Vormarsch verzögern. Vier Divisionen (im Herbst auf drei reduziert) plus drei leichte Brigaden würden dann den Angreifer auf oder nahe der zwischen September 1939 und Juni 1940 erbauten Verteidigungslinie binden. Schliesslich sollten sich diese Truppen in eine „Stellung im Gebirge oder im nationalen Reduit" zurückziehen. Dort würden sie sich fünf (im Herbst erhöht auf sechs) Divisionen anschliessen. Die Truppen im Reduit würden über „Vorräte für ein maximales Durchhalten" verfügen und sollten ihre Stellungen bis zum Ende „ohne einen Gedanken an Rückzug" verteidigen.[18] (Guisan könnte beigefügt haben: „ohne *Möglichkeit* auf Rückzug.") Die Umgruppierung sollte im August beendet sein, aber Bau und Einlagerung der Vorräte würden viel länger dauern.

Der Plan weckte innerhalb der Bevölkerung keinen grossen Widerspruch, obschon er ausdrücklich festhielt, es sei der Zivilbevölkerung nicht erlaubt, ins Reduit zu fliehen. Der Bundesrat stimmte dem Plan vor allem deshalb zu, weil der Vorsteher des Militärdepartementes, Bundesrat Rudolf Minger, ihn als sein eigenes Projekt bezeichnete und sich andere Bundesräte nicht gegen einen amtsälteren Kollegen stellen wollten. Erwiesenermassen hätte die Regierung sogar einem noch radikaleren Plan zugestimmt, da Pilet-Golaz und Wille sich darüber einig waren, dass noch weitere Truppen ins Reduit verlegt werden müssten. Freilich zeigten Meinungsumfragen während des Krieges, dass viele Leute nicht verstanden, dass sie mit der Umsetzung des Reduitplanes der deutschen Besetzung anheimfallen würden. Aber in der kritischen Zeit des Sommers 1940 gab die etwas verschwommene Reduit-Idee einer verzweifelten Nation Hoffnung. Auf jeden Fall unterstützte die schweizerische Bevölkerung die Rekrutierung älterer Männer und junger Burschen, die als Ortswehren mit einem Gewehr, einer Armbinde und Munition – allerdings nur mit 48 Schuss – hätten kämpfen sollen. Mehr noch: Das Land opponierte auch nicht dagegen, dass am 24. Mai 1941 General Guisan mit seinem Armeebefehl Nr. 13 alle Truppen ausser dem Grenzschutz ins Reduit zurückverlegte. Andererseits wurde, obschon die Armee viele Objekte der zivilen Infrastruktur zur Sprengung vorbereitete, die Politik der verbrannten Erde nicht vor 1943 publik gemacht.

Wichtig ist hier, festzuhalten, dass entsprechend der Argumentation der deutschfreundlichen Berufsoffiziere die Schweiz ihr nationales Reduit am dringlichsten im Sommer 1940 nötig gehabt hätte, also just dann, als dessen Realisierung am wenigsten möglich war. Nachdem Ende 1943 das Reduit voll ausgebaut war und im Juni 1944 die Invasion begann, verbesserte sich die Lage des Landes so deutlich, dass die Truppen wieder grenznäher verlegt werden konnten.

Das militärische Reduit
Das Zurückgehen auf die Grundelemente der Verteidigung des Gebirgsreduits führte zu einer totalen Umgruppierung der Armee.
Zunächst erforderte dies eine radikale Änderung der Armeepläne

hinsichtlich der Verwendung von Flugzeugen. Bei Kriegsanfang sollte die schweizerische Fliegertruppe fremde Flugzeuge am Eindringen in den Schweizer Luftraum hindern, genau so wie die Bodentruppen fremden Soldaten das Betreten Schweizer Bodens verwehren sollten. Aber die fünfzig modernen schweizerischen Jagdflugzeuge waren noch weniger zur Sicherung des eigenen Luftraums fähig als die Armee zu derjenigen des Bodens. Freilich erreichten in den Monaten Mai und Juni 1940 schweizerische Piloten gegen deutsche Flugzeuge, die den Schweizer Luftraum verletzt hatten, ein Abschussverhältnis von mehr als drei zu eins zu ihren Gunsten. Aber auch so wäre die schweizerische Luftwaffe bei einer deutschen Invasion sehr schnell vernichtet worden, und zwar ohne Vorteil für die Schweiz. Auch jeder ernsthafte Versuch, die eigenen Kampfflugzeuge gegen alliierte Bomber einzusetzen, die den Schweizer Luftraum durchqueren wollten, hätte die schweizerische Flugwaffe ebenso schnell ausgeschaltet, was sich zu Gunsten der Deutschen ausgewirkt hätte. Wozu waren also die Flugzeuge überhaupt geeignet?

Tatsächlich kam Flugzeugen im Gebirgsreduit eine Hauptrolle zu. Am Ende des Krieges verfügte die Schweiz über 328 Kampfflugzeuge, nämlich in Deutschland gekaufte Messerschmitt 109, im eigenen Land hergestellte Morane 3801-02, sowie über 202 Mehrzweckflugzeuge des Typs C36. Sie waren alle innerhalb des Reduits stationiert, viele in betonierten Unterständen geschützt. Sie hatten eine doppelte Aufgabe: Schutz der befestigten Region vor Feindbombern und Fallschirmtruppen sowie Unterstützung der schweizerischen Bodentruppen, welche die Tore zum Reduit zu halten hatten.

Moderne Waffen haben das Festungskonzept nicht ungültig gemacht; sie erfordern einfach, dass eine bestimmte Region gegen moderne Waffen mit ebenso modernen Waffen geschützt werde. Am Ende des Krieges verfügte die Schweiz über mehr als zweitausend moderne 20mm-Fliegerabwehrkanonenrohre und über mehr als fünfhundert 75-mm- Fliegerabwehrkanonen für grössere Distanzen. Fliegerabwehrbatterien waren generell im ganzen Alpengebiet, speziell aber in den drei Festungen und bei den Flugplätzen konzentriert. Die belgischen Festungen waren den Deutschen so leicht in die Hände gefallen, weil die deutschen Flugzeuge sie ungehindert hatten überfliegen können. Hätten jedoch die Deutschen versucht, Fallschirmtruppen auf die schweizerischen Festungen anzusetzen oder diese Festungen zu bombardieren, wären die angreifenden Flugzeuge durch die umliegenden Berge gezwungen gewesen, engen Korridoren entlang zu fliegen. Nach 1940 hätten schweizerische Kampfflugzeuge innerhalb des Reduits den Deutschen hinter jedem Hang aufgelauert, unterstützt durch die Fliegerabwehr aus hohen Berg- und tiefgelegenen Talstellungen. Von geschützten Basen hinter den Bergen aus operierend hätten sie in enger Verbindung mit der eigenen Luftabwehr den Luftraum über den Einfallsachsen zum Reduit kontrolliert und den Gegner auch am Boden unter Beschuss genommen.

Das schweizerische Terrain bedingt, dass eine Truppeneinheit, die sich in Richtung auf eines der Eingangstore des Reduits hin bewegt, nicht einfach seitlich in ein anderes Tal ausweichen kann. Aus dem gleichen Grund können aber auch die Verteidiger ihr Gewicht nicht einfach vom einen in den anderen Sektor verlegen. Deshalb erwies sich der Einsatz von bombentragenden Flugzeugen als wirksamstes Mittel, mit dem das schweizerische Armeekommando jeden unter Druck geratenen Sektor hätte unterstützen können. Der Vorteil dieser Flugzeuge lag teilweise in ihrer eigenen relativen Sicherheit. Um deutsche Truppen zu bombardieren, die am Boden auf das Reduit zu marschiert wären, hätten sich die schweizerischen Flieger dem Feind nur für Minuten aussetzen müssen, um sich dann wieder hinter ihre Berge zu ducken. Eine Flotte von etwas mehr als hundert Flugzeugen, nur ein paar Flugsekunden von sicheren Gebieten entfernt, hätte eine furchterregende Wirkung gehabt. Im Sinai-Feldzug von 1973 brachte Ägypten die angreifenden israelischen Panzer in Bedrängnis, indem es rasch seine vordersten Stellungen durch einen Schirm aus Fliegerabwehrraketen des Typs SA-6 decken liess, unter deren Schutz die ägyptischen Piloten trotz Unterlegenheit die Israelis mit einem gewissen Erfolg bekämpfen konnten.

Die Verteidigung des Reduits begann schon an der Grenze. Für jeden Sektor, der einem Eingangstal zum Reduit entsprach, war ein Armeekorps verantwortlich. Die Hauptquartiere dieser Korps und der grösste Teil der Truppen befanden sich innerhalb des Reduits. Diese Korps mussten jedoch auch Verzögerungsaktionen der Grenzschutztruppen, die Aufgaben der Zerstörungdetachemente, der Leichten Brigaden und der Befestigungen entlang der Angriffsrouten koordinieren. Am Ende des Krieges waren die Waffen der Leichten Brigaden sehr ernst zu nehmen. Vor allem waren diese Truppen nun zum grössten Teil motorisiert. Die Schweizer Armee verfügte zu dieser Zeit auch über dreitausend Panzerwurf-Granaten, plus ungefähr fünfhundert schwere Selbstfahrgeschütze. Sogar die Kavallerie war mit Waffen für die Panzerabwehr ausgerüstet.[19] Die Aufgabe der Bodentruppen ausserhalb des Reduits war es, einen Abnützungskrieg im Sinn von Schlagen und Verschwinden zu führen. In diesem Krieg hätten die ausserhalb des Reduits operierenden Verbände versucht, zwischen den feindlichen Truppen aufzutauchen und den Kampf auf kurze Distanz zu führen, um den Angreifer daran zu hindern, seine überlegene Artillerie einzusetzen.

Diese Art von Kriegsführung erforderte eine andere Infanterie, als sie bei Kriegsbeginn bestand. Nicht länger würden Massen von Soldaten entlang einer statischen Front ihre geringe Feuerkraft zum Einsatz bringen. Jetzt waren kleine Gruppen gefragt, welche blitzschnell in lockere feindliche Formationen eindringen (und diese mit Glück auch wieder verlassen) konnten und gezielte Feuergarben auf deren Lastwagen, Panzer und sogar Flugzeuge abzugeben verstanden. Infanteriesoldaten mussten also an verschiedenen, von einem Team bedienten Waffen ausgebildet werden. Auch mussten sie ganz anders motiviert werden als ihre Kollegen in europäischen Paradearmeen. Kurz gesagt: Ausserhalb des Reduits konnte der Kampf nur als Guerillakrieg geführt werden. In seinem Schlussrapport sagte General Guisan, dass er aus jedem Infanteristen ein „Commando" machen wollte.[20]

Während der meisten Zeit des Krieges bestand jedoch die Hauptaufgabe der Truppenteile ausserhalb des Reduits nicht nur in der Bereitschaft zur Opferung des eigenen Lebens, sondern darin, die Infrastruktur zu verminen und nötigenfalls zu zerstören, sowie die schon angebrachten Sprengsätze gegebenenfalls vor deutschen Kommandos zu schützen, die sie hätten unwirksam machen wollen. Die wichtigsten verminten Objekte waren der Gotthard- und der

Simplontunnel. Einmal zerstört, würden diese zwanzig bzw. zwölf Kilometer langen Tunnels und die dazu gehörigen Viadukte eine kostenträchtige Wiederaufbauzeit von mindestens zehn Jahren brauchen. Der Schutz der zahllosen Sprengladungen in den beiden Tunnels war ein äusserst schwieriges Unterfangen, denn täglich verkehrten hier, durchaus legal, zwischen ein- und zweihundert deutsche und italienische Züge.

Um sicher zu sein, dass diese Züge nicht in der Nähe von Sprengladungen anhielten, mussten sich schweizerische Truppen während deren Durchfahrt in den Tunnels aufhalten. (Es gibt amüsante Erzählungen der Tunneltruppen, wie sie von den Abwässern der Zugstoiletten besprüht wurden.) Ebenso wichtig war, dass die schweizerischen Truppen die Züge vor der Einfahrt in die Tunnels darauf überprüften, dass niemand in ihnen war, der die schweizerischen Bewacher hätte überwältigen können. Gleichzeitig kontrollierten die Schweizer auch, ob keine Soldaten oder Waffen an Bord des Zuges waren. In der Tat durften einzig und allein solche deutschen oder italienischen Truppen die Tunnels passieren, die als krank oder verwundet eingestuft waren.

Am Kriegsende wäre, zusammenfassend gesagt, die neue Schweizer Armee auch im offenen Feld zu besserem Widerstand fähig gewesen. Aber deren Führung war zum Schluss gekommen, dass keine noch so grossen *absoluten* Verbesserungen die *relative* Unterlegenheit der Schweizer Armee aufwiegen konnten, weshalb deren Strategie immer auf der Annahme des Alleinstehens und der Ausnützung der topographischen Vorteile gründen müsse. Guisan schrieb diesbezüglich: „Unsere Milizarmee [...] wird nie imstande sein, im offenen Gelände den ersten Ansturm einer fremden Berufsarmee anzuhalten, wenn der Wert des Geländes, auf das sie sich stützt, nicht verstärkt wird.[21]

Nachrichtendienst
Manchmal können ausgezeichnete nachrichtendienstliche Operationen alle Arten militärischer Unterlegenheit wett machen. Der schweizerische Nachrichtendienst geniesst einen mythischen Ruf, was auch für die Rolle der Schweiz beim Austausch verfügbarer Nachrichten gilt. Zwar ist es so wahr wie selbstverständlich, dass

manche Informationen und Intrigen die Schweiz überschwemmten, weil diese Nation Flüchtlingen, Spionen, Deserteuren und Diplomaten aus aller Welt mitten in Europa einen Aufenthaltsort bot – und vor allem auch, weil die Schweiz ein geeigneter Abflusskanal für aus Deutschland durchsickernde Nachrichten war. Das heisst aber noch lange nicht, dass die Schweiz besonders gut informiert war oder dass die Informationen und Intrigen, die durch dieses Land flossen, mehr als eine marginale Rolle beim Ausgang des Zweiten Weltkrieges gespielt hätten.

Vor 1938 bestand der schweizerische Nachrichtendienst aus zwei Offizieren. Zusätzlich gab es in jeder Division eine nachrichtendienstliche Einheit, die Spähtrupps aussandte und Gefangene verhörte. Im Laufe des Jahres 1938 wurde der Nachrichtendienst auf drei, später auf fünf Mann erweitert. Bei Kriegsausbruch waren es zehn Leute, die Büroordonnanzen eingeschlossen. Auf dem Höhepunkt des Krieges beschäftigte der schweizerische Nachrichtendienst 120 Leute, eine Zahl, die sich bis zum Ende des Krieges wieder auf 66 verringerte.[22] Der ursprüngliche Nachrichtendienst versah die Armee mit einem sehr einfachen Chiffriersystem. Dieses wurde schnell ergänzt durch Offiziere mit guten Beziehungen zu ausländischen Nachrichten- und Gerüchtequellen. Dazu kamen Leute, welche Informationen über die ordre de bataille ausländischer Armeen auf Weltkarten übertrugen. Spezialisierte Offiziere hielten sich über die technischen Entwicklungen ausländischer Waffen auf dem Laufenden. Eine Offiziers-Sektion stand im Kontakt mit dem Korps der in Bern akkreditierten ausländischen Militärattachés und natürlich mit dem Netzwerk der Schweizer Militärattachés im Ausland. Meldesammelstellen betrieb der schweizerische Nachrichtendienst in fünf Büros, nämlich in Basel, Zürich, Schaffhausen, Luzern und Lugano, von wo aus die Nachrichtenleute ihre Kontaktpersonen trafen – meistens als ad hoc-Besucher. Diese passive Nachrichtenbeschaffung war in der Schweiz erfolgreicher als anderswo, weil ausländische Nachrichtendienste und ihre „Fakten" ständig durch das Land flossen. Der schweizerische Nachrichtendienst sandte keine Spione aus, um Feindorganisationen zu infiltrieren. Jene Teile des Schweizer Nachrichtendienstes, über die viel geschrieben wird, waren halboffizielle Einrichtungen, die von

Einzelpersonen betrieben wurden und die ihre Nachrichten von Anti-Hitler-Freunden in Deutschland erhielten. Es lohnt sich, den Wert all dieser Aktivitäten für die Schweiz und die Alliierten und die daraus zu ziehenden Lehren zu überprüfen.

Die erste Lehre heisst: Wenn ein Nachrichtendienst seiner Regierung die meist benötigten Nachrichten nicht liefern kann, bleibt diese Regierung besser ohne einen solchen – ganz abgesehen davon, was die Nachrichtendienste sonst noch tun mögen. Die Flut von Nachrichten über die verschiedenen Kriegsschauplätze der Welt, welche durch die Schweiz flossen, machte die Schweizer Beamten wohl zu den bestinformierten Kriegszuschauern. *Aber soweit die Schweiz Teilnehmer war, stand die Beantwortung einer einzigen Frage im Zentrum: Wann und wo – wenn überhaupt – würden die Deutschen angreifen?* Diesbezüglich tat der schweizerische Nachrichtendienst der Armee zweimal fast das Schlimmste an, was ein solcher Dienst tun kann: Er lieferte Berichte über mögliche bevorstehende Angriffe, die sich als falsch erwiesen. Mitte Mai 1940 berichtete er über deutsches Säbelrasseln im Schwarzwald. Dem Nachrichtendienst hätte auffallen sollen, dass die Deutschen ungewöhnlich offene, südwärts gerichtete Bewegungen ausführten, während sie doch tatsächlich ihren Hauptstoss nach Nordwesten vorbereiteten. Schlimmer noch: Im März 1943 gab der schweizerische Nachrichtendienst ein diffuses Gerücht als Tatsache weiter, wonach Deutschland eine Invasion der Schweiz vorbereite. In Tat und Wahrheit gab es beim deutschen Oberkommando keine solchen Absichten. Der Chef des Schweizer Nachrichtendienstes, *Roger Masson*, war sogar ungeschickt genug, seinen Freund, SS-General Walter Schellenberg, über solche Absichten zu befragen, womit er bestätigte, dass jemand im deutschen Oberkommando Informationen an die Schweiz geliefert hatte.

Am schlimmsten war, dass Masson 1940 einige Mitglieder des Bundesrates vertraulich warnte, Deutschland werde möglicherweise die Schweiz überfallen, wenn deren Regierung die antinazistische Haltung der Schweizer Presse nicht zügle. Damit leistete Masson ungewollt der deutschen Subversion gegen sein Land Vorschub.

Aber Masson war nicht der schlimmste Falschanwender des Nachrichtendienstes. Im Jahre 1941 sandte er einen Bericht aus verschiedenen ausländischen Quellen an den Bundesrat, wonach die Deutschen chiffrierte Mitteilungen des Schweizerischen Politischen Departementes in Bern an schweizerische diplomatische Missionen im Ausland zu entziffern vermochten. Anstatt dankbar zu sein, beklagte sich der Vorsteher des Politischen Departementes, der militärische Nachrichtendienst erschwere die heiklen Beziehungen zu Deutschland!

Die zweite Lehre heisst, dass eine Regierung, die vor dem Krieg keinen seriösen Nachrichtendienst aufbaut, im Kriegsfall auf irgendwelche Arrangements und Netzwerke privater Bürger angewiesen ist. Auch der amerikanische OSS (Office of Strategic Services) begann als Ausweitung privater Kontakte von Oberst *William Donovan*. Da die Schweiz vor dem Krieg keinen eigentlichen Nachrichtendienst hatte, wurde das Nachrichtenwesen im Krieg durch die privaten Kontakte von *Hans Hausamann* und *Max Waibel* dominiert. Da sie Reserveoffiziere waren, wies sie General Guisan einfach an, ihre eigenen Netzwerke in loser Koordination mit Roger Massons offiziellem Nachrichtenladen zu betreiben. Hausamanns Büro, bekannt als *Büro Ha,* erhielt Nachrichten über lange bestehende Kontakte zu Personen in Deutschland, von denen einige in hohen Regierungsrängen arbeiteten, aber Gegner Hitlers waren. Zusätzlich konnte das Büro Ha an General Guisan auch gutfundierte Berichte von *Rudolf Roessler* liefern, einem aus Deutschland geflüchteten Journalisten, bekannt als bedeutender antinazistischer politischer Kommentator unter dem Namen *Hermes*. Er überliess den Schweizern einige der aktuellsten und wichtigsten Nachrichten über deutsche Pläne, die er unter dem Codenamen *Lucy* an die Sowjetunion lieferte. – Kurz gesagt: Die schweizerischen Behörden mussten innerhalb der Schweiz, mit Rücksicht sowohl auf den eigenen Nachrichtendienst als auch auf denjenigen der Alliierten, mit den ausländischen Nachrichtendiensten sehr large umgehen – ausser bei Spionage gegen die Schweiz.

Als Geschäftsmann, der viel Zeit in Deutschland verbrachte, war Hausamann vom Aufstieg Hitlers zur Macht so schockiert gewesen, dass er sich dem Journalismus zuwandte, um sein Land zu warnen. Er schrieb und verlegte ein Buch über die Notwendigkeit des Widerstandes gegen Deutschland und produzierte Filme über dieses

Thema. Einmal kaufte er alle im Land vorhandenen Projektoren auf. Als Mann der politischen Rechten machte er grösste Anstrengungen, um die schweizerischen Sozialisten für die Aufrüstung der Schweiz zu gewinnen und kam so zu Freunden und Sympathien bei den Linken. Seine Freunde von der äussersten deutschen Rechten übermittelten ihm – auf nicht-elektronischem Weg – Nachrichten von hochrangigen Kontaktpersonen; eine aus diesem Kreis arbeitete sogar in Hitlers Übermittlungszentrale.

Aber man bedenke: Hausamanns Dynamik brachte die Nachrichten nicht zum Fliessen. Ausgangspunkt dafür war eine Anti-Hitler-Stimmung in Deutschlands oberen Rängen. Das Reichssicherheits-Hauptamt (RSHA) kannte dieses Netzwerk konservativer, hochrangiger, Hitler-gegnerischer Offiziere und gab ihm den Decknamen *Schwarze Kapelle*. Hausamann nannte sein bis in den rechtsgerichteten Anti-Hitler-Untergrund reichendes Netzwerk *Wiking-Linie*.

Im Jahre 1942 kam Hausamann über einen seiner linksgerichteten Freunde in Kontakt mit Roessler, dessen Nachrichten offenbar auch von früheren Militärkollegen stammten, die in der Wehrmacht Karriere gemacht hatten. Auf diese Weise wurde Hausamanns Büro zur Empfangsstelle zweier ausgezeichneter militärischer Netzwerke. Obwohl die politische Färbung von Roesslers Nachrichten unklar war, leitete er selber seine Nachrichten auch an *Sandor Rado* weiter. Rado, ein in der Schweiz lebender ungarischer Kommunist, war als Kartograph tätig und betrieb eine nachrichtendienstliche Radiostation, die Meldungen von Lausanne nach Moskau sandte. Bei Kriegsbeginn war Rados Organisation unter dem Decknamen Dora-Ring Hauptträger des Moskauer Nachrichtendienstes in Westeuropa, der durch den Hitler-Stalin-Paktes nicht aufgehoben worden war. Nach Mitte 1942 funktionierte Dora als einziger überlebender Rest von *Leopold Treppers* berühmter deutsch-kommunistischer Spionageorganisation „Rote Kapelle". Die Schweiz im allgemeinen und Hausamann im speziellen befanden sich also auf der Kreuzung zweier aus Deutschland kommender Hauptspionagelinien.

Zusätzlich erhielt Max Waibel Informationen von Hitler-gegnerischer Elementen über *seine* früheren Klassenkameraden an der deutschen Militärschule, während Abwehrchef *Wilhelm Canaris* sowohl der Schweiz als auch den Alliierten Informationen durch den deutschen Vizekonsul in Zürich, *Hans Gisevius*, und durch eine junge geflohene Polin, *Halina Zymanska*, lieferte. Später, nach den grossen deutschen Niederlagen im Jahre 1943, nahm eine ganze Reihe deutscher Offiziere – angefangen bei den Verschwörern des Attentatsversuchs auf Hitler vom 20. Juli 1944 bis zu den Emissären von Himmler selbst – in der Schweiz Verbindung mit den Alliierten auf.

Der deutschen Regierung war die Existenz eines durch die Schweiz führenden „Spionage-Geschwürs" bekannt. Anhand von Radio-Peilungen war festgestellt worden, dass nächtlicher Verkehr verschlüsselter Botschaften vom Gebiet um Genf ausging. Kryptologische Analysen zeigten, dass es sich um Sendungen von Dora an Moskau mit äusserst wichtigen Informationen handelte. Deutschland übte harten Druck auf die Schweiz aus, den Sender *Dora* zu schliessen, was allerdings nicht geschah. Geschlossen wurde er erst, als der Ring aus den eigenen Reihen verraten wurde, was der kantonalen Polizei keinen anderen Ausweg liess.

Die entscheidende Frage lautet: In welchem Ausmass gelang es dem Schweizer Nachrichtendienst und seiner die Alliierten begünstigenden Umgebung, die Schwäche der Schweizer Armee wett zu machen? Einige der von Roessler nach Moskau gelieferten Informationen über die Pläne der Wehrmacht bei Stalingrad und Kursk waren von höchster Wichtigkeit, ebenso eine ganze Menge von Daten über die deutsche Kriegsproduktion. Manchmal lieferte ein Bote des Büros Ha bei der britischen Botschaft Nachrichtenmaterial von Roessler über deutsche U-Boote ab. Doch keine dieser Nachrichten entschied über Sieg oder Niederlage bei Stalingrad, Kursk, auf dem Atlantik oder irgendwo sonst.

Was auch immer die Schweiz auf dem Gebiet des Nachrichtendienstes geleistet oder erlaubt hat, sie war und blieb ein kleines Land. Deshalb muss die Antwort lauten: Der Aufklärung für und durch die Schweiz kam mehr oder weniger die Rolle zu, die man im Hinblick auf die geographische Lage des Landes und die herrschenden Umstände erwarten konnte. Es war eher der Druck der Ereignisse, der den Fluss an Nachrichten vergrösserte, als die Aktivität des Schweizer Nachrichtendienstes und die von Amerikas Meisterspion in der Schweiz, *Allen Dulles*. Der grösste Nachrichtenfluss aus Deutschland setzte übrigens nach der Schlacht von Stalingrad ein, als sich nicht nur deutsche Hitler-Gegner, sondern auch Nazis darüber Gedanken machten, wie das Schlimmste für ihr Land und für sie selbst zu verhindern sei. Eine der zeitlosen Lehren über die Rolle von Nachrichtendiensten lautet denn auch, dass Nachrichten meistens auf jene Seite fliessen, von der angenommen wird, sie werde siegen.

Gegenspionage half jedoch dem Schweizer Militärwesen ungemein. Es ist nicht möglich herauszufinden, welchen Prozentsatz an deutschen Agenten die Schweiz dingfest machen oder in welchem Ausmass Deutschland militärische Geheimnisse der Schweiz erfahren konnte. In Anbetracht des grossen deutschen Netzwerks muss angenommen werden, dass Deutschland sehr erfolgreich war. Unbekannt ist auch, wie und in welchem Ausmass den Deutschen ihre Kenntnisse über die militärischen Vorbereitungen der Schweiz für den Fall einer Invasion geholfen hätten. Zweifellos aber fürchtete die deutsche Aufklärung die schweizerische Gegenspionage. Einer der Leiter des deutschen Nachrichtendienstes fasste dies einmal wie folgt zusammen: „Nach einer gewissen Anlaufszeit ist die schweizerische Spionagabwehr als weitaus am gefährlichsten angesehen worden, und der Ausfall von Agenten prozentual in der Schweiz ist am höchsten gewesen. Durch den erfolgreichen Zugriff der schweizerischen Abwehr sind uns die mühsam aufgebauten Netze immer wieder desorganisiert worden."[23] Im Laufe des Krieges nahm die Schweiz ungefähr 1400 Personen wegen Spionageverdachts fest, von denen 328 zu langen Gefängnisstrafen verurteilt wurden, während 33 wegen Spionage zu Gunsten Deutschlands zum Tode verurteilt wurden; 15 von ihnen wurden hingerichtet, einschliesslich dreier schweizerischer Offiziere.

Der Respekt für die Schweiz, den diese Hinrichtungen unter Deutschen erzeugte, war weniger wichtig als der günstige Eindruck, den sie bei der Schweizer Bevölkerung im allgemeinen und bei der Armee im besonderen hinterliessen. Die Schweiz fühlte sich durch die Deutschen schlecht behandelt, beraubt, gedemütigt und in Angst versetzt. Die Hinrichtung von Spionen, die für Deutschland gearbeitet hatten, bot eine kleine, aber konkrete Chance, die Integrität des Landes und den Unabhängigkeitswillen zu bekräftigen.

Als erster wurde ein Feldweibel hingerichtet. Er hatte den Deutschen unter anderem Skizzen kleinerer Befestigungen verkauft, die an den zum Reduit führenden Strassen lagen. Der Historiker Hans Ulrich Jost schreibt in seinem Buch *Geschichte der Schweiz und der Schweizer*, das schweizerische Establishment habe die Hinrichtungen begrüsst. „Unter den Erschossenen fanden sich auch naive Verführte, die für eine weit grössere, aber sich in den gesellschaftlichen Oberschichten versteckt haltende Schuld büssen mussten."[24] Gewiss waren einige Geschäftsleute, die vom Handel mit den Deutschen profitierten, oder Regierungsbeamte, die vor den Nazis kuschten, tadelnswerter und gewichtigere Fälle als kleine Spione. Aber die Bereitwilligkeit, Spione hinzurichten, machte diesen Geschäftsleuten und Beamten klar, dass die Kollaboration besser in gewissen Grenzen zu halten sei. Und vor allem: Wenn das Land bereit war, seine eigenen Bürger wegen jeglicher Art von Kollaboration hinzurichten, konnte man ihm auch den Widerstand gegen eine Invasion zutrauen.

Die vordringlichste militärische Frage war, ob das Land als ganzes einer Invasion widerstehen *würde*. Die wichtigste Schlacht, welche die Armee im Krieg zu schlagen hatte, war der Kampf gegen jene, auf deren Verlässlichkeit zum Widerstand nicht voll vertraut werden konnte, sowie gegen offensichtliche Subversion.

Subversion und Politik
Für eine belagerte Armee stellt die moralische und politische Subversion durch unzuverlässige hochrangige Offiziere und zivile Behörden die grösste Bedrohung dar. Da diese Art von Verrat weit verbreitet ist, wagt niemand, sie beim richtigen Namen zu nennen.[25] Im Vergleich dazu wiegt die Subversion durch ausländische Agenten geradezu leicht. Es überrascht deshalb nicht, dass ausländische Agenten vor dem Fall Frankreichs wenig Glück hatten, weil die führenden Politiker der Schweiz Entschlossenheit zeigten und der nationale Zusammenhalt grösser war.[26] 1940 entstand Gefahr aus der Schwäche der eigenen Führungskräfte. Der Kampf der Schweiz gegen die Subversion wurde zu einem *militärischen* Ringen um die Seele des Landes.[27] Die Nazis begannen die Schweiz subversiv zu be-

arbeiten, wie sie es in Deutschland, Österreich, der Tschechoslowakei und den restlichen Ländern getan hatten. Sie organisierten einen harten Kern aus strammen, halbprofessionellen Parteianhängern, die das gewöhnliche Volk durch bedrohliche Aufmärsche, Strassengewalt und anfeuernde Versammlungen einschüchtern sollten. Auf höchster politischer Ebene versuchten Nazi-Führer dem Establishment einzureden, Widerstand sei nutzlos. In der Schweiz misslang der erste Teil des Planes kläglich. Der zweite wäre infolge der grossen Übermacht Deutschlands in den Jahren 1940 bis 1942 beinahe gelungen.

Die Nazi-Partei in der Schweiz, seit 1934 aktiv, war von Berlin beauftragt worden, für einen Anschluss zu agitieren, der die deutschsprachige Schweiz mit dem Dritten Reich vereinen sollte.

Dabei ging einiges schief. Erstens hinderten die Schweizer Behörden die Nazis an der Durchführung von Einschüchterungsakten, die ihnen andernorts so viel Erfolg gebracht hatten. Zweitens – was äusserst wichtig war – traten nur sehr wenige Deutschschweizer der Nazi-Organisation bei; in den französischsprachigen Kantonen wurde der Nationalsozialismus weniger verabscheut als in den deutschsprachigen. Als schliesslich am 4. Februar 1936 der Deutsche *Wilhelm Gustloff*, der Führer der deutschen NSDAP in der Schweiz, ermordet wurde, verbot die schweizerische Regierung, dass ein Schweizer Bürger seine Nachfolge antrat.[28] Ein Jahr später machte die schweizerische Regierung offiziell die deutsche Botschaft für Aktionen der Nazi-Partei verantwortlich. Auf Grund dieser Massnahmen schwand die Nazi-Partei in die Bedeutungslosigkeit. Ihre Mitglieder wurden durch die schweizerische Polizei überwacht, und im Jahre 1940 wurde die Partei aufgelöst.

Während der 1930er Jahre hatte das ganze schweizerische Establishment einschliesslich der Gewerkschaften erkannt, dass der Nazismus sowohl die wahre Idee eines multiethnischen Staates, der Demokratie und des wirtschaftlichen Liberalismus als auch die jahrhundertealten Bürgerfreiheiten diskreditierte – also alles, wofür die Schweiz stand. Einer liberalen Regierung waren jedoch bei der Bekämpfung von massiver Propaganda aus einem totalitären Nachbarland enge Grenzen gesetzt. Pläne für ein schweizerisches Propagandaministerium zerschlugen sich. Hingegen gründete die Regierung eine private Stiftung, die *Pro Helvetia*, um den schweizerischen Patriotismus zu fördern. Pro Helvetia unterstützte Filme und Redner, sowie im Jahre 1939 die erfolgreiche Landesausstellung in Zürich. Als eine Art Anhängsel rief Pro Helvetia eine militärische Abteilung, *Heer und Haus*, ins Leben, die bis zum Kriegsausbruch nichts, dann aber fast alles bedeutete. Als während der 1930er Jahre ein Land nach dem anderen unter den Einfluss der Nazis geriet, wurde die Schweiz von einer Welle des Patriotismus erfasst. Im März 1939 betonte der Vorsteher des Eidgenössischen Volkswirtschaftsdepartementes, Bundesrat *Hermann Obrecht*, öffentlich, im Gegensatz zu anderen europäischen Anpassern werde kein Bundesrat zu Hitler nach Berchtesgaden „wallfahrten" gehen. Diese Feststellung fand allseitige Zustimmung.[29]

Als es schien, eine deutsche Invasion stehe unmittelbar bevor, ordnete der Bundesrat am 14. Mai 1940 die Verhaftung aller politisch aktiven Deutschen und aller prominenten schweizerischen Nazi-Anhänger an. Es muss wohl als Tribut an die schweizerische Freiheit bezeichnet werden, dass diese Anordnung wieder aufgehoben wurde, als die Invasion nicht stattfand.[30] Jedenfalls scheiterte in der patriotischen Schweiz die Nazi-Subversion wie sonst nirgendwo.

Die militärischen Siege Deutschlands im Jahre 1940 untergruben jedoch die schweizerische Zuversicht. Deutschlands Sieg über Frankreich und sein vorauszusehender Sieg über Grossbritannien schien die von den Nazis geäusserte Kritik am europäischen Liberalismus zu bestätigen und liess eine kollektivistische Zukunft unter der Kontrolle Deutschlands (zusammen mit der Sowjetunion) befürchten. Nazi-Deutschlands Neue Europäische Ordnung versprach Neugeburt durch Frieden, Ordnung, Arbeit und soziale Sicherheit. Einige schweizerische Sophisten fragten: „Warum sollen wir als einzige offensichtlich aussichtslos und unter grosser Gefahr für unsere Sicherheit dem Neuen Europa Widerstand leisten – zur Verteidigung von etwas, das ohnehin misslungen ist?" Patriotischer Trotz und das Alpenreduit erschienen als schwache Antwort.

Um der Schweiz zu verbieten, laut zu sagen, Deutschland sei ihr Feind, verband das Reich die bedrohliche Realität seiner überwältigenden Macht mit Schmeicheleien, wie sie Eltern gegenüber ihrem ungezogenen Kind anwenden. Die deutsche Botschaft und die deutsche Presse beschuldigten die Schweiz, sie verletze ihre Neutralität, weil sie Äusserungen der Bestürzung über deutsche Siege zulasse und die Vorzüge des politischen Systems der Nazis zu wenig schätze. Zudem sei die Schweizer Presse Quelle von Spötteleien aller Art über den Nazismus. So habe sie zum Beispiel den Aufruf der Nazis zum „Kreuzzug" in parodierender Weise als „Hakenkreuzzug" parodiert. Auf diese Weise mache sich die Schweiz mitschuldig am Vergiessen deutschen Blutes (Blutschuld). Falls die Schweiz das Problem mit der Presse nicht in den Griff bekomme, drohte Deutschland, den Wert der Schweizer Neutralität zu überdenken. Die Vorliebe des Schweizer Establishments, gefährlichste Herausforderungen auf komplexe, verschwommene Weise anzugehen, und die Unmöglichkeit, den das Land bedrohenden Feind beim Namen zu nennen, beeinträchtigten den Zusammenhalt in Armee und Volk.

Im Juli 1940 glaubten die Schweizer Truppen nicht mehr daran, dass der Bundesrat oder ihre eigenen hohen Offiziere den Befehl zum Kampf erteilen würden, was auch ihr General immer sagen mochte. Wenn sie nach Hause kamen, wurden sie durch die anpasserischen Tendenzen in ihrer zivilen Umgebung beeinflusst. Vor allem war es jetzt gar nicht mehr klar, ob Anpassung an Deutschland oder sogar an den Nazismus noch länger falsch war. Vielleicht waren ja jene, die sich der Kollaboration widersetzten, blosse Extremisten, die das Land in Gefahr brachten. Vielleicht waren *sie* sogar die wirklichen Feinde. Der Antitotalitarismus wurde suspekt – ein Phänomen, das den Amerikanern, die den Kalten Krieg erlebt haben, nur zu vertraut ist. Um den Zusammenhalt unter den Soldaten zu bewahren, musste deshalb die Armee grundlegende politische Fragen anpacken – und gab damit im ganzen Land den Ton der Diskussion an.

Am 25. Juli 1940 versammelte General Guisan 650 höhere Offiziere der Armee an jenem Ort, wo im Jahre 1291 die Schweizerische Eidgenossenschaft gegründet worden war: auf der Rütliwiese über dem Vierwaldstättersee. Dort, auf heiligem Grund, bekräftigte er feierlich-ernst, gelegentlich ins Deutsche mit seinem persönlichen Akzent wechselnd, die Pflicht der Armee, das Land zu verteidigen, erläuterte den Reduitplan und befahl den Offizieren, ihre eigene Entschlossenheit und ihr eigenes Vertrauen an die Truppen weiterzugeben. Obwohl er die Worte „Deutschland" oder „Nazi" nicht erwähnte, verurteilte Guisan all jene Mutlosen, die der Aggression keinen Widerstand leisten wollten. Das Reich reagierte mit Empörung. Nach dem Rütlirapport bereiste General Guisan das ganze Land und verbreitete die gleiche Botschaft. Ein Zeitzeuge beschrieb die Äusserungen des Generals als „Aufrufe an die Gemütskräfte", die jene zu den göttlichen Gesetzen zurückführen, „welche die Gebete ihrer Kindheit vergessen haben".[31] Für General Guisan kam die Vaterlandsliebe gleich nach der Frömmigkeit, und die Armee war deren Verkörperung.[32]

Die Armee war jedoch alles andere als geeint. Es ist aber auch nicht fair, den Bundesrat als unpatriotisch zu charakterisieren. Es stimmt zwar, dass er eine weichere Linie als Guisan verfolgte. Aber keines seiner Mitglieder hegte Sympathien für die Nazis. Die öffentliche Meinung war jedoch schnell bereit, eine Diskrepanz zwischen der Rütlirede, Guisans vielen Reisen im Land und dem Programm von *Heer und Haus* einerseits und der wenig Hoffnung vermittelnden Rede von Bundespräsident Pilet-Golaz vom 26. Juni 1940 andererseits auszumachen. Der General war auf gutem Wege, ein nationaler Held zu werden, dem alles, was gut ging, zugeschlagen wurde, während Pilet-Golaz und der Bundesrat zu Sündenböcken gestempelt wurden.

Das Volksempfinden enthielt immerhin ein Element von Wahrheit. Auch wenn nur eine Handvoll marginalisierter Schweizer sich über eine Niederlage ihres Landes ähnlich gefreut hätten wie viele trendige Amerikaner schliesslich über den Misserfolg Amerikas bei der Abwehr des Kommunismus in Vietnam fühlten, lag es doch wesentlich an der Armeeführung, dass viele Schweizer es ablehnten, beim Nazi-Abenteuer mitzumachen.

Drei der bekanntesten Offiziere der Armee – Hans Hausamann, Oscar Frey und Max Waibel – waren über die Radiorede des Bundespräsidenten Pilet-Golaz vom 26. Juni 1940 so schockiert, dass sie einen Geheimbund schlossen mit dem Ziel, den Nazismus ohne Rücksicht auf allfällige anderslautende Befehle bis zum Tod zu bekämpfen. General Guisan deckte die amateurhaft geplante Verschwörung auf, gab den Initianten die Hand und verhängte über sie eine Arreststrafe in der Länge eines kurzen Ferienaufenthaltes. Er zögerte nicht, diese Offiziere als geistiges Kernteam im Programm von *Heer und Haus* einzusetzen.

Der Sektion *Heer und Haus* gelang es, mit ihren Veranstaltungen den Zuhörern das zu geben, was sie andernorts nicht bekommen konnten, nämlich viele auf Fakten beruhende Informationen. *Heer und Haus* versah Truppenkommandanten mit den WEHRBRIEFEN, gut verständlichen Abhandlungen über die Entwicklung des Krieges und die schweizerischen Verteidigungsvorbereitungen, die auch Erklärungen zur Rolle Deutschlands in der Schweizer Wirtschaft und Diskussionen über die Flüchtlingspolitik und das Rationierungssystem enthielten, kurz: all das, was man in einer freien Presse hätte lesen können. *Heer und Haus* sandte professionelle Redner zu den Truppen und bildete geeignete Truppenangehörige zu Rednern aus. Diese Leute hielten Vorträge über grundlegende Themen, wobei sie den Aufbau ihrer Reden an die thomistische Form anzulehnen pflegten, also: These (meistens Ansichten der Anpasser) – Antithese (Einwände gegen die Ansichten) und dann die Diskussion. Zum Beispiel begann das mit „Die Judenfrage" betitelte Redekonzept Nr. 22 mit der Darlegung der Thesen des Antisemitismus, worauf die Widerlegung derselben durch Fakten, statistische Analysen und ethnische Argumente folgte.[33] Die Soldaten wurden ermutigt, das Gehörte zuhause unter die Leute zu bringen.

In den Tagen nach dem Fall Frankreichs waren viele Offiziere überzeugt, es seien zielgerichtete Anstrengungen nötig, um die zivile öffentliche Meinung zu retten. Ende Juli 1940 erschien folgender Satz in einem Bulletin von *Heer und Haus*: „In dieser Zeit muss der Offizier Lehrer unseres Volkes werden." Dreimal verlangte Guisan in diesem Sommer vom Bundesrat, die öffentliche Meinung für die Unterstützung der Armee bei der Erfüllung ihrer Aufgabe zu gewinnen. Im Herbst nahm die Armee diese Angelegenheit selbst in die Hand. Am 21. Oktober 1940 gründete Guisan eine zivile Abteilung von *Heer und Haus*, die insgesamt 328 Kurse und 4000 Vorträge organisierte. Der Bundesrat versuchte vergebens, die Initiative vom Finanziellen her zu bremsen, doch die neu gegründete Sektion erhielt ihr gut geschriebenes und gratis geliefertes Material von einer Gruppe, die sich *Aktion Nationaler Widerstand* nannte, und der sowohl Freunde des Generals in der Armee als auch Parlamentsmitglieder angehörten. Diese wiederum erhielt ihre Autorität durch den General.

Der Bundesrat war verärgert. Die Deutschen protestierten, vor allem gegen die antinazistischen Reden von Oberst *Oscar Frey*, die er in Uniform vor ziviler Zuhörerschaft in der Nähe der Grenze hielt. Der Bundesrat zwang Frey zur Aufgabe seiner Rednertätigkeit, erlaubte aber zur gleichen Zeit dem (parteioffiziellen) Nazi-Gauleiter *Fritz Sauckel*, in Basel zur deutschen Gemeinde zu sprechen. Dies geschah allerdings 1941, als Deutschland seines Sieges sicher schien. Es war damals leicht, Leute wie Oberst Frey als „lose Kanonen" zu bezeichnen, die dem Land nichts als Schaden zufügten. Erst im Oktober 1942 verbot der Bundesrat alle grossen Versammlungen von Ausländern, und zwar nach einer Rede von Gauleiter *Bohle*, dem Obmann aller Nazis im Ausland, die er vor den Deutschen in der Schweiz im Zürcher Hallenstadion gehalten hatte. Zu diesem Zeitpunkt verschob sich das Gleichgewicht der Kräfte, und der Triumph des Dritten Reiches schien nicht mehr so sicher zu sein.

Der Bundesrat musste sich auch mit Einwänden befassen, die aus der Armee selbst kamen und gegen deren Rolle gerichtet waren. Oberst *Gustav Däniker*, ein angesehener Mann mit guten Beziehungen und Bewunderer der Wehrmacht, hielt General Guisan für inkompetent und unverantwortlich. Nachdem er im März 1941 von Berlin zurückgekehrt war, ersuchte Däniker im Mai den Bundesrat offiziell darum, gegen die Presse vorzugehen, weil sie Deutschland diffamiere, und ebenso gegen den General, weil er die schweizerisch-deutschen Beziehungen gefährde. Der Bundesrat unternahm nichts. Aber nur schon die Tatsache, dass der Bundesrat das Gesuch entgegengenommen hatte, zeigt, dass es eine namhafte Zahl hochrangiger Armeeoffiziere gab, die *Heer und Haus* für schädlich hielten. (Als Beispiel für unverantwortliches Presseverhalten zitierte Däniker die Zeitungsberichte über Vorbereitungen Deutschlands zu einem Angriff auf die Sowjetunion. Als dann die Invasion drei Monate später tatsächlich begann, war Däniker diskreditiert, und der General konnte ihn seines Kommandos entheben.)

Der General war für den Bundesrat jedenfalls kein Held. Im Dezember 1940 wurde der beste Freund des Generals im Bundesrat,

Rudolf Minger, durch *Karl Kobelt* ersetzt, der mit Guisans Vorgehen nicht einverstanden war. Dazu kam noch der Tod des ältesten Mitglieds des Bundesrates, *Hermann Obrecht*. Durch den Rücktritt Mingers und den Tod Obrechts verlor die schweizerische Exekutive zusätzlich zwei ihrer Anti-Nazi-Hardliner, was eine noch grössere politische Isolation des Generals zur Folge hatte. Aber die Öffentlichkeit war ganz auf Seiten Guisans. Grösser werdender öffentlicher Druck, von General Guisan gefördert, veranlasste den Bundesrat, am 19. November 1940 alle pronazistischen und profaschistischen Organisationen zu verbieten. Auf heftigen Protest aus Deutschland hin verbot der Bundesrat am 26. November 1940 auch alle kommunistischen Organisationen. Der General hätte nicht glücklicher sein können. In den Jahren 1942 und 1943 versuchten die verbotenen Pro-Nazi-Fronten sich unter anderen Namen zu reorganisieren. Der Bundesrat reagierte noch härter und schickte die Anführer ins Gefängnis.

Letzten Endes wurde aber der Wert aller militärischen Massnahmen der Schweiz, von der besseren Ausrüstung der Infanterie, der Verstärkung der Fliegertruppe bis zu den Aktionen gegen die Subversion, durch die Ereignisse an Orten wie Stalingrad, Kursk, Midway und El Alamein bestimmt. Hätten diese Schlachten einen anderen Ausgang genommen, wäre General Guisans Zukunft wohl weniger glänzend gewesen.

Kapitel 3

Politik

„Demokratie ist das schlechteste politische System – ausgenommen alle anderen."
– *Winston Churchill*

VOR ALLEM FÜR DEMOKRATIEN ist der Krieg die letzte Wahl.[1] Die Aussicht, getötet zu werden, wenn man für ein bestimmtes Gemeinwesen in den Krieg zieht oder auch nur sonst für es einsteht, zwingt die Menschen zu entscheiden, wie sehr sie es lieben und welchen Preis sie dafür zu bezahlen bereit sind, um weiter in ihm leben zu können. Im Zweiten Weltkrieg stand die schweizerische Demokratie Nazi-Deutschland gegenüber, einem Land also, das alles, wofür die Schweiz stand, mit scheinbar unwiderstehlicher, tödlicher Kraft verneinte. Deshalb mussten die Schweizer bei einer Unzahl von verschiedenen, praktischen Alternativen entscheiden, welchen Wert sie ihrer Unabhängigkeit und ihrer Lebensweise beimassen.

Die Schweiz ist, mehr noch als die Vereinigten Staaten von Amerika, als Demokratie berühmt. Sowohl auf Bundesebene als auch auf Gemeindeebene entscheiden die Schweizer ihre öffentlichen Angelegenheiten an der Urne. Nirgendwo anders sind Vertreter des Staates durch die Verfassungsbestimmungen und die Tradition so kurzgehalten wie in der Schweiz. Und dennoch haben diese Vertreter in den Jahren, als der Zweite Weltkrieg sichtbar wurde und dann wütete, bei ihrer Arbeit oft wenig auf die Demokratie oder die öffentliche Meinung geachtet. Deshalb verlor die schweizerische Regierung mit dem Fortschreiten des Krieges weiterum das Vertrauen der Bevölkerung. Die überaus grosse Popularität von General Guisan bildete das Gegengewicht zu diesem verbreiteten Vertrauensverlust.

Das System

Die Schweiz passt nicht in die Schablone des herkömmlichen Nationalstaates. Die zwei Drittel der Schweizer Bevölkerung, die im Norden des Landes leben, in den Gegenden des Rhein- und Aaretals, sprechen deutsche Dialekte. Ihre literarischen Helden wie auch ihre Bösewichte sowie ihre philosophischen Anschauungen stammen aus den bekannten Traditionen von Wien, Dresden, Köln, Kiel, Berlin und Bonn. Das – grob gerechnet – restliche Viertel der Bevölkerung, das im Unterwallis und westlich der Saane lebt, spricht französisch und richtet seine Lebensweise nach Paris aus. Einer von zwölf Schweizern lebt im Kanton Tessin oder in einigen Tälern des Kantons Graubünden und spricht italienisch, wodurch er Anteil an der Kultur eines Dante oder Manzoni hat. Die ländlichen Gegenden des Kantons Graubünden an der Grenze zu Italien und zu Österreich sind die Heimat einer Rätoromanisch sprechenden Minderheit, die am engsten mit den Helvetiern des Römischen Weltreiches verwandt ist. Wichtig ist auch, dass jeder Ort und jedes Tal seinen eigenen Dialekt spricht und eigene Traditionen von Unabhängigkeit pflegt. Obwohl alle Schulen mindestens zwei Sprachen unterrichten, leben die meisten Schweizer physisch, intellektuell und gefühlsmässig in ihrer eigenen Sprachgemeinschaft und wissen wenig über Lehrbücher, Schauspieler, Zeitungen sowie Radio- und Fernseh-Persönlichkeiten der anderen Sprachgebiete. Die real existierende Schweiz ist aus vier Kulturen gewachsen, und sie vereinigt sechsundzwanzig weitgehend souveräne Kantone – sechs davon zählen als Halbkantone, werden aber zumeist wie die anderen behandelt – und rund dreitausend autonome Gemeinden.

Aus dieser Verschiedenheit irgendeine Art Einheit zu bilden, wäre unmöglich, ausser man berücksichtigt die weit bekannte Tatsache, dass der Rest von Europa für Jahrhunderte vor die Hunde gegangen ist und dass nur die klugen, gemässigten und „altmodischen" helvetischen Bewohner von Europas Hauptflussgebieten eine gefestigte Beziehung zu ihrer traditionellen bescheidenen Lebensweise hatten. Die Schweizer sind sehr stolz darauf, anders als der Rest Europas zu sein.

Eine erste dieser Andersartigkeiten ist eben die Vielfalt. Aber man beachte, dass die Schweizer die Verschiedenheiten ihres Landes deshalb gerne tolerieren, weil jeder sich in seine eigene kleine Gemeinde zurückziehen kann, wo es, wenn überhaupt, nur wenige Differenzen gibt. Die Fähigkeit, einen Dialekt mit bestimmter lokaler Färbung zu sprechen, ist die Basis, auf der sich gegenseitiges Vertrauen bildet. – Das zweite Unterscheidungsmerkmal gegenüber dem übrigen Europa ist die durch das bewaffnete Volk geschützte Freiheit. Das dritte ist der wirtschaftliche Liberalismus. Obwohl der Schweiz die kollektivistischen Tendenzen von Europa nicht unbekannt sind, ist sie immer um einige Grade liberaler als ihre Nachbarn.

Auch wenn ein Unterwalliser seine intellektuellen Wurzeln in Paris hat, schreckt er vor dem Gedanken zurück, er könnte von einem grossen Staat, in welchem nur Französischsprachige leben, aufgeschluckt und von wirtschaftlich dirigistischen Bürokraten regiert werden. Für ihn bedeutet das Leben mit einer Schweizerdeutsch sprechenden Mehrheit durchaus nicht das gleiche, wie unter Deutschen zu leben. Die deutschsprachige Bevölkerung hängt ganz besonders an ihrer Unabhängigkeit – vor allem von Deutschland. Schliesslich war ja die *raison d'être* der Schweizerischen Eidgenossenschaft dem Wunsch entsprungen, unabhängig von den deutschen Fürsten zu werden. Während sich die französischsprechenden Schweizer in kultureller Hinsicht den Franzosen – wenn nicht sogar den Parisern – gleichwertig fühlen, wissen die Deutschschweizer, dass sie, vor allem ihrer Sprache wegen, von den „Hochdeutschen" immer als „Tölpel vom Hochland" gehalten werden. Nur in der Schweiz dürfen sich die Deutschschweizer als Bürger erster Klasse fühlen. Die italienischsprechenden Schweizer sind wohl die feurigsten Patrioten, denen voll bewusst ist, um wieviel schlechter ihr Leben wäre, würden sie durch die korrupten Sitten der südlichen Halbinsel beherrscht. Die Rätoromanen sind einzig Schweizer. Schliesslich ist jeder Schweizer froh darüber, dass er sich von den Streitigkeiten der Grossmächte fernhalten kann. Alles zusammen erzeugt einen starken Patriotismus, der manchmal wegen des Anspruchs, moralisch überlegen zu sein, unerträglich wird.

Wegen ihrer Vielfalt, ihrer Freiheit, ihrem Liberalismus und ihrer direkten Demokratie verabscheut die Schweiz zentralistische Macht, vor allem bei der Exekutive. Nicht selten verwirft deshalb das Volk (Schüler und Journalisten nennen es gemeinhin „den Souverän") Vorschläge, die im Parlament eine grosse Mehrheit erreicht haben, oder nimmt Motionen an, die vom politischen Establishment abgelehnt worden sind. Im Jahre 1992 wurde in einer Volksabstimmung der Beitritt der Schweiz zum Europäischen Wirtschaftsraum (EWR) abgelehnt, obwohl ihn die meisten führenden Politiker wortstark zur Annahme empfahlen. Bei der Exekutive arbeitet jedes Departement des Bundesrates unter Führung eines eigenen Vorstehers, der dem Parlament veranwortlich ist. Bei Kriegsausbruch gab es sieben Departemente (die heute etwas anders strukturiert sind): das Politische Departement (Aussenbeziehungen, heute: Departement für auswärtige Angelegenheiten), das Militärdepartement (heute: Departement für Verteidigung, Bevölkerungsschutz und Sport), das Departement des Innern, das Justiz- und Polizeidepartement, das Post- und Eisenbahndepartement (heute: Departement für Umwelt, Verkehr, Energie und Kommunikation), das Volkswirtschaftsdepartement sowie das Finanz- und Zolldepartement (heute: Finanzdepartement). Die sieben Departements-Chefs bilden zusammen den Gesamtbundesrat, der als Kollegium die exekutive Macht ausübt. Das Amt des Bundespräsidenten rotiert innerhalb des Rats. Der schweizerische Bundesrat handelt nach den Grundsätzen der Rücksichtnahme und des Konsenses, wenn möglich in Einstimmigkeit. Übereinstimmung im Suchen des Konsenses erzeugt starken (manche meinen steifen) Druck zum Masshalten.

Wie in anderen Demokratien überbrücken politische Parteien die Gewaltentrennung. Im Fall der Schweiz (wie im Fall des gegenwärtigen europäischen Parlaments in Strassburg) überbrücken sie auch die verschiedenen Nationalitäten. Während der ersten zwei Dekaden des zwanzigsten Jahrhunderts waren die Deutsch-, Französisch- und Italienischschweizer mehrheitlich Parteigänger der „Radikalen" – nach europäischer Tradition „Liberale" genannt. Andere grosse Parteien waren damals die Bauern-, Gewerbe- und Bürgerpartei (BGB) – eine bäuerliche Partei – und die Katholisch-Konservative Partei (KK), eine Art christlich-demokratische Partei. Im Jahre 1930 konnte jedoch die Sozialdemokratische Partei mehr Wählerstimmen auf sich vereinigen als jede andere – ungefähr 28% –, und dennoch schlossen die anderen Parteien sie vom Bundesrat aus. Die drei bürgerlichen Parteien teilten die Bundesratssitze untereinander auf, bestimmten die Chefbeamten und knüpften starke Bande zu den Wirtschaftskräften des Landes. Gut oder schlecht, waren sie das Establishment des Landes und bauten eine Art Oligarchie auf.

Das Eidgenössische Parlament wählt alle vier Jahre den Bundesrat. In der Praxis geben die führenden Köpfe der grossen Parteien – oft Mitglieder des Bundesrates – den Ton an, wenn es gilt, bei Vakanzen im Bundesrat dem Parlament Kandidaten zur Wahl vorzuschlagen. Bei der Auswahl der Kandidaten und bei der parlamentarischen Wahl neuer Bundesräte wird darauf geachtet, eine ungefähr proportionale Vertretung sowohl der grossen Kantone und aller drei Sprachregionen als auch der grossen Parteien zu gewährleisten. Die Aufrechterhaltung dieser Balance ist so wichtig, dass die Mitglieder des Bundesrates untereinander die Portefeuilles verschieben, damit ein neu Hinzukommender die für ihn geeignete Rolle übernehmen kann.

Als zum Beispiel 1940 der langjährige Aussenminister Bundesrat Giuseppe Motta starb, der sich den Respekt des Völkerbundes verschaffen konnte, wurde Enrico Celio als Ersatz für ihn gewählt – um dem italienischsprechenden Teil der Schweiz seine Vertretung im Bundesrat zu erhalten. Da jedoch während der Kriegszeit im Aussenministerium Erfahrungen gefragt waren, die nur durch die Mitgliedschaft im Bundesrat erworben werden konnten, wurde das Amt dem damaligen Vorsteher des Post- und Eisenbahndepartementes, Marcel Pilet-Golaz, anvertraut. Alle Sprachregionen und Regierungsparteien waren damit einverstanden.

Die schweizerische Regierung gewann in den Vorkriegsjahren wegen der durch die Weltkrise hervorgerufenen Gefahren und dem sichtbaren Erfolg der Schweizer Staatsführung an Einfluss. Im Jahre 1939 war Philipp Etter Bundespräsident. Zu erwähnen ist auch Hermann Obrecht, der eine gewinnbringende Bankkarriere aufgegeben hatte, um das wirtschaftliche Überleben des Landes im bevorstehenden Krieg zu sichern; und schliesslich Rudolf Minger, der Berner Bauer, dessen Bemühungen um eine Stärkung der Armee die Bevölkerung an Cincinnatus erinnerte. Gewohnheiten und Auftreten dieser bescheidenen Patrioten strahlten furchtloses Vertrauen aus. Warum sollte das Schicksal des Landes nicht in ihre Hände gelegt werden?

Am 30. August 1939 stattete die gleiche Bundesversammlung, die zuvor General Guisan gewählt hatte, den Bundesrat für die Dauer des Krieges mit umfassenden Vollmachten aus. Gleichzeitig ernannte das Parlament eine parteienmässig voll repräsentative Kommission (einschliesslich der Sozialdemokraten), um das bundesrätliche Vollmachtenregime zu überwachen. Die Parlamentarier mussten jedoch bald feststellen, dass die Kommissionsmitglieder in ihrer Freude, an den Geheimnissen und der Macht des Bundesrates teilzuhaben, ihren Parlamentskollegen vorenthielten, was eigentlich geschah, und sie so in die Rolle uninformierter Kibitze drängten. Mit gutem Recht wurden daher die Mitglieder des Parlaments und die Bürger bald misstrauisch.

Während die schweizerische Bevölkerung dem altgedienten Giuseppe Motta zugetraut hatte, den europäischen Auseinandersetzungen gewachsen zu sein, brachte es dem neuen Aussenminister (und Bundespräsidenten für 1940) Marcel Pilet-Golaz nicht mehr das gleiche Vertrauen entgegen. Tatsächlich empfand man ein Jahr nach Kriegsbeginn, der für die Dauer des Krieges mit Vollmachten ausgestattete Bundesrat sei seit dem Tod bzw. dem Rücktritt von Motta, Obrecht und Minger zu einem Tummelfeld für Eitle (Pilet-Golaz) und Schwache (Eduard von Steiger, Vorsteher des Justiz- und Polizeidepartementes) geworden. Gemäss einer immerwährenden politischen Lehre kann aussergewöhnlichen Führerpersönlichkeiten sehr wohl ungewöhnlich grosse Verantwortung anvertraut werden, nicht aber deren gewöhnlichen Nachfolgern. Überdies ist es für ein Volk leichter, seine lokalen und demokratischen Freiheiten aufzugeben, als sie sich wieder zurückzuholen.

Man kann aus der schweizerischen Erfahrung eine grosse Lehre ziehen: Die Möglichkeit der Wähler, unter hart umkämpften Alternativen auszuwählen, ist in Notzeiten noch wichtiger als in gewöhnlichen Zeiten.

Spaltungen, Streitfragen, Konsens
Die Ausrichtung des politischen Systems auf Konsens fand ihre Grenzen bei der Sozialdemokratischen Partei. 1918 inspirierte die Sozialdemokratische Partei unter der Führung ihres leninistischen Flügels ihre wachsende Wählerschaft zu heftigen Streikaktionen. Als Hitlers Machtübernahme die Schweiz bedrohte, forderten die Sozialisten die Abschaffung der Schweizer Armee. Dem gemütli-

chen Zusammenleben von drei Sprachgemeinschaften zogen sie den proletarischen Internationalismus vor. Gegenüber der bewaffneten Unabhängigkeit verfochten sie den Pazifismus. Dem wirtschaftlichen *laissez-faire* zogen sie die Umverteilung vor. Kurz: Für das Establishment vertraten sie die Verneinung alles spezifisch Schweizerischen.

Mitte der 1930er Jahre durchlebte die Partei grössere Veränderungen. Vor allem aus Furcht vor den Nazis akzeptierte sie 1935 den Grundsatz, dass sich Arbeiter an der Landesverteidigung beteiligen sollten. 1937 wurde zwischen Arbeitgebern und Arbeitnehmern eine Übereinkunft über die Schlichtung von Streitigkeiten abgeschlossen, die als „Friedensabkommen" allgemeine Zustimmung fand. Zwar hatte Emil Oprecht, der gemässigte und vernünftige Führer der Sozialdemokraten, dafür gesorgt, dass die Partei von Extremisten gesäubert wurde; dennoch schreckten die anderen Parteien bei Kriegsausbruch immer noch davor zurück, den Sozialdemokraten einen Sitz im Bundesrat anzubieten. Schliesslich hatte die Partei immer noch einen kommunistischen, von Leon Nicole geführten Flügel. Da Hitler mit Stalin verbündet war, hetzten diese schweizerischen Kommunisten gegen die Schweizer Armee und machten mit den nazifreundlichen Fronten gemeinsame Sache. Nach dem deutschen Überfall auf Russland wurden die Sozialdemokraten jedoch die entschiedensten Verfechter des Widerstands gegen Nazi-Deutschland und schlossen ihre kommunistischen Mitglieder aus der Partei aus, deren Aktivitäten der Bundesrat dann verbot. Damals war Widerstand das selbstverständliche, vordringliche Thema. Mit dem Ausschluss der Sozialdemokraten schwächten daher die bürgerlichen Parteien die Entschlossenheit des Landes. Indem man der grössten Partei die Teilnahme an der Regierung, einem eigentlichen Kriegskabinett, verweigerte, verliess man den schweizerischen Weg der Konsens-Demokratie. Auch vieles andere, das der Bundesrat während des Krieges tat, bewirkte dasselbe.

Erst 1943, nachdem die Partei in diesem Jahr bei den Wahlen beträchtliche Gewinne erreicht hatte, wurde den Sozialdemokraten ermöglicht, sich an der Regierung zu beteiligen. Der späte Eintritt der grössten Partei des Landes in die Regierung bedeutete die Rückkehr zur demokratischen Tradition der Schweiz – und noch mehr.

Der – vorläufig einzige – Bundesrat, Ernst Nobs, konnte nun die höchst fragwürdige Politik des Establishments betreffend Pressefreiheit korrigieren und die Einschränkungen für Flüchtlinge lockern. Anderseits hatte die Beteiligung negative Folgen für die Wirtschaftspolitik. Dennoch ist es besser, wichtige öffentliche Entscheide demokratisch zu treffen und nicht durch Gremien von Experten, und sei es nur, weil politisch Verantwortliche, die schlechte Politik machen, bei der nächsten Wahl wieder abgewählt werden können.

Konsens und Demokratie
Die politischen Sorgen der Schweiz während des Krieges hatten ihren Ursprung teilweise im Konsens, den man 1930 in bezug auf drei Thesen gefunden hatte, die anderen Europäern wie auch den Amerikanern gut bekannt waren. Die erste These lautete, die Arbeitslosigkeit sei eine tödliche und stetige Bedrohung für ein gutes Leben, weil es immer einen Überfluss an Arbeitskräften und einen Mangel an Arbeitsplätzen geben werde. Deshalb müsse der Staat alles unternehmen, um neue Arbeitsplätze zu schaffen und abzusichern, wobei er auch zu Mitteln wie Subventionen und Währungsinterventionen sowie Handelseinschränkungen und -bevorzugungen greifen dürfe. Das Ziel der internationalen Wirtschaft müsse deshalb die Devise des Neomerkantilismus sein: „Mache deinen Nachbarn zum Bettler." Die zweite These lautete, die beschränkten Arbeitsplatzangebote seien durch eingewanderte Arbeitskräfte sehr direkt bedroht. Der Staat müsse also alles unternehmen, um Ausländer, die den Einheimischen die Arbeitsplätze wegnähmen, abzuweisen und anderen die Einreise zu verweigern. Die dritte These lautete: „Nie wieder Krieg." Die Regierung müsse alles tun, um das Land aus den Streitereien anderer Länder herauszuhalten. Für ein kleines Land im Herzen Europas bedeutete dies in den Dreissigerjahren, Einschränkungen der Freiheit und der Demokratie auf sich zu nehmen, um Nazi-Deutschland nicht zu missfallen. Den drei Thesen war ein Grundgedanke gemein: Der Staat darf all seine Macht – wenn nötig sogar willkürlich – benutzen, um diese Ziele zu erreichen.

Die Notwendigkeit, die Wirtschaft durch die Depression zu führen, veranlasste die Schweiz 1935 zunächst dazu, den willkürlichen Gebrauch von Notrecht durch die Elite und die Bürokraten zu akzeptieren. War schon ihre liberale demokratische Jungfräulichkeit dahin, konnten die Schweizer dem Bundesrat auch noch grössere Macht zugestehen, um den Herausforderungen durch Nazismus und Krieg gerecht zu werden.

Lesen wir das Gesuch des Bundesrates aus dem Jahre 1935 um Gewährung von Vollmachten für wirtschaftliche Zwecke während zweier Jahre:

> Nichts liegt dem Bundesrat ferner als der Gedanke, die Demokratie in Frage stellen zu wollen. ... In einer Zeit der wirtschaftlichen Notstände, wie sie unser Land gegenwärtig erlebt, ist aber die Regierung dem Volke gegenüber verpflichtet, nichts zu unterlassen, um über die noch nie dagewesenen Schwierigkeiten hinwegzukommen. ... Es geht um Sein oder Nichtsein unserer Wirtschaft und damit auch um unsere Unabhängigkeit. Das zu erreichende Ziel ist so eminent wichtig, dass das Parlament und das Schweizer Volk von der Ausübung gewisser auf normale Verhältnisse zugeschnittener Rechte absehen müssen. ... Eine vorübergehende, unter der Kontrolle der Bundesversammlung und der öffentlichen Meinung stehende Einschränkung einiger demokratischer Grundsätze und Rechtssphären dürfte geradezu berufen sein, unserer Demokratie die Rettung zu gewährleisten. ... Es gibt Situationen, in denen die getreue Beobachtung der verfassungsmässigen und gesetzlichen Formen ... nicht möglich ist. ...[2]

Wie wahr. Die einzigen Wirtschaftssachverständigen, die in den Dreissigerjahren die These bestritten, die Depression sei eher durch zu viel als durch zu wenig staatliche Intervention herbeigeführt worden, gehörten der österreichischen Schule an – ausgestossene Rechtsgerichtete. Wenige im Establishment – falls überhaupt jemand, dann bestimmt nicht die abseits stehenden Sozialdemokraten – erinnerten sich ohne Hohn an die noch vor 1914 allgemein herrschende Anschauung, der freie internationale Handel lasse jeden profitieren. Wenige sträubten sich gegen das Netz von Einschränkungen und Subventionen, das zum modernen Wirtschaftskatechismus gehörte. Noch weniger Leute glaubten daran, dass Arbeit Reichtum bringt, oder konnten sich vorstellen, dass die Schweiz (und andere Staaten) in einigen Jahren durch die Rekrutierung ausländischer Arbeitskräfte zu Wohlstand gelangte. Jedenfalls auch nicht die sozialdemokratische Opposition.

Welchen Schaden fügten sich die Schweizer in so schöner Einstimmigkeit also selber zu, als sie in wirtschaftlicher und anderer Beziehung die Demokratie einmotteten? Einen ziemlich grossen. Der Vorzug der Demokratie besteht nicht darin, dass aus einer vom Volk verfügten Entscheidung notwendig gute Politik entsteht. Tatsächlich erinnert uns Tocqueville daran, dass Demokratien auch anfällig sind, einträchtig wie die Lemminge krasse Fehler zu machen. Das Gute der Demokratie besteht vielmehr darin, dass sie Völkern mit wechselndem Wahlverhalten erlaubt, schlechte Politik schnell zu korrigieren. Auch wenn das Wahlvolk selbst für mangelhafte Beurteilungen verantwortlich sein mag, kann es dann jenen die Schuld zuschieben und den Laufpass geben, die eben noch seine Vollzugsorgane waren. Eliten hingegen, die schlechte Politik persönlich zu verantworten haben, halten untereinander zusammen, verschlimmern das Unheil und versuchen zu beweisen, dass sie alles richtig gemacht haben.

Die Möglichkeit, schlechte Politik zu korrigieren, ist am geringsten, wenn ein demokratisches Volk Vollmachten in die Hände einer Gruppe legt, die alle (oder die meisten) Parteien vertritt, und von der angenommen werden kann, sie decke das ganze Meinungsspektrum ab. (In Amerika nennt man diese Gruppen „Zweiparteien-" oder „Blauband-"Kommissionen.) Der Wettbewerb unter den Establishment-Parteien – von Natur aus kein widerstandsfähiges Pflänzchen – verkümmert, sobald die Parteien gemeinsam ihres Glückes Schmied werden. Das Establishment isoliert sich von Kritik an seinen eigenen Fehlern und will nichts von störenden Einwänden wissen. Weil der Bevölkerung der legitime Ausdruck für ihre Unzufriedenheit mit dem Establishment fehlt, neigt sie dazu, politische Aussenseiter zu unterstützen.

Es erwies sich somit als nützlich, dass die Bundesratsparteien die Sozialdemokraten fast während des ganzen Krieges aus der Regierung ausgeschlossen hatten. Die Tatsache, dass die Sozialdemokraten seit Herbst 1940 ständig gegen die Politik des Bundesrates opponiert hatten, gab nämlich den Schweizern ein wirksames Instrument für ihre Proteste in die Hand.

Betrachten wir nun eingehender drei politische Leitlinien, die durch einen Konsens unter Schweizer Experten erarbeitet wurden und in der Schweizer Bevölkerung heftig umstritten waren.

Überfremdung und die Juden
Der Begriff *Überfremdung*, die Angst, von Ausländern überschwemmt zu werden, war ein Erbe aus der Zeit des Ersten Weltkrieges. Vorher waren die Länder Westeuropas und die Vereinigten Staaten Immigranten gegenüber relativ tolerant. Der Versuch Woodrow Wilsons, Österreich-Ungarn und das Ottomanische Reich in Nationalstaaten umzuformen, führte dann zu einer ganzen Reihe von ethnischen Säuberungen und von Flüchtlingsströmen, die aufnahmewillige Staaten zu überrennen drohten (was auch heute noch der Fall ist). 1924 schränkte der *Johnson-Act* die Immigration in die Vereinigten Staaten stark ein. Das gleiche hatten die grösseren Länder in Europa schon getan. Nur die Schweizer Grenzen blieben relativ weit offen.

Vor 1914 verlangten europäische Regierungen in Friedenszeiten von den Bürgern anderer Staaten kein Vorweisen von Pässen beim Passieren der Grenzen. Gewöhnliche Bürger konnten diese beliebig überschreiten. Nach 1919 hielten fast alle Regierungen an der in Kriegszeiten geübten Praxis fest, Pässe und sogar Visa zu verlangen. Wirtschaftlicher Liberalismus und Freihandel waren durch wirtschaftliche Autarkie und neomerkantilistischen Wettbewerb ersetzt worden. Der türkische Völkermord an den Armeniern, das polnische Pogrom gegen die Juden, die bolschewistischen Barbareien – all dies führte Tausende von Menschen, die anders aussahen, sich anders verhielten und anders rochen, nach Westeuropa. Als die Staaten sich gegeneinander abschotteten und die Depression sich auszuwirken begann, schwoll der Flüchtlingsstrom an.

Die Vielfalt der Schweiz und ihre Tradition, Flüchtlinge aufzunehmen, wirkten in Europa wie ein Magnet. In den zwei Jahren nach der Aufhebung des Edikts von Nantes durch Ludwig XIV im Jahre 1685 zogen 150 000 protestantische Flüchtlinge aus Frankreich durch die Schweiz; 20 000 blieben im Land. Nach den fehlgeschlagenen Revolutionen von 1848 kamen verfolgte Italiener, Polen, Ungarn und Deutsche in die Schweiz. Nach dem unterdrückten russischen Aufstand von 1905 fanden Wladimir Uljanow (Lenin) und seine Bolschewisten in Zürich Aufnahme.

Aber die Schweiz, zehnmal kleiner als Frankreich oder Italien und zwanzigmal kleiner als Deutschland, konnte nicht allzu viele Flüchtlinge aufnehmen, ohne dass die Alarmglocken läuteten. Sonderbarerweise läuteten sie erst, als die ausländische Bevölkerung *rückläufig* war. 1914 waren 14% der Bevölkerung Ausländer. 1920 war ihr Anteil auf 10,4% und 1941 – als die Überfremdung zum grossen Thema wurde – auf die Hälfte davon zusammengeschmolzen, also auf ein Drittel jener Ausländerzahl, die von der einheimischen Bevölkerung vor einem Vierteljahrhundert ohne Wimpernzucken akzeptiert worden war, was einem Viertel des Ausländeranteils im Jahr 2000 entspricht.

Aber noch im Jahre 1939 (damals mit einer Dosis Heuchelei) liessen die Schweizer Behörden an der Landesausstellung in Zürich ein Plakat anschlagen, das lautete: Unsere stolze Tradition ist es, dass die Schweiz ein Zufluchtsort für Vertriebene ist. Dies ist nicht nur unser Dank an die Welt für Jahrhunderte des Friedens, sondern auch und besonders unsere Anerkennung für die grosse Bereicherung, die uns durch heimatlose Flüchtlinge seit jeher zuteil war." In Wahrheit hatte indessen die Schweizer Bürokratie das offene Tor des Landes nach dem Ersten Weltkrieg enger gemacht.

Die erhöhte Sensibilisierung gegenüber Ausländern war nicht Antisemitismus; denn während die Anzahl der Flüchtlinge gesamthaft gesehen sank, liessen es die Schweizer zu, dass die Anzahl der jüdischen Flüchtlinge zunahm. 1941 waren Juden die grösste Gruppe unter den ausländischen Flüchtlingen. Obschon wenig Leute des Establishments die Juden *liebten*, war der Antisemitismus doch stark aus der Mode.

Auch war niemand der Ansicht, es mangle an öffentlichen Geldern oder an Nahrung für die Flüchtlinge. Die meisten (jedenfalls der jüdischen) Flüchtlinge wurden ohnehin auf Kosten privater Wohltätigkeitsorganisationen versorgt. Diese waren sogar gewillt, noch mehr zu tun. Und obschon die Lebensmittel während des Krieges rationiert waren, herrschte kein wirklicher Hunger. Ganz klar standen hinter gewissen Ideen der Ausländerbegrenzung die Bürokratie und die etablierten politischen Parteien.

Wie so viel anderes Übles begann alles während des Ersten Weltkrieges. 1917 erliess der Bundesrat eine Verordnung, mit der die Fremdenpolizei dem Eidgenössischen Justiz- und Polizeidepartement unterstellt wurde, um die kantonale Überwachung von Ausländern in Kriegszeiten zu koordinieren. Leider pflegen Regierungsämter das Ende der Umstände, deretwegen sie eingerichtet wurden, zu überleben. 1920 brachte der dreissigjährige Heinrich Rothmund seine pedantischen verwaltungstechnischen Fähigkeiten in diesen Bereich ein. Er wurde bald dafür bekannt, die Vorschriften so auszulegen, dass eine grösstmögliche Anzahl Ausländer auszuweisen sei und eine kleinstmögliche ins Land einreisen dürfe. Als Alternative zu Immigrationsquoten stimmte das Parlament 1931 dem wortreichen Vorschlag des Bundesrates zu, die Fremdenpolizei von Fall zu Fall über den Aufenthalt von Ausländern selbständig entscheiden zu lassen. Selbstverständlich verwiesen Bundesrat und Regierungsparteien in eloquenten Stellungnahmen auf die schweizerische Asyl-Tradition gegenüber politischen Flüchtlingen. Indessen konnte nun der Bundesrat, dem Rothmund direkt unterstellt war, in eigener Kompetenz entscheiden, was unter dem Begriff „Flüchtling" zu verstehen war. Dadurch wurde die ganze Angelegenheit der Zuständigkeit der Wählerschaft und des Parlamentes entzogen; ganz ähnlich gesteht auch in den Vereinigten Staaten das Gesetz der Einwanderungs- und Einbürgerungsbehörde (INS) grosse Freiheiten zu.

Zu beachten ist jedoch, dass die Beamten und Bundesräte fast alles, was sie auf diesem Gebiet taten, damit rechtfertigten, den Arbeitsplatz Schweiz zu verteidigen. Rothmund selber veröffentlichte 1921 einen Zeitschriften-Artikel, in welchem er die Kategorien von Ausländern aufzählte, die für das Land am nützlichsten wären; nämlich jene mit seltenen beruflichen Fähigkeiten oder mit Kapital, und solche, die sich schnell assimilieren würden. Die am wenigsten Erwünschten waren die schwer Assimilierbaren und jene, welche den Überfluss an Arbeitskräften noch steigern würden. Nach seiner Schlussfolgerung waren Ostjuden am wenigsten erwünscht.[3] Dennoch stieg wegen der Nazis die Zahl der in die Schweiz einreisenden Juden an. Denn Juden durften, so sehr Rothmund und seine Freunde sie auch fernhalten wollten, in die Schweiz einreisen und sie wieder verlassen, wie jeder andere auch.

Auch Wirtschaftsdenken beeinflusste Rothmunds Reaktion auf die Nazi-Verfolgungen. Obwohl Hitler, sobald er an die Macht gelangt war, seine politischen Feinde physisch anzugreifen begann, war seine erste anfangs April 1933 gegen die Juden gerichtete Tat eine wirtschaftliche: Er forderte die deutschen Bürger auf, jüdische Geschäfte zu boykottieren. Nur drei Tage später schlug Rothmund in einem Memorandum an seinen Departementsvorsteher vor, dass Juden, die ein Gesuch für ständige Wohnsitznahme in der Schweiz stellten, nicht als politische Flüchtlinge zu betrachten seien. Wenn sie sich entschlossen hätten, aus Deutschland zu fliehen, so deshalb – so argumentierte Rothmund –, weil ihnen die Nazis in wirtschaftlicher und sozialer Hinsicht das Leben schwer machten, und nicht, weil die Nazis ihr Leben direkt bedrohten.[4] Später gab er zu, Juden hätten als Opfer einer Staatspolitik ein gewisses Anrecht darauf, als politische Flüchtlinge behandelt zu werden. Dennoch disqualifizierte ihre nicht vorhandene politische Aktivität – man könnte auch sagen: ihre Unschuld – sie als politische Flüchtlinge. Unter diese Kategorie fielen laut Rothmund nur jene, deren Leben wegen bestimmter politischer Aktivitäten in Gefahr war. Er legte diesen Begriff so eng aus, dass von 1933 bis 1942 nur etwa zehn Personen pro Monat als Flüchtlinge galten. Auch andere Länder machten Unterschiede zwischen „Wirtschaftsflüchtlingen" und angeblich wirklichen Flüchtlingen, um sich Ausländer vom Hals zu halten und dennoch ein gutes Gewissen zu bewahren. In der Zwischenzeit hatte die grösste Tragödie der Geschichte begonnen, ganz unabhängig von den landeseigenen bürokratischen Flüchtlingskategorien.

Es wäre schön gewesen, wenn die Erfahrungen des Zweiten Weltkrieges die Länder aus Scham zum Umdenken in der Flüchtlingsfrage veranlasst hätten. Aber leider begannen die Vereinigten Staaten 1994 damit, kubanische Flüchtlinge an Fidel Castros kommunistisch regiertes Land unter dem Vorwand zurückzuschicken, es handle sich nur um „Wirtschaftsflüchtlinge". Damit gaben die Vereinigten Staaten auch noch die letzte Spur ihrer vormals geübten Politik preis, Zufluchtsstätte für Verfolgte der kommunistischen Tyrannei zu sein. In der Europäischen Union des Jahres 2000 wetteifern Politiker von Grossbritannien bis Spanien über die Begrenzung der Zahl der Flüchtlinge, die Arbeit und ein besseres Leben suchen oder auf der Flucht vor einer Diktatur sind.

Vergessen wir eines nicht: Wer hätte in den 1930er Jahren je an die Möglichkeit gedacht, dass ein zivilisiertes Land wie Deutschland Menschen wegen ihrer Abstammung töten würde? In der Tat begriff die grosse Mehrheit der deutschen Juden nur langsam, dass die Nazis bei ihrem Wort zu nehmen waren. 1933 verliessen ungefähr 60 000 Juden Deutschland. 1935 waren es nur noch ungefähr die Hälfte, und zwischen 10 000 und 15 000 kehrten sogar nach Deutschland zurück. Erst 1938 begannen die Juden verzweifelt zu fliehen, aufgeschreckt durch den Anschluss Österreichs am 13. März und die November-Pogrome, Hitlers erste Tat physischer, genereller Gewalt gegen Juden. Selbst dann blieben noch viele Juden, weil sie glaubten, die gegen sie gerichtete Gewalttätigkeit des Regimes wäre die letzte gewesen. Bei der Machtergreifung Hitlers gab es in Deutschland ungefähr eine halbe Million Juden; 1939 hatte die Hälfte davon das Land verlassen. Nach Kriegsbeginn gelang es nur noch ungefähr 50 000 Juden, in weit entfernte Länder, wie z.B. China, auszureisen.

Wie reagierten die Schweizer auf den grossen Zustrom von Flüchtlingen? Bis 1938 dachten die Schweizer nie daran, irgendeiner Person aus einem Nachbarland die *Einreise* zu verweigern; Einschränkungen gab es nur hinsichtlich des Rechts, in der Schweiz ständigen Wohnsitz zu nehmen. Trotz Fremdenpolizei gibt es keine verlässlichen Statistiken über die Anzahl Juden, die in die Schweiz einreisten. Wir wissen, dass im Jahre 1933 etwa 10 000 deutsche Juden registriert wurden. 1936 waren es im Kanton Bern deren 638, aber die Kantone mussten keine exakten Zahlen führen und darüber berichten. Im gleichen Jahr berichtete eine schweizerisch-jüdische Hilfsorganisation, sie habe 2 400 Juden geholfen und weitere 800 beraten. Schätzungsweise hielten sich in den Jahren 1935 bis 1939 immer etwa 12 000 jüdische Flüchtlinge im Land auf.[5] Es scheint, dass zwischen einem Zehntel und einem Sechstel der aus Deutschland fliehenden Juden die Schweiz als Durchgangsland benutzten. Geographisch gesehen war es selbstverständlich bequemer, durch Frankreich, Belgien oder andere Länder auszureisen.

Mit dem *Anschluss* schwoll der jüdische Flüchtlingsstrom zu einer wahren Flut an. Anfangs März 1938 war es schweizerische Politik – „offizielle Präferenz" wäre ein passenderer Ausdruck, da noch kein „Aussieben" an der Grenze möglich war –, nur jene Juden aufzunehmen, bei denen vernünftige Aussichten für eine Weiterreise an einen anderen Bestimmungsort bestanden. Die Schweizer Behörden zeigten sich deshalb höchst erfreut, als Präsident Franklin Roosevelt eine Konferenz von 32 Ländern einberief, um Zufluchtsorte für jüdische Flüchtlinge zu finden. Die Konferenz wurde am 9. Juli 1938 im französischen Evian eröffnet. Die Schweiz, vertreten durch Rothmund, bot ihre Hilfe als Organisationsplatz für den Exodus an. Aber kein Land, auch nicht die Vereinigten Staaten, war bereit, eine bedeutende Zahl von Flüchtlingen aufzunehmen.

Dies brachte der Schweiz ein besonderes Problem, weil sie als fast einziges Land auf der Welt keine Visumspflicht an der Grenze kannte. Ihr Ruf als Zufluchtsort lenkte eine immer grösser werdende Anzahl jüdischer Flüchtlinge an ihre Landesgrenzen. Allein im Juli und August 1938 reisten 4600 Juden in die Schweiz ein, ohne Absicht oder Möglichkeit der Weiterreise. Anhand der Zahlen von Juli und August konnte man 1938 nur allzu leicht von *Überfremdung* sprechen. Die Schweizer Behörden suchten deshalb Mittel und Wege, um die Einreise auf jene zu beschränken, die Möglichkeiten einer Weiterreise aufzeigen konnten, oder die als vermögende Rentner in der Schweiz bleiben durften, weil sie niemandem die Arbeit wegnahmen.

Die Schweizer Behörden gingen dazu über, die Einreise durch Auferlegung bürokratischer Restriktionen einzuschränken. Das begann mit Instruktionen an die Grenzpolizei, keine österreichischen Pässe mehr zu akzeptieren (die nach internationalem Recht seit dem Verschwinden Österreichs durch den Anschluss ungültig waren), es sei denn, sie hätten Visa eines schweizerischen Konsulats eingestempelt gehabt. Das ermöglichte den Konsulaten, ihrerseits jüdische Flüchtlinge auszusortieren. Dennoch stellten viele Konsulate österreichischen Juden weiterhin Visa aus, besonders dasjenige in Rom.

Jüdische Flüchtlinge mit deutschem Pass stellten ein grösseres Problem dar. Eine Visumspflicht für alle Deutschen konnte die

Schweiz nicht ohne Weiteres einführen. Auch wollte kein Schweizer Beamter mit seinem Namen für eine Politik eintreten, die Juden *per se* ausgeschlossen hätte. Andererseits wollte auch niemand der Diskriminierung der Juden durch das Dritte Reich Vorschub leisten, und noch viel weniger etwas tun, das jüdische Schweizer Bürger auf irgendeine Weise diskriminiert hätte. Nichsdestotrotz: Während Deutsche, die in die Schweiz einreisten, vermutlich wieder nach Deutschland zurückkehrten, war es wahrscheinlich, dass in die Schweiz einreisende deutsche Juden bleiben würden. Auch Rothmund widersetzte sich der grossen Anzahl einreisender Juden nicht. Aber man neigte dazu, die Zahl aller Dauerflüchtlinge jeder Art zu limitieren. Und 1938 waren Dauerflüchtlinge Juden. Deshalb drohten die Schweizer Beamten dem Reich mit der Belastung einer allgemeinen Visumspflicht, falls nicht deutscherseits etwas unternommen würde, um die Flut jüdischer Flüchtlinge von der Schweiz wegzuleiten. Da es (bis Kriegsbeginn) Politik des Reiches war, Juden auszuweisen, waren die deutschen Beamten nicht darauf erpicht, die Probleme der Schweiz lösen zu helfen. Am 29. September 1938 reagierte das Reich jedoch und versah die Pässe der Juden künftig mit einem „J".[B] Dies erlaubte den Schweizer Behörden, nur solche Pässe dem Visumszwang zu unterwerfen, nicht aber die anderen deutschen Passinhaber. Dies war wahrscheinlich das konkreteste Beispiel einer ausschliesslich auf Juden ausgerichteten Politik. Aber natürlich waren die Juden die einzigen Grenzgänger, welche wahrscheinlich auf unbestimmte Zeit bleiben würden. Der Visumszwang hielt daher den Zustrom der legal die Grenze passierenden jüdischen Flüchtlinge fast gänzlich auf, ausgenommen natürlich jene, die Konsulate oder Grenzschutzbeamte fanden, welche die neue Regelung ignorierten.

Eine noch grössere Herausforderung für die behördliche Politik waren die Verzweiflung der Flüchtlinge und die menschenfreundliche Haltung der Schweizer Bevölkerung. Kaum war für jüdische Flüchtlinge die legale Einreise nicht mehr möglich, begannen die illegalen Grenzübertritte. Viele, die dabei ertappt wurden, waren gezwungen, auf bestmögliche Art nach Deutschland zurückzuschleichen. Andere wurden direkt den deutschen Behörden übergeben, wie dies Schweizer Grenzbewohner mit Bestürzung feststellen mussten. Wieder anderen wurde die Einreise von Grenzschutzbeamten erlaubt, die dabei riskierten, ihre Arbeitsstelle zu verlieren. Diese Flüchtlinge wurden in irgendeiner Gemeinde registriert oder lebten heimlich bei Schweizer Familien. Während des Krieges entwickelten sich wahre „Untergrundbahnen", welche die Flüchtlinge direkt zu Familien brachten, die sie versteckten. Und versteckt werden mussten sie, denn die Fremdenpolizei wechselte ab zwischen Amnestie und Ausweisung. Immerhin unterliess sie es, in Häuser von Schweizer Bürgern einzudringen, um Flüchtlinge mit vorgehaltener Waffe zu verhaften. Dann aber, am 13. August 1942, ordnete die Fremdenpolizei kategorisch an, *alle* illegalen Flüchtlinge müssten ausgewiesen werden. Wir werden sehen, dass das der Beginn des Endes der Ausweisungspolitik war.

Die Ambivalenz der offiziellen Schweiz gegenüber Flüchtlingen hat eine lange Geschichte. Im Jahre 1938 teilte Rothmund seinem Departementschef mit, kein Flüchtling, der Angst um sein Leben habe, werde ausgewiesen: „Nach all dem, was ich diesbezüglich über die unmenschliche, grausame Behandlung gehört habe, die österreichische Juden erdulden müssen, kann ich es unmöglich verantworten, sie ihren Henkern auszuliefern."[6] Dennoch wurde Rothmunds Politik immer restriktiver. Aber seine gelegentlich gezeigte Milde entsprach der moralischen Norm der meisten gewöhnlichen Schweizer Bürger. Dadurch kam es zu Zusammenstössen zwischen Grenzschutzbeamten, die ihres Amtes walteten, und Schweizer Bewohnern im Grenzgebiet, sowie zwischen Bürgern, die sich mit Gemeindebeamten zusammentaten, und der Fremdenpolizei. Diese Konflikte wurden häufiger, nachdem Deutschland ganz Europa erobert hatte, die Schweiz als alleinige nahe rettende Insel übrig geblieben war (Spanien und Portugal boten sich auch an, waren aber viel weiter weg), und es immer klarere Beweise gab, dass das Unglaubliche, der Holocaust, wirklich stattfand.

Ein politisch virulentes Gefühl verstärkte die oben beschriebenen Faktoren. Wenn man den Nazi-Opfern nicht helfe – so die Kritik – unterstütze und beschwichtige die Schweizer Regierung die Nazis und „nazifiziere" dadurch die Schweiz. Am 22. Januar 1942 erschien in der angesehenen Zeitung *DIE NATION* folgendes Editorial:

Wenn die Zürcher Fremdenpolizei eine Linie ihres Fragebogens B (Antragsformular für ständige Wohnsitznahme) für die religiöse Zugehörigkeit des Antragstellers verwendet und gleichzeitig auch noch die Frage: „Arier?" stellt, ist man gezwungen zu fragen, welches Gesetzbuch denn studiert werden muss, um festzustellen, wer ein Arier ist. Wendet heutzutage die Schweiz für Juden deutsches, französisches, italienisches oder kroatisches Recht an?

Dieses bürokratische Verhalten brachte dem Bundesrat die schlimmste Beleidigung ein, die ein Schweizer einem anderen Schweizer antun konnte: Er unterstütze irgendwie die Nazis.

In jedem christlichen Land ist wohl die subversivste Frage jene, welche Petrus und Johannes dem Sanhedrin, dem Hohen Rat der Juden, entgegenhielten: „Richtet ihr selbst, ob es vor Gott recht sei, dass wir euch mehr gehorchen denn Gott." (Apg 4,19) Eben diese Worte brauchten dreihundert protestantische Kirchenmänner, als sie am 19. November 1941 an den Bundesrat schrieben. Sie drohten mit zivilem Ungehorsam und protestierten gegen die staatlichen Eingriffe, indem sie Propagandamaterial verteilten, welches zur besseren Behandlung von Flüchtlingen aufrief. Darunter war auch der von Karl Barth im Juni 1941 gehaltene Vortrag „Im Namen Gottes des Allmächtigen". In diesem Vortrag beschuldigte Barth den Bundesrat, er „bestrafe" willentlich die Juden, die – so Barth – „Gegner und Opfer eines Systems sind, dessen Sieg die Schweiz bis zuletzt mit all ihrer Kraft widerstehen muss".[7]

Obschon der Bundesrat die Veröffentlichung dieses Vortrags verbot, wurden 16 000 Kopien von privater Seite gedruckt; sie waren an jedem Kiosk erhältlich und innerhalb von Tagen ausverkauft. Jeder politisch aktive Schweizer wusste davon. Gegen Ende des Jahres 1939 wusste Rothmund die Kritik der Kirchenmänner zu parieren, indem er gebetsmühlenmässig wiederholte, die Juden seien nicht in Lebensgefahr und die Kirchenmänner hätten die Pflicht zu zivilem Gehorsam. Aber 1941 war die erste seiner Feststellungen unglaubwürdig geworden. Jedermann hatte davon gehört, dass Unschuldige durch die Schweizer Behörden den Deutschen übergeben und getötet worden waren. Der Aufruf der Regierung zur Loyalität auf der Basis einer unmoralischen Unwahrheit untergrub folglich ihre eigene Legitimität. Eine Widerstandsbewegung bildete sich, und für eine wachsende Zahl von Schweizer Bürgern wurde sie zum Helden und die Regierung zum Bösewicht.

Vom ersten Moment an hatte die deutschschweizerische Presse die Drohungen Himmlers und Hitlers, die Juden zu vernichten (November 1938 bzw. Januar 1939), ernst genommen. Von 1941 an erschienen immer wieder Berichte über Viehwaggons, die vollgestopft mit Juden zu Todeslagern in Polen fuhren. Anfang 1942 verbreiteten schweizerische Beobachter heimlich Berichte über Todestransporte aus den besetzten westlichen Ländern.

1941 tat aber der World Jewish Congress in Genf erste Berichte über den Holocaust als unglaubwürdig ab. Der deutsch-jüdische Romanist Viktor Klemperer, der in Deutschland geblieben war und den Holocaust überlebte, notierte 1942 in seinem Tagebuch, die Massentötung von Juden sei bloss „ein sehr glaubwürdiges Gerücht" geworden. Obwohl er dann im März des gleichen Jahres zum Schluss kam, „Konzentrationslager ist jetzt identisch mit einem Todesurteil", schrieb er noch im Januar 1943, es sei schwierig, stichfeste Informationen über das Schicksal der Juden zu bekommen, weil „die schlimmsten Massnahmen vor den Ariern vertuscht werden".[8]

Als dann im Sommer 1942 die Transporte aus Frankreich zu rollen begannen, führte sich die Schweizer Behörden-Politik endgültig ad absurdum. Zu jenem Zeitpunkt brachten zahllose Flüchtlinge – es waren aus dem Osten geflohene jüdische und französische Zwangsarbeiter – durch Tatsachen belegte, nicht zu leugnende Nachrichten über den Holocaust. Sie brachten auch sich selbst – was die Krise beschleunigte.

Die Schweizer Behörden verdoppelten ihre Anstrengungen von 1938, die alliierten Mächte dazu zu bringen, den grössten Teil jener jüdischen Flüchtlinge zu übernehmen, die es bis zur Schweizer Grenze geschafft hatten. Aber vehementer noch als an der Konferenz von Evian 1938 weigerten sich die Vereinigten Staaten und Grossbritannien an der Bermuda Konferenz 1943, etwas zu unternehmen, was das bittere Los der Juden gemildert hätte. So lehnten sie es sogar ab, die zu den Konzentrationslagern führenden Eisenbahnlinien zu bombardieren und gingen so weit, auf die Feststellung zu verzichten, dass die Juden die hauptsächlichsten Opfer der Nazis seien. (Nach der Konferenz gestattete Grossbritannien – falls das in der Schweiz domizilierte Internationale Rote Kreuz es richten könne – 4500 jüdischen Kindern und 500 erwachsenen Aufsichtspersonen die Emigration nach Palästina.) Die Länder mit der weitaus grössten Anzahl aufgenommener europäischer Juden – ungefähr 350000, von denen es einigen gelungen war, durch die Schweiz zu fliehen – waren Spanien und Portugal.

Gegen Ende Juli 1942 schrieb Heinrich Rothmund an seinen Chef, Bundesrat Eduard von Steiger, Vorsteher des Justiz- und Polizeidepartementes: „Was sollen wir tun? Fahnenflüchtige nehmen wir bei uns auf, entwichene Kriegsgefangene ebenfalls, sofern die Zahl derer, die nicht weiterreisen können, nicht zu stark ansteigt. Politischen Flüchtlingen... im Rahmen der bundesrätlichen Definition von 1933 gewähren wir ebenfalls Asyl. Aber jene Verordnung von 1933 ist heute eigentlich zur Farce geworden, denn jeder Flüchtling ist in Todesgefahr... Sollen wir nur Juden zurückweisen? Dies scheint sich uns fast zwingend aufzudrängen."[9] Um eine Sonderbehandlung der Juden zu vermeiden, ordnete Rothmund am 13. August 1942 im Namen des Bundesrates an, die Grenzen für alle Flüchtlinge zu schliessen und illegale Flüchtlinge auszuweisen. Als von Steiger am 30. August 1942 diesen Entscheid in einer Rede vor mehreren hundert jungen Leuten in der Nähe Zürichs erläuterte und dabei die Metapher des „vollen Rettungsbootes Schweiz" brauchte, begann ihn die öffentliche Meinung zu verunsichern. Seit sechs Tagen schon hatte sich Rothmund „langsam, langsam in den Wind gedreht", und das Rettungsboot begann, mehr Passagiere aufzunehmen als je zuvor.

Was war passiert? Am 20. August 1942 hatte Rothmund seinen Entscheid den führenden Köpfen der Schweizerischen Israelitischen Gemeinde erklärt. Da damit die letzte Zweideutigkeit und Hoffnung geschwunden war, zog die jüdische Gemeinde ihre Bereitschaft zur Zusammenarbeit zurück. Sie gewann Albert Oeri, liberales Parlamentsmitglied und angesehener Herausgeber der *BASLER NACHRICHTEN* dazu, von Steiger ein Telegramm an seinen Ferienort zu senden, in dem er um eine sofortige Unterredung bat. Am

22. August 1942 informierten Oeri und die prominente Flüchtlingshelferin Dr. Gertrud Kurz Bundesrat von Steiger, die Presse werde die grausamen Details, die über das Schicksal der Juden bekannt geworden waren, mit der Ausweisungspolitik des Bundesrates in Verbindung bringen.

Wenn der Bundesrat vermeiden wolle, mit einem Teil der Verantwortung des jüdischen Schicksals belastet zu werden, müsse er zurückstecken. Von Steiger bat um Bedenkzeit. Als zwei Tage später, am 24. August 1942, Rothmund die Bundesratspolitik vor den Flüchtlingshilfsorganisationen vertrat, drohten diese an, jegliche Zusammenarbeit mit der Regierung abzubrechen und in den Untergrund zu gehen. Als die Versammlung in gegenseitigen Anfeindungen zu enden drohte, wurde Rothmund ans Telefon gerufen. Es war von Steiger, der ihm mitteilte, in Zukunft würden Ausnahmen gemacht, und der damit seinen pflichtbewussten Beamten effektiv desavouierte.[10] So war denn von Steigers Rede vom Rettungsboot weniger eine Festigung seiner Politik als vielmehr ein Versuch, seinen Rückzieher herunterzuspielen und zu vertuschen.

Der Bundesrat versuchte, die geschlagene Bresche eng zu halten. Am 23. September 1942 vertrat von Steiger seine gemilderte Version der Regierungspolitik vor dem (machtlosen) Parlament mit den üblichen Worten: Unsere Herzen drängen uns dazu, einen Strom von Flüchtlingen einzulassen. Die Regierung bedaure die Umstände, die Unschuldige ihrem sicheren Tod auslieferten. Wenn wir aber mit Vernunft die wahren Interessen unsres Landes bedenken, müssen wir feststellen, dass unsere Ressourcen beschränkt und unsere Möglichkeiten, diesen Leuten Arbeit zu veschaffen, noch geringer sind. Übrigens seien viele Flüchtlinge undankbar. Die Politik des Bundesrates werde die von Vernunft und Herz gestellten Anforderungen ausgleichen.

Die Reaktionen der drei Regierungsparteien waren unterschiedlich. Kritik kam vor allem von Ludwig Rittmeyer, einem freisinnigen Parlamentsmitglied, der das Bedauern der Regierung als unehrlich bezeichnete. Während jedermann doch wüsste, dass die Juden in Todesgefahr schwebten, sei der Bundesrat trotzdem nicht bereit, die fortgesetzten Rückweisungen und Ausschaffungen zu verhindern. Die schweizerischen Ressourcen – so Rittmeyer – hätten nirgends den kritischen Punkt überschritten. Die Politik des Bundesrates sei des Schweizer Volkes unwürdig, und das Volk lehne sie ab.

Die Opposition, vor allem die Sozialdemokraten, doppelte nach, und die Presse ging hart mit der Regierung ins Gericht. Im Hinblick auf die für den folgenden Frühling vorgesehenen Wahlen rissen sich die Politiker um die Gunst der für die Flüchtlinge einstehenden Öffentlichkeit.

Obwohl der Beschluss, illegale Immigranten auszuweisen, aufgehoben worden und der Bundesrat bemüht war, peinliche Vorfälle zu vermeiden, stieg der öffentliche Druck. Im September 1942 hatten Dutzende französischer Juden, die im Pariser Velodrome d'Hiver zusammengetrieben worden waren, es vorgezogen, Selbstmord zu begehen, anstatt den Transport ins Nazi-Todeslager abzuwarten. Die Schlagzeilen in der Schweiz lauteten: „Todestransporte in den Osten." Die offizielle Politik konnte nicht mehr öffentlich vertreten werden. 1943 wurden, wenn überhaupt, nur wenige illegale jüdische Flüchtlinge ausgewiesen, und eine grössere Zahl durfte legal einreisen. So wurden 1943 folgende Zahlen jüdischer Flüchtlinge in der Schweiz registriert: im Februar: 857; im März: 818; in den Monaten April, Mai und Juni: je ca. 600; im Juli: mehr als 700; im August: 900; und im September mehr als 1000. Zu diesen Zahlen kamen noch ungezählte illegal Einreisende hinzu. Das schweizerische Rettungsboot wurde zu einem Transportschiff. Anständige, milde Beamte wurden nicht mehr bestraft, aber die eifrigen unter ihnen auch noch nicht genügend entmutigt. Erst am 12. Juli 1944, lange nachdem der Souverän die Regierungsparteien bei den Parlamentswahlen bestraft hatte, ersetzte der Bundesrat offiziell die lächerliche Unterscheidung zwischen politischen, wirtschaftlichen und rassischen Flüchtlingen durch das vernünftige Kriterium, ein Flüchtling sei jemand, der aus Furcht vor physischer Verfolgung fliehe.

Als Mitte 1944 der alliierte Sieg sichtbar wurde, wendete sich die Flüchtlingspolitik zu gesteigerter Aktivität. Der Bundesrat wollte gegenüber allen Flüchtlingen seinen guten Willen zeigen, vor allem gegenüber Juden. Der dienstwillige Rothmund wurde nach Deutschland entsandt, um mit Nazi-Beamten über das Schicksal von etwa 1300 ungarischen Juden zu verhandeln, die bis jetzt noch nicht in ein Todeslager verbracht worden waren. Zu jenem Zeitpunkt waren die Deutschen bereit, sich auf solche Vereinbarungen einzulassen.

Die Flüchtlingspolitik des Bundesrates hätte eine offene Debatte im Schweizer Parlament nicht überstanden. Falsche Annahmen mussten durch blutige Tatsachen entlarvt werden. Aber nicht einmal das genügte. Der Bundesrat wurde schliesslich erst durch zivilen Ungehorsam und durch Androhung noch weiter gehender Aktionen tätig. Auch die Erosion der politischen Basis der Bundesratsparteien trug das ihre bei. Der Bundesrat hätte in der Flüchtlingspolitik ohne Vollmachtenregime besser regiert.

Pressefreiheit
Ein zweites politisches Thema, welches die öffentliche Meinung gegen den Bundesrat aufbrachte, war die Pressefreiheit. Beim Kampf um die Pressefreiheit war direkter deutscher Druck im Spiel, es war aber auch ein innenpolitischer Kampf. Eine bescheidene Zensur sei ein kleiner Preis, wenn dadurch das Risiko enormen Schadens vermieden werden könne, meinten jene, die eine gegenüber Deutschland unangriffige Presse befürworteten. Die Verteidiger der freien Presse argumentierten, die deutschen Invasionspläne würden nicht durch Presseangriffe entschieden, und das Leisetreten der tschechischen und österreichischen Zeitungen habe die Deutschen nicht davon abgehalten, deren Länder zu überrennen. Es ging bei diesem Meinungsstreit um die unterschiedliche Auffassung in bezug auf Vorsicht und wahren Patriotismus, sowie um die Rolle des Bundesrates gegenüber der Presse. Nazi-Deutschland brachte sein ganzes Gewicht auf der einen Seite ein. Der Bundesrat aber übernahm die Führung auf der anderen Seite nicht.

Die Entstehung auch dieses Problems geht auf den Ersten Weltkrieg zurück, als die Armee die Presse davor warnte, militärische Geheimnisse auszuplaudern, und diese Warnung auch auf jeden zukünftigen europäischen Konflikt ausdehnte. Niemand legte dem Bundesrat nahe, für das, was die Zeitungen schrieben, verantwortlich zu sein, oder gar Inhalte zu diktieren. Es sollte lediglich vermieden werden, dass verantwortungslose Zeitungen während Kriegszeiten die Streitigkeiten anderer Länder auf Schweizer Häupter lenkten. Zu einem ersten Druckversuch, eine Pressezensur einzuführen, kam es jedoch nicht durch irgendein militärisches Ereignis, sondern durch Hitlers Machtergreifung im Januar 1933. Fast sofort verlangten die Nazis von der Schweizer Regierung, sie müsse die Presse anleiten, bestimmte Dinge zu sagen und andere nicht. Bedenken des Bundesrates, die Presse könnte im Ausland Monster kreieren, waren deshalb unangebracht. Das Problem lag doch eher darin, dass ausländische Monster die Schweizer Presse dirigieren sollten.

Hätte sich der Bundesrat die Folgen seiner eigenen Ansichten besser überlegt, dann wäre nicht an Pressezensur zu denken gewesen, sondern eher an den Schutz der Presse vor Nazi-Einflüssen. Stattdessen suchte er Mittel und Wege, um die Presse gegenüber Deutschland weniger aggressiv zu stimmen. Dies führte jedoch lediglich zu noch grösseren deutschen Forderungen. Die Armee erkannte erst im Sommer 1940, dass eine freie Presse für die Erhaltung des Unabhängigkeitswillens des Landes wesentlich war. Der Bundesrat sah das nie ganz ein. Immerhin war die zivile Gesellschaft der Schweiz stark genug, den Bundesrat dazu zu bewegen, der Presse genügend Schutz für ihre eigenständige Rolle zu geben – wenn auch nur mit grösster Mühe.

Weil Unrechtsregimes eine ehrliche Berichterstattung nicht dulden können – noch viel weniger Gegenargumente –, kontrollierte das Nazi-Regime Deutschlands eigene Presse. In der Folge wuchs die deutsche Nachfrage nach deutschschweizerischen Zeitungen. Die meisten davon waren während der ersten Monate des Regimes gegenüber Hitler redaktionell nicht feindlich gesinnt. Markus Feldmanns *Neue Berner Zeitung*, die später anti-nazistisch wurde, veröffentlichte sogar einige Komplimente. Die grossen radikalen und liberalen Blätter, wie die *Neue Zürcher Zeitung* und die *Basler Nachrichten*, standen Gewehr bei Fuss, weil sie wie andere europäische Konservative annahmen, Hitler werde durch die deutschen Traditionalisten gezähmt. Nachdem jedoch die gesamte deutschschweizerische Presse 1934 den ersten Massenmord des Nazi-Regimes (den Röhm-Putsch) angeprangerte hatte, verbot das Dritte Reich deren Import nach Deutschland, begann ihre Reporter zu belästigen und stellte an Bern die Forderung, diese müssten an die Kandare genommen werden.

Das Reich forderte, die Schweiz, die Tschechoslowakei und Österreich müssten gegenseitig vereinbaren, ihre Zeitungen deutschfreundlich zu halten, was sozusagen einem journalistischen Nichtangriffspakt unter Deutschsprechenden entsprochen hätte. Nur die Schweiz sagte nein. Aussenminister Giuseppe Motta argumentierte, die Regierung könne bezüglich der Presse keine Verpflichtungen eingehen, weil die Presse kein Instrument der Regierung sei.

Leider beliess es der Bundesrat nicht dabei. Unter dem Einfluss der antischweizerischen Kampagne in der deutschen Presse und des diplomatischen Druckes erliess der Bundesrat am 26. März 1934 ein Dekret, das ihn ermächtigte, jede Zeitung zu verwarnen, zu massregeln oder zu beschlagnahmen, welche die guten Beziehungen mit anderen Staaten gefährden sollte. Es durften keine „verletzenden Wörter", und auch keine „wirklich beleidigenden Ausdrücke gegen ausländische Staaten und Völker" verwendet werden. Das Dekret sicherte der Presse zu, der Bundesrat beabsichtige nicht, in die normale Berichterstattung oder gar in die Kommentierung einzugreifen, sondern er wolle nur flagrante Missbräuche verhindern, die Neutralität schützen und die Provokation eines Krieges verhindern. Obwohl jedermann klar war, dass der Unterschied zwischen normalem Journalismus und dessen Missbrauch subjektiven Urteilen unterliegt, opponierte keiner der bekannteren Journalisten, wahrscheinlich weil das Vertrauen in die politische Führung des Landes intakt war.

Als Motta 1938 erklärte, „Neutralität ist eine Doktrin des Staates und nicht des Einzelnen, dennoch gelten die diesbezüglichen Massnahmen und Überlegungen auch für die Individuen", bezweifelten nur wenige, dass er damit anderes als die Anwendung der Vernunft gemeint haben könnte.

Die bundesrätliche Pressepolitik war jedoch mit drei Problemen belastet. Erstens kam man nicht um harte Worte herum, wenn man das Nazi-Regime zutreffend beschreiben wollte. Zweitens gab der Begriff „beleidigende" Sprache der „beleidigten" Partei das Recht, die Grenzen des Anstands zu bestimmen und jede ihr missliebige Ausdrucksweise verbieten zu lassen. Die Nazis verwendeten diesen Vorwand zum Versuch, der Schweiz den – wie sie es nannten –

„kulturellen Anschluss" aufzudrängen. Drittens widersprach der Bundesratsbeschluss, *prima facie*, der Pressefreiheit. Wenn immer eine Regierung irgendeine Ausdrucksweise kontrolliert, stimmt sie damit stillschweigend allem zu, was sie nicht mit Strafe belegt.[11] Immerhin sicherte die Schweizer Regierung jüdischen Anti-Nazi-Emigranten Pressefreiheit zu. 1935 war der nach Frankreich emigrierte Journalist Berthold Jacob Salomon von deutschen Agenten in Basel gekidnappt und zur Gerichtsverhandlung nach Deutschland verschleppt worden. Die Schweizer Polizei verhaftete einen der Kidnapper, und die Schweiz nahm sich der Angelegenheit so vehement an, dass Hitler Salomon letztendlich frei liess.

Vor dem Krieg beschränkten sich Politiker und Beamte darauf, die Presse informell zu ermahnen, mit Hitler und Mussolini sachte zu verfahren. Solche Ermahnungen wurden allgemein ignoriert. Als 1938 die ganze Presse den Münchner Ausverkauf der Tschechoslowakei anprangerte, schlug die Schweizer Regierung einer (ausländisch finanzierten) Zeitung auf die Finger. Bei Kriegsausbruch beauftragte der Bundesrat jedoch die Armee-Abteilung für Presse und Funkspruch, die Medien zu überwachen, Anleitungen zu erteilen, Verwarnungen auszusprechen und Sanktionen aufzuerlegen, einschliesslich des Erscheinungsverbots.

Redaktoren hatten die Wahl, gegen Zensoren zu kämpfen, sich mit sanften Kommentaren durchzuschlängeln oder einfach aus den Presseerzeugnissen der Achsenmächte und der Alliierten zu zitieren.[12] Als am 10. Mai 1940 Deutschland Frankreich überfiel, gestattete z.B. die Abteilung für Presse und Funkspruch den Schweizer Medien nur zu berichten, es seien Geräusche zu hören, die wie Schüsse tönten, und es würden nördlich von Basel Truppenbewegungen festgestellt. Wie durften die Geschehnisse in Norwegen charakterisiert werden? Als Angriff. Es war wichtig, hervorzuheben, dass die Grenzen eines kleinen Landes durch eine Grossmacht verletzt worden waren. Aber Werturteile wurden als unklug eingestuft. Und bei Belgien? Hier erlaubte die Abteilung Presse und Funkspruch das Wort „Überfall". Schliesslich hatte Belgien nach internationalem Recht den gleichen Status wie die Schweiz, und wenn man weniger gesagt hätte, hätte man dadurch unangebrachten Mangel an Interesse für den Status des eigenen Landes gezeigt. Es galt, sich auf dem schmalen Grat zwischen dem Sagen der Wahrheit und dem Verärgern Deutschlands zu bewegen. Die Armee stellte bald fest, dass eine im Zaum gehaltene Presse die moralische Entwaffnung des Landes bedeutete, weshalb sie es für nötig hielt, ein eigenes, fein vernetztes Informationssystem für Zivilisten aufzuziehen. Mitte 1940 ersuchte die Armee den Bundesrat, sie von der Zensuraufgabe zu entlasten. Sie wurde ab 1. Januar 1942 zur Regierungssache gemacht.

Die Abteilung Presse und Funkspruch leiteten hoch qualifizierte Leute. Der erste Chef war ein Bundesrichter im Armeedienst; ein Beratungskomitee prominenter Journalisten überwachte die Zensoren. Die Abteilung hatte strikte Anweisung, sich nicht in innenpolitische Debatten einzumischen. Aber es gab bei der Bürokratie die übliche Quote von mediokren, undifferenzierten Funktionären. Und während des Krieges waren die rein innenpolitischen Angelegenheiten rar. Die innenpolitische Frage *par excellence* war, ob sich das Land der Neuen Europäischen Ordnung anpassen oder ob es ihr widerstehen sollte.

Deutschlands direkte Einmischung schlug fehl. 1937 und 1938 hatte das Reich die Korrespondenten der führenden deutschschweizerischen Tageszeitungen ausgewiesen und hoffte, dadurch deren Karrieren zu ruinieren und deren Nachfolger fügsamer zu machen. Stattdessen wurden sie Helden. Am 14. Juni 1940 teilte der deutsche Presseattaché, Georg Trump, seiner Kontaktperson im Schweizer Aussenministerium mit, die Redaktoren dieser Zeitungen stünden den guten Beziehungen im Wege, und er verlangte deren Ersatz. Das Gesprächsmemorandum lautete wie folgt:

> Herr Trump teilte mir mit, dass nach dem Separatfrieden mit Frankreich gewisse schweizerische Zeitungen in ihrer gegenwärtigen Form verschwinden würden. Er erwähnte als Beispiel die *NATIONAL ZEITUNG*. Andere würden ihr redaktionelles Management ändern müssen. So werde der *BUND* auf die Dienste von Herrn Schürch verzichten müssen. Ich fragte ihn, wie diese Änderungen zustande kommen sollten. Die Antwort ist sehr einfach, sagte er. Ab diesem Moment wird Europa nur noch zwei Presseagenturen haben: das DNB [Deutsches Nachrichten-Büro] und

Stefani [Italienische Agentur]. Die Zeitungen, die sich nicht gleichordneten, würden die Dienste dieser Agenturen nicht mehr erhalten und könnten daher auch nicht weiter existieren.[13]

Trump unterbreitete dann seine Forderung, Schürch zu entlassen, dem Eigentümer des BUND, Fritz Pochon, und erwähnte, Deutschland werde ähnliche Forderungen auch an die NEUE ZÜRCHER ZEITUNG, die BASLER NACHRICHTEN und den Schweizer Radionachrichtendienst RND stellen. Pochon warf den Diplomaten keineswegs aus seinem Büro, sondern überlegte ernsthaft, ob er nachgeben müsse. Er besprach sich sowohl mit anderen Zeitungseigentümern und Redaktoren, als auch mit dem Schweizer Aussenminister. Fast einen Monat später schrieb er dann Aussenminister Pilet-Golaz, er und die Presse würden Widerstand leisten. Von da an wies die Schweizer Presse jeglichen direkten deutschen Druck zurück.

Welche Rolle spielte dabei die Regierung? Wenn einer Regierung überhaupt eine Rolle zukommt, dann die, dass sie sich zwischen die eigenen Bürger und die ausländischen Regierungen stellt. Pilet-Golaz hätte Herrn Trump nach seiner ersten Demarche ermahnen und nach der zweiten ausweisen müssen. Beim ersten Telefonanruf Pochons hätte Bundespräsident Pilet-Golaz ihn auffordern sollen, alle Verbindungen zu deutschen Beamten abzubrechen, weil deren Forderungen Sache des Staates seien. Stattdessen liess der Schweizer Staat die Möglichkeit offen, dass einige seiner eigenen Bürger über die Anstellung anderer auf Grund von Forderungen einer ausländischen Regierung entschieden. Damit setzte der Schweizer Staat die Presse ohne Unterstützung dem Druck des triumphierenden Deutschland aus.

Festzuhalten ist, dass Deutschlands Forderung, Redaktoren zu entlassen und Zeitungen zu schliessen, auch von Nazi-Sympathisanten in der Schweiz erhoben wurde. Sie war auf der Forderungsliste zu finden, die nazifreundliche Mitglieder der Nationalen Front Pilet-Golaz am 10. September 1940 überreichten; sie war auch Bestandteil einer Petition, welche 173 zum Teil prominente Persönlichkeiten dem Bundesrat unterbreitet hatten; und sie war einer der Hauptpunkte in der von Oberst Gustav Däniker eingereichten Klage vom Mai 1941.

Die einzigen Zeitungen indessen, welche die Schweizer Regierung je verbot, waren jene von Nazi-Anhängern. Es ist dabei kaum zu vermuten, das endgültige Verbot (trotz der heftigen Einwände von Herrn Trump) der beiden Zeitungen DIE FRONT und DER GRENZBOTE im Jahre 1943 habe mit der veränderten Lage an der Kriegsfront zu tun gehabt. Der Bundesrat hatte schon 1939 auch die zu Nazifreundlichkeit neigende NEUE BASLER ZEITUNG und im schlimmen Jahre 1940 kleinere frontistische Publikationen verboten. Nie aber verbot die Regierung – trotz der deutschen Drohungen – eine patriotische, nazifeindliche Zeitung. Der Bundesrat hatte offensichtlich Angst vor Deutschlands denkbaren Reaktionen, aber er fürchtete auch den Zorn schweizerischer Nazigegner.

Der vielleicht stärkste Widerstand seitens der Nazigegner kam aus der gleichen Ecke wie die Herausforderung bezüglich der Flüchtlingspolitik, nämlich von christlichen Aktivisten. Der Mechanismus der Pressekontrolle stützte sich, wie jener der Flüchtlingspolitik, weitgehend auf die Zusammenarbeit privater Organisationen, die in beratender Funktion beigezogen wurden. So funktoniert übrigens überall auf der Welt moderne Regierungsarbeit: Als Gegenleistung für ihre Kooperation mit der Regierungspolitik erhalten private Organisationen ein Mitspracherecht bei der Formulierung der Politik, vor allem aber eine ihren Interessen entgegenkommende Umsetzung derselben. Eine der privaten Organisationen, welche die Regierung in die „Verbindungsstelle für Pressefragen" aufzunehmen für wichtig hielt, war der *Evangelische Pressedienst*. Am 28. Oktober 1941 reichte jedoch der Direktor dieses Dienstes, Roger Frey, seinen Rücktritt ein und warf der Regierung vor, sie hindere Christen an ihrer Pflicht, die Dinge beim Namen zu nennen. Nazismus sei böse, und die Regierung versuche, Christen zu schweigender Komplizenschaft zu zwingen. Die protestantischen Kirchen hatten bereits, unter Umgehung der Regierung, Karl Barths berühmten Vortrag drucken und verteilen lassen und waren imstande, etwas Ähnliches erneut zu tun. Die Regierung konnte es sich nicht leisten, dass eine beachtliche Zahl respektabler, angesehener Bürger die Zusammenarbeit verweigerte. Was würde geschehen, wenn die grossen, unter der Zensur leidenden Zeitungen Gleiches täten? Wieviele Journalisten hätte die Regierung einsperren lassen dürfen? Konsequenterweise wurden die Pressebestimmungen gelockert, und schliesslich setzte sich die zivile Gesellschaft die Grenzen der Pressekontrolle selbst.

Die Präferenzen der zivilen Gesellschaft waren nie zweifelhaft. Aber die politischen Konsequenzen, die aus diesen Präferenzen entstanden, waren es gewiss. Ein schwerwiegendes Thema der Presse betraf 1940 die Entwicklung von Demokratie und Liberalismus, die in Grossbritannien und Frankreich stetig geschwächt schienen. Wie würde sich die Schweiz in das Neue Europa einfügen? Welche Veränderungen würden nötig werden? Die französischsprachige Presse neigte dazu, die Sprache des Pétain-Regimes in Vichy zu übernehmen. Mit Ausdrücken wie „Arbeit", „Familie" und „Autorität" wurde um sich geworfen, aber niemand wollte sie verständlich auf die schweizerische Politik übertragen. Die Deutschschweizer Presse suchte in alten mythischen Schweizer Traditionen eine Alternative zu Demokratie und Liberalismus. Aber sie fragte nicht, warum irgendein Schweizer solche Dinge überhaupt wollen sollte. Was würden sie bezüglich konkreter Verfassungs- und Gesetzesänderungen bedeuten? Und würden solche Änderungen überhaupt ausreichen, um die Deutschen zu beschwichtigen? Die Regierung hatte in dieser Debatte nahezu nichts zu sagen.

So sehr es der Schweizer Regierung auch an Mut und Einsicht fehlte – sie nahm doch Anstösse von der richtigen und nicht von der falschen Seite entgegen. Sie tat wenig Gutes, richtete aber auch nicht grossen Schaden an und verhinderte insbesondere nicht, dass die besseren Elemente in der Schweizer Gesellschaft die Oberhand gewannen.

Anpassung oder Widerstand
Wenn der Kampf zwischen Anpassung und Widerstand lediglich eine Sache idelogischer Präferenzen gewesen wäre, hätte es keine Auseinandersetzungen gegeben. Selbst in der dunkelsten Stunde der nationalen Verzweiflung im Frühsommer 1940 konnte die kleine Zahl von Leuten, die tatsächlich die Anpassung an Deutschland wünschten, bei ihren Mitbürgern höchstens Resignation hervorrufen. Die grössten Befürworter der Anpassung waren Geschäftsleute mit ausländischen Verbindungen sowie Gewerkschaften und Behör-

den, die Arbeitslosigkeit befürchteten. Doch ist zu beachten, dass das Ziel der bundesrätlichen Wirtschaftskonzessionen darin bestand, die Heimatfront *politisch* zu halten. Sonderbarerweise nimmt man gemeinhin an, die Regierung und vor allem Pilet-Golaz hätten innenpolitische Konzessionen gemacht. Dem war nicht so.

Marcel Pilet-Golaz, ein brillanter stolzer Technokrat aus dem Herzen des Waadtlandes, war von 1930 bis 1940 als Bundesrat für den Ausbau des bemerkenswerten Eisenbahnnetzes des Landes verantwortlich. Sein Stolz auf das eigene Urteilsvermögen und seine Neigung, die Angelegenheiten der öffentlichen Politik als persönliches Eigentum zu betrachten, nahmen noch zu, als er das Amt des Aussenministers und, im kritischen Jahr 1940, das Amt des Bundespräsidenten übernahm. Er verliess sich auf sein eigenes Urteil, und das war kalt und bürokratisch. Sein Gefühl für die *boches*, die Deutschen, war nicht positiver als jenes der meisten französischsprachigen Schweizer. Er glaubte, Deutschland habe den Krieg bereits gewonnen, und war überzeugt, es sei eine rein technische Aufgabe, die er sehr wohl zu lösen wisse, das beste aus einem gegebenen Gleichgewicht der Kräfte herauszuholen.

Wie die französischsprachigen Schweizer über die Niederlage im allgemeinen dachten, kommt in Denis de Rougemonts Bericht aus dem Jahre 1940 über Paris unter deutscher Besatzung zum Ausdruck. Physisch unversehrt, sei die Stadt zu einem seelenlosen Friedhof von Mauerwerk geworden, schrieb er. Unter „dem Eindringling" (de Rougemont nannte Hitler und Deutschland nie mit Namen) habe Paris alles verloren, was dem Leben Wert und Sinn gebe. Der „Kriegshäuptling" könne wohl durch die bekanntesten Strassen der Welt paradieren und denken, er besitze sie, aber er vergewaltige nur einen toten Körper. Jeder gewöhnliche Mensch fühle sich an einem Juni-Abend erfüllt, wenn er den Sonnenuntergang über Saint-Germain-des-Prés geniesse, wenn er die Plätze betrachte, wo so viel Wissen und Leid der Menschheit vorübergezogen sei – aber davon könnten die Eroberer nichts spüren. Diese Wilden verstünden einfach nichts. De Rougemont schloss mit den Worten: „Vergib ihnen, denn sie wissen nicht, was sie tun."[14] Der Artikel focht den Sieg Deutschlands über Frankreich nicht an, weckte keine Zweifel am Endsieg des Reiches und forderte niemanden zum Widerstand auf. Er fand einfach die ganze Sache ausserordentlich traurig. Die Schweizer Zensoren warfen der *GAZETTE DE LAUSANNE* vor, ein ausländisches Staatsoberhaupt der Totenschändung bezichtigt zu haben.

Als Bundespräsident Pilet-Golaz acht Tage später, nach der französischen Niederlage, zur Nation sprach, war seine Rede so traurig wie Rougemonts Artikel. Da Pilet-Golaz im Namen des Gesamtbundesrates sprach, sagte er, er sei nicht nur verpflichtet zu sprechen, sondern er müsse auch „vorsorgen, entscheiden, handeln".[c] Geschickt ging er nur auf ein Thema näher ein und liess den Rest so unklar wie möglich. Es gehe darum, jedes Hindernis zu überwinden, um „allen – und das ist die vordringlichste Pflicht – das Brot zu verschaffen, das nährt, und die Arbeit, welche die Seele tröstet". Im Blick auf dieses Ziel forderte er das Schweizer Volk auf, das politische Argumentieren zu lassen und dem Bundesrat, allenfalls auch ungern, zu folgen; er warnte auch davor, dass der Bundesrat nicht für alles, was er tun müsse, Erklärungen abgeben könne. Der Rest der Rede waren Worte des Bedauerns über eine Welt, die verlorengegangen sei, und des Mitleids mit der Schweizer Bevölkerung, deren zukünftiges Leben in jeder Beziehung schlechter werde. Die Menschen würden für weniger Geld härter arbeiten müssen, sie müssten grosse Hoffnungen aufgeben, um wenigstens ein Minimum zu sichern, das Humanitäre vergessen, nur an die Erfüllung ihrer vordringlichsten Pflichten denken und sich nicht beklagen. Es tönte sehr ähnlich wie jene katastrophale Rede von Präsident Jimmy Carter 1979 an das amerikanische Volk, in welcher er die Amerikaner aufforderte, ein Zeitalter mit eingeschränkten Horizonten zu akzeptieren, der vergangenen Grösse mit Sehnsucht zu gedenken, Regierungsmacht schätzen zu lernen und jegliche Gefühle von *malaise* abzulehnen.

Insoweit die Rede Pilet-Golaz' eine Übung in Interessengruppen-Politik war, hatte sie grossen Erfolg. Die Sozialdemokratische Presse lobte das Einstehen für jede Art von Vollbeschäftigung – und die Industriellen zeigten Genugtuung. Die Deutschen schätzten sie. Aber die Rede vermochte niemanden anzuspornen, vermittelte kein Vertrauen in die Zukunft und öffnete dem Verdacht die Tür, der Bundesrat steure auf einen Ausverkauf der Heimat an die Deutschen zu. Als dann kurz nachher bekannt wurde, Pilet-Golaz habe drei Vertretern der pronazistischen Nationalen Front eine Audienz gewährt, beherrschte jener Verdacht die schweizerische Politik und ruinierte die Karriere Pilet-Golaz'.

Aber Pilet-Golaz machte der Nationalen Front keinerlei Versprechungen. Es gab nicht einmal ein höfliches gemeinsames Pressecommuniqué. Hingegen veröffentlichte die Nationale Front ihr eigenes Communiqué, welches unterschwellig andeutete, der Bundespräsident habe sich nicht nur die Forderungen der Nationalen Front angehört, sondern mit ihr auch Verhandlungen geführt. Übrigens unterschieden sich die vorgetragenen Anliegen grösstenteils nicht stark von dem, was Regierungspolitik war. In der Aussenpolitik müsse die Schweiz mit den siegreichen Mächten eine „loyale Freundschaft" pflegen. Innenpolitisch müsse die Wirtschaftspolitik „Brot und Arbeit" für alle anstreben, bei gleichzeitiger Abschaffung politischer Parteien und Einsetzung einer „verantwortungsvollen" Exekutive, die fähig sei, harte Entscheidungen zu treffen. In bezug auf Religion erwähnten die Frontisten die Juden nicht, bestanden aber darauf, Religion habe in der Politik nichts zu suchen. In summa war der Inhalt nicht schockierend.[15] Auch war aus objektiver Warte nichts daran auszusetzen, dass der Bundespräsident mit gesetzestreuen Bürgern deren Ideen diskutierte. Zudem konnte Pilet-Golaz durch dieses Treffen mit Frontisten hinter verschlossenen Türen die Deutschen auf billige Art zufriedenstellen. Es gibt keinerlei Hinweis, dass der Bundespräsident den Frontisten oder den Deutschen irgendwelche Zugeständnisse machen wollte. Tatsächlich liess er sie ja auch mit leeren Händen gehen. Innerhalb dreier Monate brachte er die Nationale Front zum Verschwinden, und viele ihrer Funktionäre wurden eingesperrt.

Die öffentliche Meinung der Schweiz jedoch war schockiert über dieses Treffen, wie zuvor auch darüber, dass Pilet-Golaz Wrackteile der während der Schlacht um Frankreich über der Schweiz abgeschossenen deutschen Flugzeuge an Deutschland zurückgab und eine schlecht versteckte Entschuldigung beifügte. Die öffentliche Meinung etikettierte Pilet-Golaz als Anpasser. Er war zu stolz, um sich zu verteidigen, und obschon der Bundesrat vier weitere Jahre zu ihm hielt, war sein Image ab dem Sommer 1940 stark angeschlagen. In innenpolitischen Dingen wurde er für seine Kollgen im Bundesrat zur Belastung. Als sich im Lauf der Zeit zeigte, dass Pilet-Golaz' Meinung über die Lage der Schweiz immer pessimistischer wurde, wurde er zum Symbol der Unterwürfigkeit des Landes gegenüber den Deutschen. Sein Nachfolger, Max Petitpierre, war sowohl den Schweizern als auch den Alliierten willkommen, denn als ehemaliger Leiter der Schweizer Uhrenkammer hatte er den Alliierten genau jene Waren geliefert, die sie so dringend brauchten.

Dennoch hatten Pilet-Golaz' und die bundesrätliche technokratische Politik ihre positiven Seiten. Als erstes gelang es ihr, die Abhängigkeit der Schweiz von Deutschland in bezug auf Lebensmittel zu verringern. Während des neunzehnten Jahrhunderts hatte sich die schweizerische Landwirtschaft unter Ausnutzung ihrer natürlichen komparativen Vorteile auf den Export von Käse und anderen Milchprodukten, wie Schokolade und Büchsenfleisch, konzentriert. Die Schweiz importierte fast alles Getreide, sowie Öl und Fasern. Als 1940 der normale internationale Handel zusammenbrach, hätte die Schweiz nur noch nach dem Belieben des Reiches essen können. Dies verhinderte der vom Bundesrat gutgeheissene radikale Plan des Agronomen Friedrich Traugott Wahlen: Jeder Quadratmeter des Landes, einschliesslich Fussballfelder, öffentliche Parkanlagen und private Gärten, wurde zur Pflanzfläche. Das hiess auch, den Viehbestand der Schweiz um ein Drittel, die Milchproduktion sogar noch stärker einzuschränken. Es hiess auch, Männer, Frauen und Kinder aus den Städten zur Fronarbeit auf dem Lande einzuspannen und Bäume zu fällen, um Holzkohle herstellen zu können. In der Folge konnte die Produktion von Getreide verdoppelt und die von Kartoffeln fast verdreifacht werden; beim Anbau von Pflanzen zur Ölgewinnung wurde der Faktor fünfzig erreicht. Das Land konnte sogar einige Lebensmittel exportieren. Die Schweizer litten unter der Rationierung; die Minimalration lag gleichwohl nie unter 2400 Kalorien, für die meisten galten höhere Rationen, die bäuerliche Bevölkerung war von der Rationierung praktisch befreit, und viele, wenn nicht die meisten Schweizer, verbesserten ihre Rationen durch Lebensmittel, die sie selber anbauten oder privat auf dem Lande kauften. So gelang es dem autoritären Regime des Bundesrates, dass in der Schweiz bessere Nahrungsbedingungen herrschten als irgendwo sonst in Kontinentaleuropa oder Grossbritannien.

Die Industriearbeiter litten während des ganzen Krieges nie unter Arbeitslosigkeit. Aber wie Pilet-Golaz in seiner Rede vorausgesagt hatte, wurde das Leben härter. Die Preise stiegen schnell, um 60%, während die Löhne nur langsam auf die Hälfte dieses Satzes angehoben wurden. Das war aber nicht dem Bundesrat anzulasten. Das nächste Kapitel wird zeigen, dass der Kaufkraftverlust durch die Tatsache verursacht wurde, dass die militärische Einkreisung der Schweiz durch die Achsenmächte der Schweizer Industrie nur noch einen einzigen Kunden übrig liess, einen, der praktisch die absolute Macht besass, die Waren und die Austauschbedingungen festzulegen – jedenfalls während der ersten dreissig Monate des Krieges. Politisch bezeichnend ist es, dass der Bundesrat der Bevölkerung nie reinen Wein über die Ausbeutung durch das raubgierige Deutsche Reich einschenkte. Der Bundesrat war – vielleicht zu Recht – der Ansicht, die Bevölkerung sei nur zu schnell bereit, ihren antideutschen Gefühlen Ausdruck zu geben, was gegebenenfalls nichts Gutes, sondern vielmehr grossen Schaden verursachen würde.

Pilet-Golaz hatte ja gesagt, der Bundesrat werde nicht jeden seiner Entscheide erklären können. Deshalb zirkulierte am Kriegsende in Arbeiterkreisen mangels besseren Wissens das Gerücht, die Differenz zwischen dem Wert ihrer Arbeit und dem erhaltenen Hungerlohn habe wohl auf irgendeine Art die schweizerische Elite reicher gemacht. Nein. Der Löwenanteil dieser Differenz wurde der Kriegsmaschinerie des Reiches verfüttert, und der Rest wurde in die Schweizer Armee gesteckt. Die Bevölkerung stiess sich auch am autoritären Stil der Regierung. Als Friedrich Traugott Wahlen nach dem Krieg vorschlug, das autarke Landwirtschaftssystem beizubehalten, war die öffentliche Reaktion scharf ablehnend. Man kann die Bitterkeit Pilet-Golaz' und seiner Bundesratskollegen verstehen: Dank ihrer Kompetenz gab es Nahrung, Arbeit und Sicherheit – jedenfalls im grössten durch die Umstände erlaubten Mass – und dennoch war die Bevölkerung undankbar.

Die Überlegungen, auf welche sich die Haltung des Bundesrates stützte, waren tatsächlich „realistisch". Warum hätte 1940 und 1941 eine verantwortungsvolle Regierung nicht auf die logischen Argumente der Anpasser hören sollen – nämlich, dass das Neue Europa zustande komme, ob es nun der kleinen Schweiz passe oder nicht, und dass der Schwerpunkt politischer Kompetenz darin liege, eine mit möglichst wenig Schmerzen verbundene Rolle für die Schweiz zu finden? Die Anpasser warfen den Widerstandswilligen vor, Blut, Schweiss und Tränen für eine unvermeidlich katastrophale Niederlage und für noch Schlimmeres zu opfern. Im Gegensatz dazu müsse eine kompetente Politik darauf hinzielen, aussenpolitische und wirtschaftliche Konzessionen gegen innere politische Freiheit auszuhandeln. Die Widerstandswilligen ihrerseits argumentierten, die Nazis würden der Schweiz niemals innere Unabhängigkeit gewähren, es sei denn, sie werde durch den schweizerischen militärischen Widerstand erzwungen. Das war gleichfalls offensichtlich. Sie hofften zwar auf einen alliierten Sieg, hätten aber keine Wetten darauf abgeschlossen. Stattdessen hätten sie, vielleicht verrückterweise, gewettet, dass die schweizerische Bevölkerung durch Stärkung ihres Kampfgeistes den militärischen Widerstand wirklich zu leisten vermöchte. Der Bundesrat anerkannte beide Argumentationslinien.

„Finnlandisierte" der Bundesrat die Schweiz? Als die Sowjetunion im Winter 1940 Finnland überfiel, identifizierte sich jedermann in der Schweiz mit den Finnen. Die Schweizer bewunderten sowohl die tapfere Verteidigung Finnlands an der Mannerheim-Linie, als auch dessen heroischen Guerillakrieg. Sie waren unsäglich traurig über das Ende des Ringens – Abtretung von Land, Bezahlung einer grossen Schadenssumme und Verlust der Selbständigkeit in der Innen- und Aussenpolitik (aber, Gott sei Dank, keine Besetzung). Finnlands Schicksal zu vermeiden, war ein heisses Thema. Zum Glück für die Schweizer eskalierte die Konfrontation mit Nazideutschland nie bis zum Kampf, weil das Reich von ihnen nie so viel verlangte, wie die Sowjets von den Finnen. In der Aussenpolitik forderte das Reich eher Schweigen als Unterstützung. Das war erträglich. Auch in wirtschaftlicher Hinsicht liess sich der geforderte Tribut einigermassen ertragen. Was die Innenpolitk betraf, gaben sich die Nazis damit zufrieden, ihre fehlgeschlagenen Einmischungen zu schlucken. So erreichte die Finnlandisierung der Schweizer Aussenpolitik im Juli 1940 ihren (relativ niedrigen) Höhepunkt und nahm drei Jahre später rasch ab. Innenpolitisch gab es eigentlich nie eine wirkliche Finnlandisierung, obschon die Drohung fast immer vorhanden war.

Die Gefahr der Finnlandisierung beruhte darauf, dass der Bundesrat mit seiner sachbezogenen, an wirtschaftlichen Einflussgruppen orientierten Art von Politik die schweizerische Bevölkerung kaum dafür begeistern konnte, sich selbst zu sein und zu verteidigen. Die führenden Köpfe im Bundesrat – Pilet-Golaz, Finanzminister Walter Stampfli und Karl Kobelt – waren für Rufe des Herzens und die tiefsten Wünsche ihrer Landsleute taub. Es kam ihnen nicht in den Sinn, sich mit so etwas zu beschäftigen, was Präsident George Bush später „Visionen" nannte. Deshalb flogen die Herzen der schweizerischen Bevölkerung den Widerstandswilligen zu.

Die Widerstandswilligen überwogen nicht dadurch, dass sie etwa Opportunisten gewesen wären. Die kleinere der beiden wichtigsten Widerstandsorganisationen, der *Gotthard-Bund*, gab ein Manifest über Inlandpolitik heraus, das sich in seiner auf Wahrung des Wohlstandes ausgerichteten Haltung nicht so sehr unterschied von den Verlautbarungen des Bundesrates, ja sogar von denen der Pro-Nazi-Front. Die andere Organisation, die *Aktion Nationaler Widerstand*, sprach mehr im Sinne des traditionellen wirtschaftlichen Liberalismus der Schweiz. Aber das war nicht das Wesentliche. Vielmehr verbreiteten beide Gremien eine einzige, eingängige Botschaft: Die Schweiz, die wir gekannt haben, ist gut. Nazismus ist schlecht. Lasst uns alles in unserer Macht Stehende tun, um unsere Lebensweise für die Zukunft zu erhalten.

Freilich halfen die Nazis der Sache der Widerstandswilligen in starkem Masse. Mitte 1941 wurde das Bild des effizienten, wenn auch autoritären Neuen Europas durch den Alpdruck von Zwang und Konzentrationslagern aufgehoben. Die Anpasser hatten keine Argumente vorzubringen, und sie versuchten es auch gar nicht ernsthaft. Niemand konnte ein gutes Gefühl haben, wenn er mit ihnen übereinstimmte. Im Gegensatz dazu führten die Widerstandswilligen einerseits immer wieder das Schreckbild des Nazismus ins Feld, und andererseits die Hoffnung, dass mit hochherziger Entschlossenheit (um nicht den alliierten Sieg zu erwähnen) die gute alte Schweiz wiedererstehen könne.

Der Bundesrat war auf General Guisan eifersüchtig. Wohin er auch ging, versammelten sich die Menschen, jubelten ihm zu, beteten und weinten für ihn und wollten, dass er ihre Kinder berühre.

Sein Wagen konnte kaum ein Dorf durchfahren, ohne dass Feiern abgehalten worden wären. Keiner der Bundesräte weckte ähnlich positive Gefühle in der Bevölkerung. Der Bundespräsident von 1943, Finanzminister Walter Stampfli, liess in Verbitterung an seinem Wagen eine dreisprachige Plakette anbringen, die ihn als Bundespräsidenten der Eidgenossenschaft auswies. Dies erregte entweder Gelächter oder Unwillen.

Was besass General Guisan im Unterschied zum fachlich kompetenten Bundesrat? Als das Schicksal seines Landes am dunkelsten aussah, stellte er sich an die Spitze der Sache der Hoffnung gegen neue Übel und für die Wiedergewinnung aller guten, vertrauten Dinge. Und er hatte Glück. Das war alles.

Kapitel 4

Wirtschaft

„Vae Victis!"

– Brennus

ALS DIE RÖMER IN IHREM KAPITOL durch Brennus und seine Barbaren aus dem Norden belagert wurden, schlugen sie einen Handel vor – so und so viele Masse Gold für die Aufhebung der Belagerung. Aber beim Auswiegen des Goldes beklagten sich die Römer darüber, die Gewichte seien nicht genau. Brennus' Antwort, „Wehe den Besiegten," wird meistens übersetzt durch: „Dem Sieger gehört die Beute." Um zu zeigen, dass Macht Verträge bricht, warf Brennus noch sein Schwert auf die Waagschale. Die Legende erzählt, dass gerade in diesem Augenblick Furius Camillus (dessen Familienname, damals und heute, ein starkes Gefühl weckt) mit der römischen Armee erschien und mit dem Schwert in der Hand erklärte: „Nicht mit Gold soll das Vaterland freigekauft werden, sondern mit Eisen." Mit dem Sieg des Camillus über Brennus war die Genauigkeit der Gewichte belanglos geworden. Hätte die Schlacht einen anderen Ausgang genommen, wäre auch dann die Genauigkeit der Gewichte belanglos geblieben: Brennus und der furiose Römer waren sich nämlich in einer Sache einig – das Gewicht von Gold hat weniger Bedeutung als das Gewicht von Schwertern.

Als fast zweieinhalbtausend Jahre später die Schweizer vom Barbaren aus dem Norden und seinen Anhängern aus dem römischen Lager belagert wurden, mussten sie ständig über Kredite und Bedingungen ihres Warenhandels verhandeln, wie auch über den Gebrauch, den die Belagerer von der Schweizer Währung machen wollten. Diesbezüglich müssen wir uns Montesquieus Aussage über die Wirtschaft in Erinnerung rufen: „Handel ist der Beruf Gleichgestellter" – d.h. echte wirtschaftliche Transaktionen finden statt, wenn Käufer und Verkäufer sich ausschließlich durch den Wert beeinflussen lassen, welchen sie den auszutauschenden Gütern beimessen. Wenn eine der Parteien ein Schwert auf die Waagschale wirft, kann die Beziehung nicht mehr „wirtschaftlich" genannt werden. Während des Zweiten Weltkrieges warfen sowohl die Deutschen als auch die Schweizer Schwerter in die Waagschalen. Die Grösse dieser Schwerter war selbstverständlich zu verschiedenen Zeiten äusserst verschieden, und ein drittes Set von Schwertern schwirrte herum – jenes der Briten und Amerikaner, der Hauptfeinde des Barbaren. Diese Feinde waren so entschlossen, die Barbaren zu besiegen, dass sie an die Schweizer Forderungen in bezug auf Ware und Währung stellten, die gar nicht so verschieden von jenen waren, welche die Barbaren selbst unterbreitet hatten. Offensichtlich versuchten die Schweizer in ihrem eigenen Interesse, diese beiden Sets von Forderungen auszutarieren.

Seit unvordenklichen Zeiten schon werden kleine Staaten physisch eingekreist oder auf andere Weise durch grosse Staaten belästigt, die gegeneinander Krieg führen. Thukydides' Massstäbe setzender *Peloponnesischer Krieg* beschreibt Dutzende von Verhandlungsmustern, wie sie in der Geschichte unzählige Male vorgekommen sind. Die kleinen Möchte-gern-Neutralen hören von beiden grossen Armeen: Wir haben nichts gegen euch. Wir mögen euch wirklich sehr gut leiden. Wir kämpfen um unser Leben gegen unsere Todfeinde. Wenn ihr richtig überlegt, sind sie doch auch eure Todfeinde. Also kämpfen wir eigentlich euren Kampf. Ihr solltet dankbar sein. In diesen schrecklichen Tagen brauchen wir unbedingt eure Hilfe. Es wäre freundlich von euch, wenn ihr unseren Feind direkt mit Krieg überziehen würdet. Wenn ihr das nicht tun könnt, verlangen wir von euch, dass ihr uns an eurer Wirtschaft teilhaben lässt, und vor allem dürft ihr mit dem Feind keinen Handel treiben. Wir möchten euch für die Güter, die wir von euch brauchen, bezahlen. Aber im jetzigen Moment sind wir aus einer ganzen Reihe von Gründen, die ihr verstehen müsst, nicht in der Lage, mit Bargeld zu bezahlen, weshalb ihr unser IOU (I owe you – Ich schulde dir) annehmen müsst. Ihr traut uns doch, oder? Wenn ihr tut, was wir euch sagen, ist dies ein echter Beweis für eure Neutralität. Besteht ihr aber darauf, mit dem Feind Handel zu treiben, werden wir sofort gezwungen sein, euch von unserer Seite her wirtschaftlich zu isolieren und den Zustrom all jener Produkte, von denen eure Lebensführung abhängt, zu unterbrechen. Wir werden vielleicht auch eure Ernte vernichten. Wenn wir siegen, werden wir euch wie einen Feind behandeln. Also, was auch im weiteren Verlauf geschehen wird, wehe euch, wenn ihr uns jetzt nicht helft. Und mega-wehe, wenn ihr auf den falschen Sieger setzt.

Darauf werden kleine Möchte-gern-Neutrale antworten: Wir sympathisieren mit euch, wir vertrauen euch und sind mit euch derselben Meinung, dass eure Feinde feige sind, und wir täten deshalb nichts lieber, als eure IOUs zu akzeptieren (d. h. euch Lösegeld zu bezahlen) als Gegenwert für euer Angebot, die Handelsbeziehungen nicht zu unterbrechen, und dafür, dass wir in Ruhe gelassen werden. Aber wir haben ein Problem. Eure Feinde stellen die gleichen Forderungen an uns wie ihr. Wenn wir eure Forderungen erfüllen, werden sie uns Schaden zufügen. Wir haben Angst vor ihnen, und ihr könnt uns nicht vor ihnen schützen. Zudem sind eure Drohungen trotz eurer Freundschaftserklärungen auch furchterregend. Wir können nicht euch beide zufriedenstellen. Deshalb schlagen wir euch beiden, euch und euren Feinden, vor, dass unsere wirtschaftlichen Beziehungen mit beiden von euch gleich frei und freundlich sein sollen.

„Nicht einverstanden!" antworten immer beide Seiten. Beide Seiten erwähnen, der Feind werde nicht zustimmen. Beide Seiten sagen, um den Feind besiegen zu können, sei es nötig, jenen, die nicht kooperierten, Schaden zuzufügen.

Thukydides zeigt deshalb auf, dass die vergleichende Furcht – welche Seite wird uns am meisten Schaden zufügen können – bei allen Berechnungen, welche die kleinen Neutralen sonst noch anstellen, der wichtigste Faktor ist. Aber weil die Grossmacht, die uns heute am meisten schaden kann, vielleicht durch eine andere Grossmacht abgelöst wird, die uns dann später am meisten schaden kann, ergibt sich der dieser Frage innewohnende Konflikt zwischen kurzfristiger und langfristiger Furcht. Und selbst wenn unsere Beurteilung stimmt und die Seite, die heute am wenigstens gefürchtet werden muss, auf lange Sicht gesehen vielleicht die Seite sein wird, die am meisten zu fürchten ist, muss es uns irgendwie gelingen, kurzfristig trotzdem zu überleben. Und so führt uns Thukydides anhand der kleinen italienischen Stadt Camarina ein gutes Beispiel von

Klugheit vor Augen. Sowohl von Syrakus als auch von Athen belagert, entschloss sich Camarina, beide Seiten so gut wie möglich zu beschwichtigen, aber sich eher der Seite von Syrakus zuzuneigen – also der Macht, die sie weniger liebten, aber die Camarina grösseren Schaden zufügen konnte, weil Syrakus physisch näher lag. Der Ruf Camarinas, ein gutes Urteilsvermögen zu besitzen, wurde bestätigt, denn Athen verlor den Krieg.

Die Lektion für Grossmächte, die von kleinen Neutralen wirtschaftliche Vorteile erlangen wollen (und auch für die Neutralen selbst), ist eine doppelte. Für die Grossmacht – Erstens: Erpresse die Gans, welche die von dir gewünschten Eier legt, aber töte sie nicht und treibe sie auch nicht dem Feind zu. Deine Forderungen dürfen jederzeit nur so gross sein, dass der kleine Neutrale diese Forderungen erfüllen kann, ohne dass dadurch seine Fähigkeit, auch deine zukünftigen Forderungen erfüllen zu können, beeinträchtigt wird; auch dürfen deine Forderungen nicht so lästig sein, dass der Neutrale ein sofortiges Interesse darin sieht, noch enger mit dem Feind zusammen zu arbeiten. Zweitens: Halte dir vor allem vor Augen, was du vom kleinen Neutralen *nach* dem Krieg haben willst – es sei denn, höchste Not zwinge dir etwas anderes auf. Für den kleinen Neutralen gelten die umgekehrten Regeln – Erstens: Tue gerade genug, um eine Invasion oder Sanktionen zu vermeiden. Sorge dafür, dass deiner nationalen Wirtschaft durch die Befriedigung der Forderungen beider Seiten so wenig Schaden wie möglich entsteht. Zweitens: Vermeide, dass sich die nationale Politik einer der beiden Seiten zuneigt, nur weil nationale Interessengruppen wegen ihrer Beziehungen zu einer der Seiten dies so wünschen, und sorge dafür, dass jedermann im Lande versteht, dass es dir vor allem darum geht, zwischen den dir zu einem gegebenen Zeitpunkt aufgezwungenen wirtschaftlichen Aktionen und deinen politischen Präferenzen das Gleichgewicht herzustellen.

Im vorliegenden Fall erpressten sowohl das Reich als auch die Alliierten die Schweiz so stark, wie es das Gleichgewicht der Kräfte erlaubte. Die Reaktion des Bundesrates auf den Druck von beiden Seiten war etwa so angemessen wie möglich in bezug auf das Gleichgewicht der Kräfte – aber nur *ex post facto*, und nicht als Resultat eines durchdachten Planes. Zudem gelang es dem Bundesrat bei dieser doppelten Beschwichtigung, die strukturelle Integrität der Wirtschaft und der Währung zu retten, was einem soliden technischen Kunststück gleichkommt. Doch die Wirtschaftslenkung wurde von Interessengruppen beeinflusst, deren Wohlergehen von den kriegführenden Mächten abhing – was auf keinen Fall von einem vollständigen Verständnis des Gleichgewichts zwischen der Angst vor gegenwärtigem Schaden und den Hoffnungen für die Zukunft zeugt.

Betrachten wir zuerst einmal die Bedeutung des Wirtschaftskrieges im Zweiten Weltkrieg sowohl für das Reich als auch für die angloamerikanischen Alliierten. Dann werfen wir einen Blick auf die internationale Situation der Schweiz vor dem Krieg, und wie sie durch die amerikanische Blockade und die deutsche Konterblockade beeinflusst wurde. Schliesslich werden wir uns noch drei wirtschaftliche Schlachtfelder ansehen, nämlich den Wettbewerb für schweizerische Waren und Kredite, den Kampf um den Gebrauch des Schweizer Frankens und die Fragen, die den Gebrauch der wirtschaftlichen Institutionen der Schweiz als „sicherer Hafen" für die Vermögenswerte von Unschuldigen und von Nazis betreffen. Hat jede Seite hinsichtlich dieser drei Streitpunkte das beste für sich herausgeholt, das, was eben unter den gegebenen Umständen möglich war?

Über die Wirtschaft der Schweiz gibt es eine ganze Menge Verschwörungsliteratur, wobei vor allem ein Buch – Werner Rings *Raubgold aus Deutschland* – grosse Beachtung gefunden hat.

Der Wirtschaftskrieg und die Neutralen 1939 bis 1945
Auf dem europäischen Schauplatz betrachteten beide Seiten den wirtschaftlichen Faktor als entscheidend. Zwar erwies sich der Wirtschaftskrieg wider Erwarten als weniger wichtig, dennoch wurde er beidseits mit Verbissenheit geführt. Beide Seiten glaubten, der Erste Weltkrieg sei durch ein Ungleichgewicht bezüglich Industrieproduktion entschieden worden, und die alliierte Blockade habe Deutschland mehr geschadet als irgendeine Schlacht. Britische und amerikanische Experten glaubten, Deutschland habe nicht die Ressourcen, um einen zweiten grossen Krieg zu führen. Von den vier-

unddreissig als kriegswichtig betrachteten Rohstoffen besass Deutschland nur einen in genügender Menge, nämlich Kohle. Deutschland hat praktisch kein Eisen und kein Öl. Wie konnte jemand ohne diese *beiden Rohstoffe* einen Krieg führen? Gar nicht zu reden von Eisenlegierungen, Gummi, Bauxit, Fetten, Nitraten usw. Dies erklärt teilweise, warum der Westen nicht glaubte, dass Hitlers Prahlerei auch wirklich Krieg bedeutete.

Die Deutschen waren sich inzwischen ihrer Mangelsituation so bewusst geworden, dass sie grosse Vorräte an strategischem Material anlegten, Ersatzprodukte entwickelten und blitzartig ausgelöste, kurze Feldzüge, eben *Blitzkrieg*, planten. Sie beabsichtigten auch, den europäischen Kontinent zu erobern, um dessen Ressourcen voll ausschöpfen zu können und sie den Feinden zu entziehen. Grossbritannien zusammen mit den Vereinigten Staaten konterte mit der klassischen Strategie einer Seemacht: Unterbinde den Handel des Feindes auf den Meeren. Verwende die Ressourcen der Welt – das Öl des Mittleren Ostens und von Texas, den Gummi aus Indien, Eisenlegierungen aus Südafrika und den ganzen Rest –, um See- und Luftstreitkräfte aufzubauen, die den Kontinent isolieren können, erpresse ihn, warte darauf, bis kontinentale Streitereien ihn schwächen und schicke schliesslich deine Seestreitkräfte aus, um die Streitkräfte der Landmacht zu vernichten.

Kurz gesagt: Die Deutschen versuchten, den Kontinent wirtschaftlich auszubeuten, während die Alliierten mit Blockaden und Bombardierungen dies zu verhindern suchten.

In den neutralen Ländern planten die Deutschen regelrechte Plünderung und Ausbeutung, die nur insofern eingeschränkt wurden, als die Deutschen keinen Sinn darin sahen, die Armee unnötig dafür einzusetzen, Dinge herbei zu schaffen, die auf andere Weise billiger zu haben waren. Deshalb eroberte Deutschland nie Rumänien und bekam dennoch alles, was es wollte – kostbares Öl – durch eine Kombination aus militärischer Einschüchterung, Geld und ideologischen Affinitäten. Geld und Einschüchterung genügten, um schwedisches Eisen und Holz zu bekommen. Von Spanien erhielt das Reich jedoch die Handelsgüter nur zu handelsüblichen Konkurrenzpreisen – trotz der mutmasslichen ideologischen Affinitäten, und obwohl die Wehrmacht an der Grenze stand. Hätte Hitler Spanien seinen strategischen Vorteil – den Zugang zu Gibraltar – abluchsen wollen, hätte Nazi-Deutschland entweder sowohl die spanischen als auch die britischen Truppen besiegen müssen oder an Spanien absichtlich unmögliche Forderungen stellen müssen.

In bezug auf die europäischen Neutralen nahmen die Alliierten an, das Reich habe grossen Einfluss auf deren Wirtschaft, *weshalb jede Schiffsladung von irgendeiner Ware, die sie zum Kontinent durchliessen, in die Hände der Deutschen fallen oder deren Ressourcen entlasten könnte, was wiederum Deutschland zum Vorteil gereichen würde.* Schon 1917 hatten sich die Alliierten über das jahrhundertealte internationale und 1907 durch die Haager Konvention revidierte Gesetz hinweggesetzt, welches vorschreibt, dass Kriegführende nur ihre Feinde blockieren dürfen, den Handel neutraler Staaten jedoch nur insofern, als es sich um „reine Schmuggelware", nämlich Kriegswaffen, handeln sollte. Einschränkungen des Handels der Neutralen mit jeder Art von Ware, die einem Kriegführenden dienlich sein konnte – also „bedingte Schmuggelware" – hätten gegenüber internationalen Gerichten gerechtfertigt werden müssen. Handel mit rein zivilen Gütern durfte nicht eingeschränkt werden. Aber schon 1917 kamen die Alliierten zur Überzeugung, dass die Wirksamkeit von Ressourcen im modernen Krieg aus allem „Schmuggelware" machte, was dem Feinde dienlich war, einschliesslich Kinderspielzeug. Obwohl sich die Vereinigten Staaten im achtzehnten und neunzehnten Jahrhundert führend für die Ausdehnung der internationalen Gesetzgebung stark gemacht hatten, nach welcher der Handel als neutrales Recht einzustufen sei, errichteten sie nun zusammen mit Grossbritannien eine Blockade nach einem neuen System, welches von der Annahme ausging, dass so etwas wie ein neutrales Recht auf Handel nicht existiere: *Nichts, aber auch gar nichts durfte die Meere durchfahren und bei einem Land auf dem europäischen Kontinent anlegen, ohne dass diesen Lieferungen im voraus durch die entsprechenden amerikanischen und britischen Kriegswirtschaftsbüros zugestimmt worden wäre.* Diese Büros bestimmten genau, was einem europäischen Neutralen aus der ganzen Welt geliefert werden durfte; jede dieser Lieferungen musste durch ein Schiffszertifikat, das sogenannte *Navicert,* bewilligt werden. Alliierte Agenten in jedem Hafen sorgten dafür, dass kein Schiff ohne entsprechende Bewilligung ablegen konnte. Die alliierten Agenten meldeten allfällig zuwiderhandelnde Schiffe der alliierten Marine, die diese Schiffe dann versenkte oder beschlagnahmte. Die alliierten Kriegswirtschaftsbüros schätzten auch ab, wieviel des weltweit von den Neutralen transportierten Güteraufkommens schliesslich dem Feind Einnahmen bringen würde. Deshalb erlaubten die Alliierten jedem europäischen neutralen Land nur eine bestimmte Exportquote, den sogenannten „Feindanteil".

Die Deutschen errichteten ihrerseits eine Konterblockade. Die Wirtschaftskrieger des Reiches stellten für die Neutralen, deren Zugang zum Meer sie kontrollierten, *Geleitscheine* aus, d.h. Zertifikate für den Export von Gütern, die nach Ansicht der Deutschen für die Alliierten keinen Nutzen brachten.

Man beachte die zirkelhafte Beweisführung für diesen Extremismus: In beiden Weltkriegen bemühten sich die Regierungen der kriegführenden Staaten sehr darum, die nationale Produktion aller nicht kriegswichtigen Güter und auch deren Import aus neutralen Ländern zu eliminieren. Da die Hauptakteure der Weltkriege die grössten und reichsten Länder waren, brach deshalb der Weltmarkt für nicht kriegswichtige Güter beinahe zusammen. Auch ohne die Blockaden und Konterblockaden fanden die Neutralen für ihre rein zivilen Güter – ausgenommen natürlich für Nahrung, Medizin und andere zivile Güter, die auch kriegswichtig sein konnten – keine Abnehmer mehr, weil die Kriegführenden ihre Lieferverträge annullierten. Folglich mussten die Neutralen entweder Lieferanten von Kriegsmaterial werden oder sich praktisch aus dem internationalen Handel mit Gütern zurückziehen.

Es gab fünf neutrale europäische Staaten, die sich in zweieinhalb Kategorien aufteilen liessen: Portugal, Spanien und die Türkei waren von den Achsenmächten nicht eingeschlossen und vom Meer her für die Alliierten mehr oder weniger frei zugänglich. Die Schweiz war eine von den Achsenmächten eingeschlossene inländische Insel. Schweden befand sich in einer Zwischenlage; es hatte Zugang zum Meer, aber während fast des ganzen Krieges war das Meer von deutschen Flugzeugen beherrscht und mit Minenfeldern durchsetzt.

Im Hinblick auf Portugal, Spanien und die Türkei hielten sich die Kräfte der Achsenmächte und der Alliierten ungefähr die Waage. Die Deutschen und die Alliierten konnten die drei Länder in ungefähr derselben Weise wirtschaftlich erpressen, indem sie ihnen den Zugang zu den Märkten, die in ihrem jeweiligen Kontrollgebiet lagen, untersagten. Während die Deutschen nur den Zugang zum Markt für Produkte in bezug auf die besetzten europäischen Länder sperren konnten, vermochten ihn die Alliierten für die ganze Welt zu unterbinden. Auch hatten die Deutschen kein Monopol auf irgendetwas, was diese Neutralen gebraucht hätten. Weil also die grosse nichteuropäische Welt mehr Güter und mehr Märkte anzubieten hatte als das deutschkontrollierte Europa, hatten die Alliierten immer den grösseren wirtschaftlichen Einfluss auf diese drei Länder. Deshalb boten die Deutschen den Spaniern, Portugiesen und Türken Konkurrenzpreise für deren Wolfram, Chrom, Trockenobst und Öl an. Doch diesen Neutralen war bewusst, dass sie, wollten sie mit diesem Geld Nahrung oder Brennstoff kaufen, dies in Übersee tun mussten – und dafür brauchten sie *Navicerts* von den angloamerikanischen Wirtschaftskriegern. Zusätzlich zum Geld boten anfänglich die Deutschen auch einen Platz im Neuen Europa an – und natürlich eine Menge Angst. Aber das Image des ersteren verblasste im Laufe eines Jahres und das letztere war im Jahre 1943 vorbei. Die Alliierten drängten die Neutralen, ihren Handel mit den Achsenmächten einzuschränken und unterstrichen ihr Drängen, indem sie die Zahl der von ihnen ausgestellten *Navicerts* einschränkten. Als die Alliierten dazu übergingen, ihrer Mischung an wirtschaftlichen Anreizen auch noch Drohungen hinzuzufügen, löste sich die Neutralität dieser Neutralen in Luft auf. Im Jahre 1944 erklärte die Türkei Deutschland den Krieg. Nach langen Verhandlungen mit den Alliierten gestand Portugal den Alliierten das Recht zu, Basen auf den Azoren zu benutzen (was Deutschlands Chancen in einer Atlantikschlacht zunichte machte), und das „böse" Spanien erinnerte die Alliierten daran, sie hätten das Mittelmeer nur benützen können, weil Spanien den nördlichen Zugang zu Gibraltar beschützt habe. Alle drei Nationen behaupteten, schon seit langem auf der Seite der Alliierten gewesen zu sein!

Aber Schweden und vor allem die Schweiz befanden sich innerhalb der deutschen Konterblockade. Weil nichts zu ihnen durchkam, was die Deutschen nicht gewollt hätten, hatten die Deutschen ein Monopol auf alle Importe – auch aus Übersee –, auf welche diese zwei Länder angewiesen waren. Auch wenn die Alliierten uneingeschränkt *Navicerts* ausstellten, erlaubten die Deutschen nur jene Importe für Schweden und die Schweiz, die *sie* gestatten wollten. Deshalb war es für Deutschland ein Kinderspiel, die schweizerische Wirtschaft für das Reich arbeiten zu lassen. Stoppe die Kohleneinfuhr – und die schweizerische Industrie steht still, die Leute sind arbeitslos und müssen frieren. Verzögere die Nahrungsmittelzufuhr – und sie hungern. Gib ihnen keine Verträge und Geleitscheine – und ihre Exporte kommen zum Erliegen, und sie haben kein Geld mehr. Willst du mit der Schweizer Währung spielen? Verkaufe auf dem nationalen Markt der Schweiz Gold an Ausländer. Dies wird den Preis des Metalls zum Sinken bringen, welcher den Franken stützt, und die Regierung zwingen, in Gold umtauschbare Franken zu drucken, um Gold zur Währungsstützung zu kaufen. Inzwischen werden die Eigentümer dieser Franken diese in schweizerisches Regierungsgold umtauschen. Da du den Schweizern nicht das zu exportieren erlaubst, was die Welt haben möchte, muss die Schweiz entweder das herstellen, was *du* für *dich* willst, oder dann überhaupt nichts produzieren.

Verglichen mit diesem „Kampfplan" der Deutschen hatten die Alliierten nur wenige Wirtschaftswaffen, deren Einsatz sich jedoch auch leicht kontraproduktiv hätte auswirken können. Die Alliierten konnten der Schweiz wirtschaftlich ebenso wenig helfen wie militärisch. Vor dem Krieg hatte Grossbritannien der Schweiz pro Jahr ungefähr 300 000 Tonnen Kohle verkauft, Deutschland dagegen 1.8 Millionen Tonnen. Die Briten hätten liebend gerne jegliche Menge Kohle geliefert, welche die Deutschen zu liefern sich weigerten – vorausgesetzt, sie konnten auf dem Schweizer Markt kaufen, was sie wollten.

Nachdem die deutsche Konterblockade errichtet war, konnten die Alliierten jedoch weder Kohle in die Schweiz liefern noch mit irgendeiner Lieferung aus der Schweiz rechnen. Wenn also die Alliierten Forderungen an die Schweizer stellten, hatten sie es nicht notwendigerweise mit handlungsfähigen Leuten zu tun. Die Alliierten und die Schweizer konnten wohl einen Liefervertrag über eine gewisse Menge Diamantlager abschliessen, aber die Deutschen würden die Lieferung nicht durchlassen. Alliierte Drohungen gegen die Schweizer scheiterten aus dem gleichen Grund: Wenn die Alliierten die Schweizer aufforderten, nicht so viele Waffen für das Reich zu produzieren, oder von den Schweden verlangten, dem Reich nicht so viel Eisenerz zu liefern, und diese Forderung durch die Einschränkung der *Navicerts* verstärkten, äusserten diese beiden Neutralen echtes Bedauern und sagten, es tue ihnen leid, aber sie könnten nicht ohne deutsche Kohle- und Stahllieferungen auskommen. Deshalb setzten die alliierten Wirtschaftskrieger die Schweden und vor allem die Schweizer nicht allzu stark unter Druck.

Während des Krieges erhielt das Reich für ungefähr 1.35 Milliarden Schweizer Franken Kriegswaren von der Schweiz (der Gesamtbetrag aller schweizerischen Exporte belief sich auf 2.5 Milliarden Schweizer Franken). Dies schloss Werkzeugmaschinen ein, die vor allem bei der Herstellung von Panzern und Flugzeugen zum Einsatz kamen, sowie Zeitmesseinrichtungen und andere Produkte. Dieses Kriegsmaterial machte aber nur ungefähr 0.6% der militärischen Beschaffungen des Reiches (insgesamt 210 Milliarden Reichsmark) aus – nicht eben viel. Aber das Reich „bezahlte" die meisten dieser Waren mit Krediten in Reichsmark bei der Berliner Reichsbank, von denen kein vernünftiger Mensch annahm, dass sie je abgelöst würden.

Zur gleichen Zeit erhielten die Alliierten und die „Dollarzone" von Lateinamerika Schweizer Exporte im Werte von total 1.6 Milliarden Schweizer Franken. Einige dieser Exporte waren zum Einbau in Flugzeugnavigationssysteme bestimmte Hightech-Diamantlager, auf welche die Schweiz sozusagen ein weltweites Monopol besass. Nach 1941 mussten diese Diamantlager durch deutschkontrolliertes Gebiet geschmuggelt werden. Bei drei Vierteln der schweizerischen Exporte an die Alliierten während des Krieges handelte es sich jedoch um Uhren. Diese gingen ausschliesslich an das Militär, wodurch die alliierten Uhrenfabriken Produktionskapazitäten frei bekamen, um anderes Kriegsmaterial herzustellen. Die Exporte aus der Schweiz machten nur einen kleinen Prozentsatz des militärischen Beschaffungstotals der Angloamerikaner aus, aber auch hier wurde mit einer Art Kredit bezahlt – nämlich mit Gold, das bei der New Yorker Federal Reserve Bank lag, aber bis zu den Verhandlungen nach dem Krieg dort blockiert wurde.

Alles in allem hatten die Waren aus der Schweiz keinen Einfluss auf den Ausgang des Krieges. Doch beide Seiten, die Achsenmächte wie auch die Alliierten, wollten Schweizer Franken und beschafften sich ungefähr drei Milliarden davon. Die Deutschen bezahlten mit in Bern abgeliefertem Gold. Die Alliierten bezahlten mit in New York blockiertem Gold. Für die Alliierten waren die Franken sehr nützlich. Für das Reich waren sie ein Mittel, um Spezialmetalle und Öl kaufen zu können.

Warenhandel vor und während der Blockaden
Vor dem Krieg machte der internationale Warenhandel direkt gut 20% der Schweizer Wirtschaft aus. (Zum Vergleich: Der entsprechende Wert in den U.S.A. lag unter 3%.) Es wurde mit vielen Ländern gehandelt. 1938 gingen 15.7% der schweizerischen Exporte an Deutschland und 17.1% an Frankreich sowie an Belgien, Niederlande und Luxemburg. Nach Grossbritannien wurden 11.2%, in die Vereinigten Staaten und Kanada 8.1% und in Länder wie Argentinien, Japan und Indien ungefähr je 3% geliefert. Der Rest verteilte sich gleichmässig auf die ganze Welt.[1] Ungefähr gleich verhielt es sich mit den Importen.

Die Schweiz hatte jedoch seit jeher ein grosses Warenhandelsdefizit zu verzeichnen. Dieses wurde aber mehr als wettgemacht durch Einkommen aus schweizerischen Anlagevermögen rund um die Welt, vor allem in den Vereinigten Staaten, aus dem Tourismus und aus dem Verkauf von Patenten und Dienstleistungen wie Bank- und Versicherungsgeschäfte an ausländische Geschäftspartner. Die schweizerische Wirtschaft war wahrscheinlich weltweit die offenste, hatte sie doch den globalen Trends der 1930er Jahre, die Währungswechselkontrollen und Importquoten einzuführen, widerstanden. Ihre Währung war offiziell durch die Nationalbank und inoffiziell durch private Parteien in Gold konvertierbar; denn der schweizerische Goldmarkt war frei, und die Nationalbank war statutarisch dazu verpflichtet, den Deckungswert des Frankens zwischen 190 und 215 Gran zu halten. Deshalb war die schweizerische Wirtschaft von allen Wirtschaften der Welt wahrscheinlich jene, die durch Kriegswirren am ehesten verletzt und aus dem Gleichgewicht gebracht werden konnte.

Als Grossbritannien im Jahre 1939 seine Blockade errichtete, handelte es gemächlich mit der Schweiz ein Kriegshandelsabkommen aus. Grossbritannien konnte als Herrin der Meere wohl den schweizerischen Überseehandel unterbinden, aber nicht verhindern, dass Deutschland für die dadurch in der Schweiz entstandenen Lücken in die Bresche sprang. Grossbritannien erklärte sich deshalb bereit, *Navicerts* praktisch auf Verlangen auszustellen, solange die Schweiz den Prozentsatz des mit dem Reich getätigten Handels nicht über das Vorkriegsniveau hinaus erhöhte. Grossbritannien war auch einverstanden mit dem Konzept der „Kompensationsgüter" – Schweizer Exporte nach Deutschland, hergestellt aus Material, das durch die Blockade hindurch gelassen worden war, im Austausch gegen Schweizer Exporte nach Grossbritannien, hergestellt aus Rohmaterial, das aus Deutschland importiert worden war. Das war ein gutes Geschäft für die Alliierten wie für die Schweizer und entsprach wohl auch den Geschäftsinteressen Deutschlands.

In den Jahren 1939 bis 1940 bestellten Grossbritannien, Frankreich, Belgien und die Niederlande im Werte von 540 Millionen Schweizer Franken militärisches Material in der Schweiz, während sich das Total für das an die deutsche Kriegsindustrie gelieferte Material auf 88 Millionen Schweizer Franken belief. Und selbst diese Zahlen stellten das Ungleichgewicht noch nicht in seinem ganzen Ausmass dar, gingen doch die meisten deutschen Bestellungen an Tochterfirmen deutscher Firmen, die nach dem Ersten Weltkrieg in der Schweiz gegründet worden waren, um die Waffeneinfuhr-Bestimmungen des Versailler Vertrages zu umgehen.[2] Kurz gesagt: Die Schweiz arbeitete für die alliierten Kriegsanstrengungen, und zwar für bares Geld.

Deutschland konnte nichts dagegen unternehmen, weil es ausserstande war, die schweizerischen Wünsche nach mehr Bargeld zu erfüllen, oder, was noch wichtiger war, sich in den Schweizer Handel einzumischen. Gewiss, der Rhein war für die Schweiz ein Fenster zur Welt, und Deutschland kontrollierte ihn. Aber der Hafen von Marseille in Frankreich und der Hafen von Genua in Italien waren mindestens ebenso wichtig für den Schweizer Handel wie die Häfen am Niederrhein. So unterzeichneten denn Grossbritannien und die Schweiz am 25. April 1940 das Abkommen. Die Schweiz nahm hierauf Verhandlungen für ein Parallelabkommen mit dem Reich auf. Die deutschen Unterhändler forderten von der Schweiz keine Kündigung des Abkommens mit Grossbritannien und versuchten auch nicht, sich das Monopol auf dem Schweizer Handelsmarkt zu verschaffen.

Mit dem Fall Frankreichs verhärtete sich jedoch Deutschlands Haltung. Am 18. Juni 1940 stoppte das Reich die Kohlenlieferungen an die Schweiz gänzlich; die schweizerische Wirtschaft wurde dadurch im Mark getroffen. Gewalt setzte von nun an die Handelsbestimmungen fest.

In den 1930er Jahren pflegten die Diktaturen den Handel bereits als Instrument bei Konflikten zu benutzen. Wenn vor dem Ersten Weltkrieg irgendeine Firma irgendeines europäischen Landes im Ausland Güter kaufte, bezahlte sie den Verkäufer mit Geld in seiner nationalen Währung, das sie vorher mit Geld der eigenen Währung oder mit Gold gekauft hatte. Da jedoch die Diktaturen nach dem Ersten Weltkrieg ihre Währungen vor den wirtschaftlichen Realitäten abschirmen wollten, errichteten sie Währungskontrollen, die nur ganz kleine Beträge in nationaler Währung ins Ausland hinaus oder in fremder Währung ins eigene Land hinein fliessen liessen. Sie verboten auch den innerstaatlichen monetären Goldmarkt. Die Diktatoren und ihre Anhänger verlangten von ihren ausländischen Handelspartnern, mit ihnen über sogenannte „Clearing"-Konten zu verkehren. Schloss zum Beispiel ein deutscher Käufer von schweizerischen Produkten einen Kaufvertrag ab, so deponierte er den entsprechenden Betrag in Reichsmark auf einem speziellen Clearing-Konto in Berlin, dessen Manager dann den Schweizer Behörden mitteilten, dass der Kaufbetrag bezahlt worden sei. Daraufhin garantierten die Schweizer Behörden, dass ein gleichgrosser Betrag in nationaler Währung auf einem Clearing-Konto in der Schweiz deponiert worden war und dem Verkäufer zur Bezahlung zur Verfügung stehe. Jeder Schweizer, der Waren in Deutschland kaufte, musste den entsprechenden Preis in Schweizer Franken auf einem schweizerischen Clearing-Konto deponieren und wurde dann ermächtigt, beim deutschen Clearing-Konto den entsprechenden Betrag in Reichsmark abzuheben, um seinen Verkäufer zu bezahlen. Auf diese Weise wurden in jedem Land die

Clearing-Konten von Käufern und Verkäufern gespeist. Obwohl angenommen wurde, dieses System halte den internationalen Handel im Gleichgewicht, hatten manchmal die Käufer Rechnungen zu bezahlen, die höher waren, als die durch die Verkäufer hinterlegten Beträge. In einem solchen Falle musste die Regierung des anderen Landes kurzfristige Einzahlungen auf das Clearing-Konto machen, wodurch sie sowohl für den inländischen Verkäufer als auch für den ausländischen Käufer eine Kreditlimite garantierte. Dadurch, dass einige Länder Clearing-Defizite verursachten, die sie nicht sofort behoben, gewährten sie sich selbst auf diese Weise langfristige Kredite, und zwar zu eigenen Gunsten wie auch zu Gunsten ihrer Lieferanten. Da der Wert der Währungen jener Länder, die Währungskontrollen praktizierten, davon abhängig war, dass mit jedem ihrer Handelspartner Handelsbeziehungen unterhalten wurden, brachte dieses System schon in Friedenszeiten ein Zwangselement ins Spiel.

Nun betrachte man die Forderungen, welche die Unterhändler des Reichs den Schweizern präsentierten, als die deutschen Armeen 1940 deren Land umzingelt hatten. Erstens befahlen die Deutschen den Schweizern, ihr Kriegshandelsabkommen mit Grossbritannien zu vergessen, denn die Schweizer Industrie würde vom Reich bald eine Reihe von Bestellungen erhalten, die dringend ausgeführt werden sollten. Diese Bestellungen – und nicht etwa Handelsabkommen – sollten bestimmen, wieviele Waffen die Schweiz ans Reich zu liefern hätte. Sogar die ursprünglich von den Alliierten bestellten Waffen mussten ans Reich geliefert werden. Zweitens stellten die Deutschen fest, der Wert ihrer Bestellungen werde viel grösser sein als der Gegenwert der Waren, den das Reich an die Schweiz zu liefern gedenke, weshalb ein Clearing-Defizit von mindestens 150 Millionen Schweizer Franken entstehe – welches von der Schweiz zu finanzieren sei. Im Ganzen betrachtet ein schlechtes Geschäft.

Aber falls die Schweizer nicht einwilligten, würden die Deutschen die Kohleneinfuhr sperren.

Die Schweiz versuchte auf eine Art und Weise nachzugeben, die den Anschein von normalem Handel wahrte. Im Austausch gegen Kohle zu einem vom Reich festgesetzten Preis erhielt Deutschland seine Kriegsgüter – auf Kredit. Die Schweiz hatte jedoch wenigstens einen Teil des Handelsabkommens mit Grossbritannien zu erfüllen. In der Tat mussten die Deutschen einsehen, dass ohne *Navicerts*, welche die Schweiz nur erhielt, wenn sie auch für Grossbritannien Waren produzierte, das Reich mitzuhelfen hatte, die Schweiz mit Nahrung zu versorgen, und dass die Schweizer Industrie nicht all die Dinge produzieren konnte, die das Reich wünschte.

Kaum war jedoch die Tinte trocken, wurde auch schon klar, dass das Clearing-Defizit höher sein würde als vereinbart – die Deutschen nahmen mehr und gaben weniger zurück. Im Juli 1941 erforderten neue Bestellungen und die Zahlungsrückstände eine erneute Verhandlungsrunde, bei welcher die Kredite mehr als verdoppelt wurden – die schon im vergangenen Sommer vertraglich verdoppelt worden waren –, diesmal auf 815 Millionen Schweizer Franken. Danach wurden die nur noch zur Farce verkommenen Verhandlungen aufgegeben, und die Kredite stiegen bis 1943 unkontrolliert auf ungefähr 1.25 Milliarden Franken. Schliesslich beliefen sich die Kredite (die sicher nie zurück bezahlt würden) auf mehr als die Hälfte des Gegenwerts der nach Deutschland exportieren Waren.

Das hiess aber noch lange nicht, dass das Reich für die andere Hälfte der aus der Schweiz importierten Waren bezahlen würde; denn das Reich lieferte immer weniger Kohle, Öl und andere wichtige Stoffe, die Teil des Geschäfts waren, und erhöhte zudem noch die Preise. Im Jahre 1939 hatte die Schweiz noch 129 Millionen Schweizer Franken für ungefähr drei Millionen Tonnen Kohle aus verschiedenen Herkunftsländern bezahlt. Im Jahre 1942 bezahlte sie total 168 Millionen Schweizer Franken für etwas weniger als zwei Millionen Tonnen, wovon 96% aus dem Reich stammten.[3] Mit anderen Worten: Der effektive Preis der Kohle stieg von 43 Schweizer Franken pro Tonne auf 88 Schweizer Franken pro Tonne. Das Schwert der Barbaren wog schwer auf der Waagschale.

Man betrachte die praktische Seite dieses Arrangements. Während sich die „Clearing-Kredite" abstrakt in Berlin anhäuften, mussten die schweizerischen Arbeiter und Lieferanten, ausländische und schweizerische, mit realen Franken bezahlt werden. Woher kamen diese Franken? Die Schweizerische Nationalbank druckte sie. Da jedoch weniger Konsumgüter in die Schweiz kamen und auch entsprechend weniger produziert wurden, sahen sich die schweizerischen Arbeiter einer katastrophalen Inflation gegenüber. Die Schweizerische Nationalbank jedoch verkaufte ihre Schuld an die Regierung, und diese legte Anleihen auf, um zu Bargeld zu kommen. Kurz gesagt: Um die Inflation zu stoppen, wurde die schweizerische Bevölkerung dazu veranlasst, Anleihen zu kaufen, die – indirekt – Anleihen des Reiches waren.

Warum machte da das schweizerische politische System mit? Zum Teil, weil die Kapitäne der Schwerindustrie, vereint im *Vorort*, und deren Arbeiter dies befürworteten. Diese Schweizer Bürger lieferten reale Ware ans Reich und wurden dafür mit realem Schweizer Geld bezahlt, obschon dies Nettoverluste zu Lasten der Schweizer Gesellschaft als ganzer zur Folge hatte. Der Punkt dabei war, dass der Hass der Arbeiter und Industriellen auf das Reich weniger gross war als ihre Liebe zur Lohntüte.

Dieses Phänomen ist zudem eine bekannte Realität bei der modernen Interessengruppen-Politik: Ein Teil der Gesellschaft lässt sich gewisse Arbeitsplätze und Investitionen von der Gesellschaft als ganzer subventionieren. Es ist unwichtig, ob diese Produkte verschwendet oder sogar an den Feind geliefert werden. Während des Kalten Krieges zum Beispiel kam in den Vereinigten Staaten eine mächtige Lobby auf, die Waren aller Art in die Sowjetunion lieferte. Die an diesen Geschäften beteiligten Industrien wurden in guten Dollars bezahlt, während die amerikanische Regierung für schlechte Kredite garantieren musste. In den 1990er Jahren verkauften viele amerikanische Firmen Waren nach China mit Krediten, welche durch die von den Steuerzahlern finanzierte U.S. Export-Import Bank gesichert waren, oder sie operierten in China und Vietnam mit Kapital, das durch die U.S. Overseas Private Investment Corporation garantiert wurde. Mit anderen Worten: Die amerikanische Öffentlichkeit kaufte sowjetische bzw. später chinesische Kriegsanleihen.

Was schaute beim Arrangement mit der Schweizer Industrie für das Reich heraus? Von den total 2.5 Milliarden Schweizer Franken an Waren waren ungefähr 1.35 Milliarden strategisches Material. Davon waren ungefähr 600 Millionen (28% des Totals) Waffen und Munition, der Rest Werkzeugmaschinen (die grösste Kategorie),

Zünder und andere Zeitmessinstrumente, Präzisionswerkzeuge und Aluminium. Die Deutschen erhielten auch hochwertige Milchprodukte im Werte von ungefähr einer Milliarde Schweizer Franken. Zudem bezog das Reich durchschnittlich ungefähr eine Milliarde Kilowattstunden Elektrizität pro Jahr vom Netz der Schweizer Wasserkraftwerke, was 12% der in der Schweiz verwendeten Elektrizität entsprach.[4] Kurz gesagt: Während der Kriegsjahre nahm Nazi-Deutschland durchschnittlich mehr als zweimal soviel von der Schweiz wie noch im Jahre 1938 – aber konzentrierte sich dabei vor allem auf Kriegsgüter.

Welchen Nutzen zog die Schweiz daraus? Von den Waffen, die sie für das Reich produzieren musste, behielt sie einige für sich und rüstete damit die eigene Armee auf. Die Kohle, das Öl und die anderen Importe, die Deutschland zuliess, genügten gerade, um die schweizerische Wirtschaft überleben zu lassen. Das Dritte Reich beutete die Schweiz fast so stark aus wie ein besetztes Land – aber doch nicht ganz. Schliesslich betrug das Clearing-Defizit für Deutschland ungefähr 7% (oder sogar 12%, wenn man für die deutschen Waren höhere Preise annimmt) des Schweizer Bruttosozialeinkommens, während bei besetzten oder verbündeten Ländern, wie zum Beispiel Rumänien, die entsprechende Prozentzahl der Ausbeutung drei- bis viermal höher war. Beim Handel der Schweiz mit dem Reich ging es darum, die Verluste so gering wie möglich zu halten, und nicht darum, reich zu werden.

Als sich am 18. Juli 1941 die Soldaten der sowjetischen Armeen zu Millionen ergaben, forderten die Unterhändler des Reichs den Bundesrat auf, den Schweizer Bürgern das Senden von Paketen ins Ausland zu verbieten. Die Deutschen hatten entdeckt, dass diese Pakete Diamantlager enthielten, die von den Briten bestellt worden waren. Nun fühlten sich die Deutschen stark genug, dies zu unterbinden.

Als keine Pakete mehr in Grossbritannien ankamen, vergalten dies die Briten dadurch, dass sie keine *Navicerts* mehr erteilten, ausgenommen für Nahrungsmittel, Tabak und „Kompensations-Exporte", welche die Einfuhr von Gütern zuliessen, mit welchen in der Schweiz Produkte hergestellt wurden, deren Export durch Deutschland erlaubt wurde.

Der Diamantlager-Verkehr lief nun über menschliche Schmuggler und wurde durch die schweizerischen Hersteller zusammen mit der britischen Botschaft organisiert. Als im Jahre 1944 die amerikanische Armee das Rhonetal hinauf vorrückte, machten amerikanische Soldaten zwei verdächtige Männer dingfest, die sich – wie sich herausstellte – an diesem Diamantlager-Verkehr beteiligten.[5] Die Deutschen waren im allgemeinen mehr daran interessiert, ein Land auszubeuten, als es daran zu hindern, seine Ressourcen in Form von Exporten ausser Landes zu senden. Aus diesem Grunde gestatteten sie den Schweizern, im Gegenzug für Nahrungsmittel Uhren zu verkaufen. Die Schweizer benutzten jedoch solche Verkäufe dazu, um qualitativ hochstehende Chronometerwerke an den Deutschen vorbei zu schmuggeln, indem sie den dritten Zeiger der Uhr nicht montierten. Sogar in den düsteren Tagen des Jahres 1942, als die Schweiz für 656 Millionen Schweizer Franken Waren auf Kredit an Deutschland lieferte, gelang es ihr, Warenexporte im Werte von 310 Millionen Schweizer Franken an die Alliierten zu tätigen.

Gespräche zwischen der Schweiz und den Alliierten im Jahre 1942 umfassten höfliche Bitten der Alliierten, die Schweizer möchten ihre Leistungen an den Feind reduzieren, und Schweizer Proteste mit dem Hinweis, dass sie es gerne täten, aber es nicht könnten. Im Frühling 1943 bewirkte der Wechsel des Kriegsglücks allerdings, dass die Alliierten die Schweiz stärker unter Druck setzen und die Schweizer ihre neuen Probleme teilweise an die Deutschen weitergeben konnten und dabei weniger schlimme Konsequenzen zu befürchten hatten. Im April 1943 sperrten die Alliierten alle Nahrungsmittelzufuhr zur Schweiz – eine starke Sanktion –, forderten aber etwas eher Bescheidenes, nämlich eine Reduktion von 20% der Lieferungen von Industrieprodukten an Deutschland gegenüber dem Vorjahr für die zweite Hälfte des Jahres 1943, sowie den Stopp von Krediten ans Reich. Im Gegenzug versprachen sie, die *Hälfte* der Nahrungsmittelzufuhr wieder zuzulassen. Im Juni 1943 sagten die Schweizer zu.

Die Deutschen hatten die Schweizer geheissen, die alliierten Bedingungen abzulehnen, aber im Jahre 1943 waren sie bereits nicht mehr in der Lage, schweizerischen Ungehorsam zu bestrafen. Wenn das Reich die Kohlenlieferungen stoppte, würden die Schweizer alle

Lieferungen von Industrieprodukten einstellen. Sollte Deutschland die Schweiz überfallen – was für die Wehrmacht nach den Verlusten in Stalingrad und Kursk kaum Sinn machte –, hätte die schweizerische Industrieproduktion von Grund auf wieder gestartet und organisiert werden müssen. Eine Note des Reichsrüstungsministeriums vom 3. Juni 1943 hielt fest, dass, obwohl die Schweizer Lieferungen nur 0.5% des Beschaffungstotals des Reichs ausmachten, diese zu wichtig seien, als dass sie hätten ausfallen dürfen. Einschränkung sei besser als totaler Ausfall.[6] Die wirksamste Aktion für die Deutschen bestand darin, sich zu nehmen, was der durch das Gleichgewicht der Kräfte ermöglichte Export hergab, und mit einer Barzahlung zu beginnen. Diese nüchterne Berechnung steht im Gegensatz zu den sensationellen Behauptungen des Historikers Werner Rings (Verfasser von *Raubgold aus Deutschland*, Zürich 1985), der schrieb, die Lieferungen aus der vom Bombenkrieg verschonten Schweiz hätten genügt, die durch den alliierten Luftkrieg verursachten Schäden an der Industrie zu kompensieren.[7] In Wirklichkeit war die schweizerische Produktion zu klein, um das Überleben zu sichern, aber zu gross, um darauf verzichten zu können. Wieder sehen wir, wie stark auch die Handelsbestimmungen während des Krieges vom Gleichgewicht der Kräfte abhingen.

Kaum war das Abkommen vom Juni 1943 in Kraft getreten, als das sich verändernde Gleichgewicht der Kräfte den Alliierten erlaubte, es ausser Acht zu lassen und strengere Einschränkungen zu fordern. Da die Alliierten den Schweizern zum damaligen Zeitpunkt nicht noch grössere Probleme aufbürden konnten, begnügten sie sich mit einem konkreten Beispiel dafür, welche Schwierigkeiten sie ihnen in Zukunft aufzutischen in der Lage waren. Die angloamerikanischen Unterhändler waren mit einem Schweizer Delegierten, Dr. Hans Sulzer, bekannt geworden, dem Leiter einer großen Unternehmung, welche die Achsenmächte unterstützte. Die Alliierten setzten seine Firma auf eine schwarze Liste, was für diese Firma bedeutete, dass sie nach dem zu erwartenden Sieg der Alliierten gänzlich aus dem Welthandel verbannt sein würde. Das war eine Warnung an alle schweizerischen Industriekapitäne. Wenn die Alliierten Sulzer ruinieren konnten, vermochten sie auch jede andere Firma zugrunde zu richten. Falls sich die Schweizer Industriellen nicht von Deutschlands Wirtschaft distanzierten, würden sie nach dem Krieg eliminiert werden. Der Name Sulzer stand nur einen Monat lang auf der Liste. Um seine Streichung zu erreichen und weiteren Erpressungen vorzubeugen, erklärte sich nämlich die schweizerische Regierung am 19. Dezember 1943 bereit, den Handel mit dem Reich für Produkte der hoch qualifizierten Kategorien um 50 % zu senken. Im Hightech-Gebiet erreichte die Reduktion durchschnittlich 60 %. Der Handel mit Schweizer Käse wurde total eingestellt.[8] Die Deutschen waren entrüstet, aber jetzt hätte sich eine Invasion der Schweiz viel weniger gelohnt als noch ein paar Monate zuvor. Zu diesem Zeitpunkt mussten sich die Deutschen mit dem zufrieden geben, was sie eben gerade noch bekamen.

Bis zum dritten Quartal des Jahres 1944 waren die Alliierten nicht in der Lage, der Schweiz militärischen Schutz anzubieten oder ihre wirtschaftlichen Bedürfnisse zu befriedigen. Aber 1943 waren sie bereits mächtig genug geworden, um über die Zukunft bestimmen zu können. Die deutschen Unterhändler werden sich gewundert haben, wie die Alliierten es fertig brachten, aus so weiter Entfernung den schweizerischen Handel so subtil zu beeinflussen. 1944 stellten die Alliierten neue harte Forderungen, und im August desselben Jahres erklärten sich die Schweizer bereit, die vorgesehenen Quoten nochmals um die Hälfte zu senken.

Derjenige, der den endgültigen Schlag gegen die deutsche Dominanz in der schweizerischen Wirtschaft führen sollte, sass in einem der ersten Züge, die durch das befreite Frankreich fuhren, mit Bestimmungsort Genf. Der Zug transportierte keine Wirtschaftsgüter, die das Gleichgewicht hätten verändern können, sondern es handelte sich um eine alliierte Delegation unter der Leitung von Laughlin Currie, dem Sonderbeauftragten des Präsidenten der Vereinigten Staaten. Gemeinsam mit seinem britischen Kollegen, Dingle Foot, unterbreitete Currie den Schweizern den alliierten Wunsch, wonach Deutschland keine militärisch wichtigen Güter mehr erhalten sollte. Vor allem wurde die Schweiz aufgefordert, den Eisenbahnverkehr der Deutschen durch die Alpentunnels zu stoppen. Die erste Forderung verursachte keine rechtlichen Probleme; der Bundesrat erliess ein Verbot für die Lieferung von Waffen und Munition an *alle* Länder. Die zweite Forderung war heikler, denn das Reich hatte ein unbestreitbares, gesetzliches Recht auf die Benutzung der Alpentunnels. Aber die Schweiz konnte es sich zu diesem Zeitpunkt so wenig leisten, sich den neuen Herren des Kontinents länger zu widersetzen und den Tunnelvertrag von 1909 weiter zu beachten, wie sie es sich im Jahre 1940 hätte leisten können, das Kriegshandelsabkommen vom 25. April 1940 gegen den Widerstand der *damaligen* Herren aufrecht zu erhalten. Deshalb stoppten die Schweizer den Verkehr und verletzten dadurch ihre Verpflichtungen gegenüber Deutschland, so wie sie früher ihr Handelsabkommen mit Grossbritannien verletzt hatten.

An dieser Stelle sei aber ausdrücklich darauf hingewiesen, dass Schweizer Politiker die aus jenen zwei Abkommen entstehenden Verpflichtungen weder moralisch noch politisch als gleichwertig ansahen. Im Gegenteil: Die Currie-Delegation wurde überall, wohin sie ging, mit spontanem Beifall empfangen, weil sie mit ihrer Gegenwart das Verschwinden eines schrecklichen Alpdrucks deutlich machte. Ein wichtiger Punkt dabei war allerdings, dass man ob des grossen qualitativen Unterschieds zwischen den Nazis und den Alliierten die Tatsache nicht vergessen durfte, dass beide über ungefähr die gleichen militärischen Fähigkeiten verfügten.

Obschon sich der alliierte Sieg deutlich abzeichnete, musste die Schweiz noch stärkere wirtschaftliche Einschränkungen über sich ergehen lassen. Sogar noch im Jahre 1944 kamen 97% der importierten Kohle aus Deutschland und 1945 fast ebenso viel. Als die Lieferungen aus Deutschland versiegten, konnte niemand sagen, wann und woher der nächste Zug mit Kohle, anderen Brennstoffen oder Metallen kommen würde. Jedenfalls aber erkannten die Schweizer, dass zu diesem Zeitpunkt die Entscheidung fiel, wie die Welt nach dem Krieg weiter leben würde, und sie waren erfreut, dass die ihnen erwachsenden wirtschaftlichen Probleme im Hinblick auf den künftigen alliierten Sieg und nicht wegen der sich fortsetzenden Erpressungen durch Deutschland gemeistert werden mussten.

Geld und Gold
Der Krieg zwang die Welt, ihre alltäglichen Wirtschaftsgeschäfte in harter Währung zu tätigen – d.h. in einer weltweit akzeptierten, in

Gold rekonvertiblen Währung. Der Zweite Weltkrieg reduzierte jedoch solche Währungen und liess eine Anzahl Goldmärkte verschwinden. Bis 1939 waren der U.S. Dollar, das britische Pfund und der Schweizer Franken die harten Währungen der Welt. Beim Eintritt Grossbritanniens in den Krieg verlor das britische Pfund seinen Status als harte Währung. Anstatt am Londoner Geldmarkt kaufte Deutschland in New York mit Schweizer Franken Dollars. Als die U.S.-Regierung die europäischen Vermögenswerte in den Vereinigten Staaten blockierte, büsste im Juli 1941 auch der Dollar seinen Status als harte Währung ein. Beim Kriegseintritt der Vereinigten Staaten wechselte das amerikanische Finanzministerium zwar immer noch Dollars von ausländischen Banken in Gold um, aber dieses blieb in den amerikanischen Tresorräumen und wurde blockiert. Die einzige Währung, die noch in Gold getauscht werden konnte (wobei das Gold mitgenommen werden durfte), war der Schweizer Franken.

Die Nachfrage nach dieser Währung war sehr gross, ebenso gross wie diejenige nach Gold unter den Achsenmächten, den Alliierten, den Neutralen und den besetzten Ländern. Nachdem die Alliierten zwei Drittel der Schweizer Goldreserven blockiert hatten, die aus Sicherheitsgründen nach New York und London transferiert worden waren, – dadurch war der Schweizer Franken seiner normalen Deckung beraubt –, bemühte sich die Schweizerische Nationalbank sehr darum, mit Schweizer Franken Gold auf einem sehr wettbewerbsorientieren Markt zu kaufen, um damit die eigene Währung zu stützen. Aufgrund des niedrigen Niveaus der Importe und der Konsumgüterproduktion entstand durch das Drucken so vieler Schweizer Franken ein „Währungsüberhang", der eine drohende Inflation ankündigte. Um diese Gefahr zu bannen, war die Nationalbank gezwungen, gegen die Insolvenz ihrer Währung anzukämpfen. Erschwerend kam hinzu, dass das Reich und die Alliierten zu ihren eigenen Bedingungen Gold in Schweizer Franken und in ausländische Währungen umwechselten, dass Portugiesen, Spanier und Rumänen Schweizer Franken und ausländische Währungen wieder in Gold zurückwechselten und dass zahllose private Parteien Gold aufkauften, was die schweizerische Wirtschaft in höchste Schwierigkeiten brachte.

Mit diesen musste die Schweiz unbedingt fertig werden, wollte sie eine freie, offene Wirtschaft aufrecht erhalten. Hätten die Behörden versucht, das Ungleichgewicht bei der Goldwährung durch die Schliessung des Goldmarktes und ein Verbot des Umlaufs ausländischer Währungen in den Griff zu bekommen, das heisst, eine Währungskontrolle einzuführen und bilaterale Clearing-Konten mit jedem Handelspartner einzurichten, wären die ohnehin durch den Krieg geschrumpften und verzerrten Handelsbeziehungen auf unmögliche Weise erschwert worden. Schon in normalen Zeiten war der Handel der Schweiz mit dem Rest der Welt immer höchst unausgeglichen gewesen, und unter den durch die Blockade und Konterblockade verursachten Einschränkungen war die goldgedeckte Währung der Schweiz wahrscheinlich zu deren wertvollster Ressource geworden. Wollte die Schweiz die Alliierten daran hindern, ihr Gold in Schweizer Franken zu tauschen, so hätten die Vereinigten Staaten und Grossbritannien durch Verweigerung der *Navicerts* Vergeltung üben können. Andererseits wäre bei einer Goldhandelsverweigerung der Schweiz gegenüber Deutschland einer der Hauptgründe hinfällig geworden, weshalb das Reich die Neutralität der Schweiz respektierte.

Schon Ende des Jahres 1940 hatte die Reichsbank die Nützlichkeit des freien Schweizer Finanzmarktes entdeckt. Im November desselben Jahres erstattete Per Jacobson, Rechtsberater der in Basel ansässigen Bank für Internationalen Zahlungsausgleich (BIZ), dem Vorstandsvorsitzenden der Schweizerischen Nationalbank, Eugen Weber, Bericht über ein mit Emil Puhl, dem Vizepräsidenten der Reichsbank, geführtes Gespräch:

> Ich sagte zu ihm [bezüglich der schwedischen Währungskontrolle], dass es für Europa wichtig sei, dass die schweizerische Währung frei bleibe, damit auf diesem Kontinent eine starke Währung bestehen bleibe, mit deren Hilfe nach dem Krieg Handel getrieben werden könne. Herr Puhl war damit einverstanden und fügte bei, das Abstandnehmen der Schweiz von Währungskontrollen sei auch vom politischen Standpunkt aus betrachtet sehr wichtig, weil das ein Grund sei, der Schweiz ihre Freiheit zu lassen.[9]

Weber informierte den Bundesrat darüber. Zu jenem Zeitpunkt war die schweizerische Währung für Deutschland wohl wichtig, aber nicht überlebenswichtig, weil das Reich im Glauben war, es habe den Krieg bereits gewonnen. Erst als ein Jahr später der Russlandfeldzug stockte, fing Deutschland ernsthaft an, über eine totale wirtschaftliche „Mobilmachung" nachzudenken, und begann die Reichsbank, sich die Vorteile des Schweizer Geldmarktes zunutze zu machen.

Halten wir uns vor Augen, dass das, was dann folgte – die Umwandlung von Gold der Reichsbank im Werte von ungefähr 1.2 Milliarden Schweizer Franken in Schweizer Franken und andere Währungen – nicht, wie Werner Rings anklagend feststellt, „die Umwandlung des Nazi-Goldes in Schweizer Gold" war.[10] Der grösste Teil des Goldes – im Werte von 781 Millionen Schweizer Franken – blieb nur solange „schweizerisch", bis die Reichsbank-Kunden, an welche Deutschland für Warenlieferungen Schweizer Franken bezahlt hatte, dieses Geld in spanisches, portugiesisches oder rumänisches Gold zurückgetauscht hatten.

Nur ein kleiner Teil der durch das Reich gekauften Schweizer Währung wurde auch in deren Herkunftsland ausgegeben (nach 1943 in realen Bezahlungen für gelieferte Waren) und erfuhr deshalb keine Rekonversion. Hingegen wurde der grösste Teil der Schweizer Franken, welche die Alliierten kauften, nicht rekonvertiert (s. unten). Kurz gesagt: Das Reich benutzte den Schweizer Geldmarkt in erster Linie, um sein Gold reinzuwaschen. Und jedermann war sich im Klaren darüber, wieviele Male dieses Gold gewaschen werden musste.

Deshalb ist Rings wichtigste Behauptung – die Schweiz habe sich am Nazi-Gold erheblich bereichert – unwahr. Die Schweizerische Nationalbank behielt 28 Millionen Schweizer Franken an Maklergebühren, was nur 2.5 % des Totals waren. Auch die Handelsbanken waren im Goldgeschäft hauptsächlich als Broker tätig. Ihre Bilanzen zeigen, dass während der Kriegsjahre der Goldhandel zwischen 1 % und 3 % ihrer Gewinne ausmachte.[11]

Rings und andere Verschwörungstheoretiker behaupten, der Goldhandel sei die Idee von Paul Rossy, dem Vizepräsidenten der Schweizerischen Nationalbank, gewesen, um den Reichtum der

Schweiz zu vermehren, und es sei die Schweiz gewesen, welche die Deutschen dazu verlanlasst habe.[12] Die Eidgenossenschaft zog jedoch aus diesen Transaktionen nur wenig Nutzen, und die Nazis ihrerseits hatten keine Veranlassung, zur Bereicherung eines anderen Landes beizutragen. Nein, der Goldhandel war niemandes Idee. Er ist aus einer Situation heraus entstanden, in der das Reich Gold besass und Rohmaterial brauchte, Lieferanten unter alliiertem Druck standen und Bezahlung in harter Währung verlangten, der Schweizer Franken die einzige in Gold konvertierbare Währung und die Schweiz das einzige Land mit einem freien Markt für monetären Umtausch war. Am wenigsten plausibel ist die Erklärung, das Reich habe die Bereicherung eines anderen Landes geplant. Das Reich war keine Wohltätigkeitseinrichtung.

Die Situation war für die schweizerischen Währungsbehörden wenig bequem. Die verschiedensten Leute fanden, Gold sei die sicherste Investition in Kriegszeiten, und kauften deshalb grosse Mengen Goldmünzen. Vor allem die europäischen Kreditoren liessen ihre in der Schweiz liegenden Guthaben in Gold umwandeln und trieben dadurch den Preis dieses Metalls in die Höhe. Dies veranlasste die Schweizer Banken zu finanziellen Spekulationen.[13] Ein Beispiel: Eine Handelsbank kaufte ein „Vreneli" (eine Schweizer Goldmünze) bei der Schweizerischen Nationalbank zum offiziellen Preis von 30 Schweizer Franken und verkaufte sie für 40 Franken an einen Kunden weiter. Damit erhöhte die Bank den inflationären Druck. Um den Goldpreis unter 215 Gran pro Franken zu halten, musste die Nationalbank Gold auf dem Markt verkaufen, wodurch sie ihre Reserven verringerte und den Frankenumlauf erhöhte. Mitte 1940 war der Goldvorrat der Nationalbank auf unter 40% des gesetzlichen Deckungswertes der umlaufenden Währung gefallen. Eine geheime Verordnung hob die Deckungspflicht auf. Mitte 1941 war der Vorrat in den Tresorräumen auf 600 Millionen Franken gefallen, was 31% des Deckungswertes der umlaufenden Franken ausmachte. Die Machenschaften auf dem Goldmarkt, verursacht durch teils deutsche, teils private Stellen, entzogen der Staatskasse Gold und unterminierten den Franken.

Deshalb verlangte die Nationalbank Mitte 1941 informell von der Reichsbank, ihre Goldtransaktionen in die Schweiz über offizielle

Kanäle und zu festen Schweizer Preisen abzuwickeln. Am 9. Dezember 1942 verwirklichte die Schweiz die zweite Hälfte ihres Planes: Wer mit Gold handelte, brauchte nun eine Konzession, und der Verkauf von Schweizer Goldmünzen wurde verboten. Man versuchte auch, einen offiziellen Preis für private Goldtransaktionen festzusetzen. Wieder war es nicht die Absicht, reich zu werden, *sondern die Verluste möglichst gering zu halten*. Die Abmachungen, das Gold nur über offizielle Kanäle zu leiten, und der Versuch, den Markt zu regulieren, zeigten auf dem aufblühenden Schwarzmarkt nur wenig Wirkung. Einige Schweizer Banken eröffneten Goldkonten in der Türkei oder in Argentinien und machten telegraphisch Geschäfte. Der Schwarzmarktpreis stieg stetig. Die Abmachungen führten immerhin dazu, dass ausländische Zentralbanken nicht mehr Gold aus der Nationalbank abziehen durften, als die Reichsbank dort einbezahlt hatte. Der formelle Rückzug der Regierung vom nationalen Schweizer Markt stabilisierte den Preis des monetären Goldes. Dies alles konnte die Auswüchse bei den Bankreserven stoppen und nahm den spekulativen Druck vom Franken weg.

Die schweizerische Regierung und die Nationalbank hatten den Goldhandel mit Deutschland immer eher als gefährliche politische Notwendigkeit betrachtet denn als ein Mittel zum Geldverdienen. Zusätzlich zu den 28 Millionen an Maklergebühren kassierte die Nationalbank weitere 20 Millionen aus dem Münzhandel, was etwa die Hälfte der – bescheidenen – Gewinne während des Krieges ausmachte. Tatsächlich war die Nationalbank dazu da, um die Integrität der Währung zu schützen und nicht, um Profite zu machen. Paul Rossy war der einzige Direktor, der wirklich Freude am Goldhandel hatte, und dies nicht aus wirtschaftlichen Gründen, sondern weil er dadurch der Schweiz einen Platz im „Neuen Europa" sichern wollte. Von dieser Idee war 1943 nichts mehr übrig. Der Rest des Bank-Verwaltungsrates und die Regierung behandelten den Goldhandel wie die sprichwörtliche heisse Kartoffel.

Die erste Goldlieferung aus der Reichsbank traf im März 1940 unangemeldet bei der Schweizerischen Nationalbank ein. Gemäss schweizerischer Bankenpolitik waren Goldverkäufe nur als Teil von Handelstransaktionen willkommen. Deshalb zog die Nationalbank in Betracht, das Gold zurück zu senden. Um jedoch eine peinliche

Konfrontation zu vermeiden, schrieb sie der Reichsbank für das Gold den Gegenwert von 9 Millionen Franken gut. Als im Februar 1940 eine schweizerische Handelsbank die Lieferung sowjetischen Goldes aus Berlin akzeptierte, liess die Nationalbank wissen, „solche Goldtransaktionen seien nicht erwünscht."[14] Im Mai 1940 legten die Deutschen das Doppelte der ersten Goldlieferung auf der Schwelle der Nationalbank nieder. Diesmal wurde den Deutschen mitgeteilt, solche Verkäufe seien nicht besonders erwünscht, man werde jedoch im Falle Deutschlands eine Ausnahme machen und das deutsche Gold ausserhalb des Handelskontexts kaufen. Noch Anfang 1940 glaubten die Schweizer, sie könnten das Ausgleiten auf dem rutschigen Währungsabhang vermeiden, weil sich der U.S. Dollar und nicht der Schweizer Franken zur internationalen Währung mausern werde.

Man dachte, die Deutschen würden die Schweiz höchstens als Einkaufsstelle für Dollars benutzen. Im Juni 1940, nach dem Fall Frankreichs, begannen der Verwaltungsrat der Nationalbank und die Regierung, die Konversion des deutschen Goldes als Preis zu betrachten, der für den Goodwill des Reiches zu bezahlen war.[15] Aber die negative Gold-Einstellung der Nationalbank ist auch der Grund, weshalb die Reichsbank anfänglich ihr Gold vor allem bei Handelsbanken konvertierte.

Die Reichsbank tätigte ihre Goldoperationen je nach Lust und Laune. Sie kaufte nicht immer Schweizer Franken; manchmal kaufte sie direkt Escudos oder Pesetas oder Kronen. Einmal lieferte sie der Nationalbank auch Gold im Werte von 400 Millionen Franken, das sie überhaupt nicht umtauschte, sondern entweder direkt in Depots anderer Zentralbanken in Bern oder in ihr eigenes dortiges Depot transferierte. In den Jahren 1940 und 1941 lieferte sie sogar einmal Gold aus der Sowjetunion im Werte von 60 Millionen Schweizer Franken, welche die Schweizer in New York in Dollar umtauschen und nach Berlin transferieren mussten, vermutlich für Moskau.

Das Reich verkaufte nicht besonders gerne Gold. Aber da es immer mehr reales Geld im Ausland benötigte, war es sehr darauf bedacht, bei Verkäufen wenigstens das Maximum an Gegenwert einzustreichen. 1941 beliefen sich Deutschlands Goldverkäufe auf 141 Millionen Franken, im folgenden Jahr schon auf 424 Millionen. 1943 fielen sie auf 370 Millionen; aber ein Drittel dieses Betrages waren Münzen zu Spezialpreisen. Erst 1943 wurden einige der Goldverkäufe des Reichs tatsächlich zur Bezahlung von schweizerischen Waren verwendet.

Den Schweizer Behörden passte dieser Goldverkehr von Anfang an aus drei Gründen nicht: Die daraus zu erwirtschaftenden Gewinne waren den finanziellen Wirbel nicht wert, den sie verursachten; der Verkehr machte die Alliierten unglücklich, weil er für Deutschland Vorteile barg; und schiesslich war natürlich wenigstens ein Teil des Goldes schmutzig.

Wie wir bereits gesehen haben, kam nur ein kleiner Prozentsatz des deutschen Goldverkehrs direkt zu den Banken zurück. Aber wie stand es mit dem Ergebnis der Schweiz? 1939 beliefen sich die Schweizer Goldreserven auf total 2.8 Milliarden, die am Ende des Krieges auf 4.6 Milliarden angestiegen waren. Diese Zahl schliesst jedoch auch jenes Gold ein, das bei den Alliierten zu *Netto*preisen für 2.2 Milliarden Franken gekauft worden war. Um also den Nettoeffekt des deutschen Goldverkehrs auf die Schweizer Goldreserven zu eruieren, müssen die Verkäufe der Alliierten von der Vorkriegsreserve abgezogen werden. Mit dem deutschen Goldverkehr allein hätte die Schweiz ungefähr ein Siebentel *weniger* an Goldreserven besessen als am Anfang des Krieges. Der einzige Nettogewinn stammte aus dem Goldkauf von den Alliierten, der nun in New York blockiert lag. Das Nachkriegsgold der „Gnomen von Zürich" war amerikanisches und nicht Nazi-Gold.

Schon 1940 stellten die Schweizer Behörden bei der amerikanischen Botschaft Missfallen darüber fest, dass sich Deutschland die Schweizer Finanzmärkte zunutze machte. 1943 warnten die Vereinigten Staaten und Grossbritannien die Neutralen davor, dass sie deren Eigentumsrechte auf von den Nazis in Europa gestohlenes Gold nicht anerkennen würden. Dies war eher ein moralisches Statement denn eine realistische Drohung. Gestohlenes Gold wurde nämlich *ausgegeben* und konnte nicht wiederbeschafft werden, ohne eine Reihe neuer Unschuldiger zu schädigen – angefangen bei den portugiesischen Wolframschürfern über deren Lieferanten bis zu deren Mittelsmännern. Wie hätten die Alliierten die Schweizer dafür bestrafen können, dass sie an diesem Goldverkehr teilgenommen hatten? Wenn das Gold einmal ausgegeben war, war es fort. Im Jahre 1944 verzichteten die Alliierten auf moralische Ermahnungen und forderten als Kriegführende von den Portugiesen und Spaniern, keine Waren mehr an die Deutschen zu liefern, und von den Schweizern, den Goldumtausch für die Achsenmächte einzustellen – oder zu riskieren, als Feind behandelt zu werden.

Die moralische Seite dieser Gleichung war nie in Zweifel gezogen worden. Die Haager Konvention von 1907 verbot Besatzungsmächten, Privatleuten Eigentum, und vor allem Gold, wegzunehmen. Dass die Nazis sich sowohl als Diebe wie auch als Mörder betätigten, war nichts Neues. Ebenso wenig, dass eine spezielle Nazi-Polizeieinheit geschaffen worden war, die in Deutschland und in den eroberten Ländern Privatleute mit Gewalt (oft verbunden mit der Todesstrafe) dazu zwang, persönlichen Goldbesitz einschliesslich Eheringe gegen Papierwährung einzutauschen. Die Nazis nannten das Programm des Golddiebstahls bei Privaten den *Vierjahresplan*. Am Ende, nach dem Krieg, kam laut Buchprüfung der amerikanischen Regierung bei der Reichsbank durch dieses Programm Gold im Werte von 71.8 Millionen Dollar zusammen.[16] Durch die schändlichste Art des Golddiebstahls, nämlich die Wegnahme der letzten Besitztümer der Gefangenen in den Arbeits- und Todeslagern, kam sicher mindestens ein Total von 2.9 Millionen Dollar zusammen, das auf dem sogenannten Melmer-Konto bei der Reichsbank deponiert wurde. Obwohl das Total des *Opfergoldes* viel grösser war als diese 2.9 Millionen Dollar, ist es wichtig zu wissen, dass das Reich den grössten Teil des Opfergoldes im Werte von ungefähr 30 Millionen Dollar nie eingeschmolzen hat, und dass dieses Gold deshalb auch nie international in Umlauf gebracht werden konnte.

Die amerikanischen Truppen fanden 1945 in Thüringen viele Schachteln voller Eheringe und Zahngold. Offensichtlich hatten die Empfänger bei der Reichsbank doch nicht gewagt, jenes Gold gewöhnlichen Angestellten der Münzstätte zu übergeben, weil daran zu grosser Anstoss genommen worden wäre. Schliesslich war der Holocaust ein Staatsgeheimnis, und Schachteln mit Eheringen und Zahnfüllungen hätten wahrscheinlich sogar die meisten Nazis abgestossen. Die Amerikaner entdeckten die Schachteln, nahmen davon Besitz und machten Filme von ihrem grässlichen Fund. Amerikanische und nicht schweizerische Behörden schmolzen das Opfergold ein, und zwar *nach* dem Krieg. Dennoch war immer klar gewesen, dass möglicher- oder vielmehr wahrscheinlicherweise ein unbestimmbarer Teil des Goldes im schweizerisch-deutschen Verkehr aus offensichtlich illegalen Quellen stammte.

Das Reich eignete sich auch grosse Goldbeträge unter Umständen an, die nicht so offensichtlich illegal waren. In der Tat lieh die Regierung der Niederlande ihre ganze Goldreserve ans Reich aus, und der Leiter der niederländischen Nationalbank, ein Nazi-Anhänger, unterzeichnete ein Papier mit der Bestätigung, dass die Bank es freiwillig tat. Da die Nazis eben erst das Land besetzt hatten, wird jeder vernünftige Mensch den Schluss ziehen, die niederländische Regierung sei etwa so frei gewesen wie die Römer, als sie Brennus ausbezahlen wollten. Das Reich bekam von der Vichy-Regierung auch zwei Drittel der belgischen Goldreserven, die Brüssel an die Banque de France transferiert hatte. Jenes Gold gehörte nicht Vichy; deshalb hatte das Reich auch keinen Rechtsanspruch darauf – mit einer Ausnahme: Die Haager Konvention erlaubt Kriegführenden, sich *Regierungs*eigentum des Feindes anzueignen, einschliesslich Gold. Werden Zentralbanken als „unabhängig" von der Regierung angesehen, war das durch das Reich aus der niederländischen, belgischen, ungarischen und italienischen Zentralbank sowie anderen Zentralbanken geraubte Gold illegale Plünderung privaten Eigentums. Sind Zentralbanken jedoch Regierungsorgane, dann gehören deren Guthaben gemäss internationalem Recht als Beute dem Sieger.

Die Reichsbank behauptete jedoch immer, das von ihr im Ausland verkaufte Gold stamme gänzlich aus ihren eigenen Vorkriegsreserven. Diese Behauptung ist gar nicht so lächerlich, wenn die deutschen Aufstellungen über die Reserven von Mitte 1939, inklusive die österreichischen und tschechischen, herangezogen werden – ein Wert von 256 Millionen Dollar (oder damals nahezu eine Milliarde Franken). Tatsächlich schätzte die Schweizerische Nationalbank die Reserve des Reiches vor 1940 auf 1.5 Milliarden Franken. Und während des einundzwanzig Monate dauernden Hitler-Stalin-Paktes lieferte die Sowjetunion sehr grosse (und bis jetzt unbekannte) Summen in Gold an Deutschland, um deutsche Waffen zu kaufen und ihren eigenen Einkauf im Rest der Welt zu finanzieren. Dies dürfte die deutsche Reserve beinahe verdoppelt haben.[17]

Auf jeden Fall lieferte die Reichsbank während des Jahres 1942 Gold im Werte von nur 700 Millionen Schweizer Franken an die Schweizerische Nationalbank – eine Menge, die unbestreitbar innerhalb des Rahmens der deutschen Reserven vor 1940 lag –, jeder Barren versehen mit dem Siegel der Reichsbank.

Die schweizerische Debatte über die Rechtmässigkeit des Reichsgoldes begann 1943, als die Deutschen beim Kauf von Schweizer Franken grössere Beträge von belgischen „Lator"-Goldmünzen anboten, von denen man nicht gewusst hatte, dass sie im Besitz der Reichsbank waren, und als die deutschen Goldlieferungen ein dubios hohes Niveau erreichten. Die Alliierten behaupteten, all dieses Gold sei illegal. Die Deutschen beharrten auf dem Gegenteil. Aber abgesehen von den belgischen Goldmünzen hatten die Schweizer keine echten Beweise dafür, dass es sich nicht um deutsches Gold handelte. Deshalb akzeptierte die Nationalbank hinfort nur noch Gold in Barrenform und forderte von den Deutschen, für den Kauf von Währungen aus Drittländern dürfe kein Gold mehr konvertiert werden. Mit anderen Worten: Die Schweiz wollte Gold nur noch akzeptieren, wenn dies zur Bezahlung von schweizerischen Waren verwendet wurde.

Aber zwei praktische Probleme hinderten die Nationalbank und den Bundesrat daran, den Goldhandel mit Deutschland ganz zu beenden. Erstens schadete der Handel im Jahre 1943, wie bereits erwähnt, der Schweizer Wirtschaft nicht mehr. Er stützte letztlich sogar den Franken und brachte reale Zahlungen. Wäre der Goldhandel gestoppt worden, hätte dies wahrscheinlich den Franken ruiniert und eine wirtschaftliche „Belagerung" durch das Reich zur Folge gehabt. Zweitens hätte der einzig gangbare Weg, den Goldhandel mit Deutschland zu beenden, darin bestanden, den Schweizer Goldmarkt für alle Ausländer sofort zu schliessen. Dieser Weg hätte eine ganz geringe Chance gehabt, heftige Reaktionen von Seiten Deutschlands zu vermeiden. Aber 1943 war der Goldhandel mit den Alliierten viel grösser als jener mit den Deutschen. Wäre er gestoppt worden, hätte dies den Franken von der anderen Seite gefährdet und der Schweiz Ärger mit den Alliierten eingebracht.

Deshalb schlugen die Nationalbank und der Bundesrat den Mittelweg ein. Aber ihre Taktik, sich für ihre Handlungsweise mit dem Hinweis auf internationales Recht zu rechtfertigen, anstatt das wirtschaftliche und militärische Gleichgewicht der Kräfte in den Vordergrund zu schieben, brachte ihnen keine Freunde ein.

Alliierter Handel
Selbst in den dunkelsten Jahren 1941 und 1942 sanken die Exporte an die Alliierten, meistens an die Vereinigten Staaten und die „Dollarzone" in Lateinamerika, nie unter 17% des gesamten schweizerischen Exports. Im Jahre 1943 betrugen sie über 20%. Die schweizerische Industrie verdiente nie weniger als 300 Millionen Schweizer Franken in alliierten Ländern, meistens sogar mehr. Anders als die Exporte nach Deutschland wurden jene jedoch mit echtem Geld bezahlt, dann in Gold konvertiert, das aber anschliessend in den Tresorräumen der Alliierten „eingefroren" wurde. Im Gegensatz zum Gold, das vom Reich gekauft wurde und das nur solange „schweizerisch" blieb, bis es rekonvertiert in portugiesisches, spanisches, schwedisches oder türkisches Eigentum überging, blieb das meiste durch die Alliierten verkaufte Gold „schweizerisch". Dazu kamen noch die (in Gold konvertierten) Dollars aus schweizerischen Anlagevermögen vor allem in den Vereinigten Staaten, aber auch in Grossbritannien. Da die Schweiz zu den fünf grössten Anlegern in Amerika zählte (1.4 Milliarden Dollar vor dem Krieg), waren auch die entsprechenden Gewinne hoch, und zwar bis zu 100 Millionen Dollar pro Jahr. Und da die Blockade die Schweizer daran hinderte, für Importe viel auszugeben, häufte sich schweizerisches Gold in New York an. Um die schweizerischen Exporteure im Geschäft zu behalten, vergütete ihnen die Nationalbank im voraus den Gegenwert ihrer Guthaben in Schweizer Franken im Austausch gegen Titel auf das blockierte Gold. Die Nationalbank verkaufte dann diese Schuld an die Regierung. Die Regierung „sterilisierte" sie ihrerseits, indem sie Anleihen auflegte. So kaufte also die Schweizer Bevölkerung indirekt auch amerikanische Kriegsanleihen. Ende des Krieges besassen die Nationalbank, die Regierung und Grossanleger Titel im Wert von ungefähr 1.5 Milliarden Dollar entweder in Gold oder in konvertiblen Anteilen an Gold – das wa-

ren durchschnittlich für jeden Mann, jede Frau und jedes Kind in der Schweiz fast 400 Dollar. Zudem hatten die schweizerischen Investitionen in den Vereinigten Staaten im Werte von 1.4 Milliarden Dollar erheblich an Wert zugelegt.

Doch dieses letztlich lukrative Arrangement brachte unmittelbare Probleme mit sich. Im Jahre 1943 stiegen die schweizerischen Uhrenexporte in den Westen dramatisch an, während zur gleichen Zeit die Alliierten, vor allem die Vereinigten Staaten, grosse Beträge an Schweizer Franken für ihre verschiedenen Operationen in Europa (und auch zur Unterstützung der alliierten Kriegsgefangenen) zu kaufen begannen. Wie würde die schweizerische Wirtschaft all das finanzieren? Zuerst weigerten sich die Schweizerische Nationalbank und die Regierung aus Furcht vor Inflation, die gesamten Kreditausstände der Uhrenexporteure aufzukaufen. Gleichzeitig brachten die alliierten Goldverkäufe grosse Beträge von nicht durch Gold gedeckten Franken nach Bern.

Diese Probleme von der Nachfrageseite aus zu mildern, erwies sich als unmöglich. Die Uhrmacher, angeführt durch den fähigen Lobbyisten Max Petitpierre, lancierten eine grosse Kampagne, die für volle Finanzierung warb. Die Alliierten unterstützten die Forderungen. Eine andere Haltung der Regierung werde als Zeichen prodeutscher Parteilichkeit angesehen. So gewannen Furcht vor den Alliierten und langfristige Hoffnung die Oberhand über kurzfristige Angst vor Inflation und Furcht vor den Deutschen. Die Behörden schalteten sich ein und übernahmen die volle Handelsschuld.

Aber auf welche Weise konnte die Schweiz reales, freies Gold zur Deckung des Franken auftreiben, um eine unmittelbare grassierende Inflation zu verhindern? Die Antwort war die Reichsbank, die ein eifriger Lieferant von Gold war, von dem nach 1943 ein Teil gute Aussichten hatte, „schweizerisch" zu bleiben. Gold von Deutschland zu kaufen, ermöglichte es der Schweiz, auch Gold von den Alliierten zukaufen – was langfristig gut war und einen baldigen Bankrott verhinderte. Zum Teil ermöglichten die deutschen Kriegswirtschaftsmassnahmen – nämlich der Gebrauch von (Raub-)Gold – den Alliierten, ihre finanziellen Kriegsmassnahmen mit sauberen Schweizer Franken zu finanzieren. Beim gegebenen Gleichgewicht der Kräfte und der Geographie wären die Alliierten nicht in den Genuss von Schweizer Uhren und Diamantlagern oder auch von Schweizer Franken gekommen, wenn nicht das Reich von den schweizerischen Werkzeugmaschinen, von schweizerischer Elektrizität und natürlich von Schweizer Franken hätte profitieren können.

Der Balanceakt endete im März 1945, als die Schweiz jeglichen Handel mit ausländischen Währungen verbot. Aber zu jenem Zeitpunkt brauchten die Alliierten keine Hilfe mehr, und die Deutschen konnten keinen Schaden mehr anrichten.

Sicherer Hafen?
In der jüdisch-christlichen Zivilisation werden die Eigentumsrechte von der Arbeit abgeleitet, weil der Mensch durch sie an Gottes Schöpferkraft teilhat. John Locke säkularisierte diese Tradition, indem er argumentierte, die Dinge gehörten jenen, die an ihnen gearbeitet hätten. Eigentlich müsste alle Kohle unter der Erde der gesamten Menschheit gehören; doch tatsächlich gehört sie den Arbeitern und Kapitalisten, die sie ausgraben. Im Krieg jedoch gehörten die Dinge jenen, welche die Macht hatten, sie sich zu nehmen. Das gleiche gilt in der Interessengruppen-Politik.

Als vor dem 20. Jahrhundert noch weitgehend die christlichen Regeln für einen gerechten Krieg befolgt wurden, konnten Nichtkriegführende ihr Eigentum selbstverständlicherweise in Sicherheit wähnen. Erst 1907 (als sich der Burenkrieg schon als nutzloses Unterfangen herauszustellen begann) musste die Haager Konvention bestimmen, dass Armeen sich die Güter der Zivilbevölkerung des feindlichen Landes nicht aneignen dürfen. Aber schon im ersten Krieg des aufgeklärten zwanzigsten Jahrhunderts beraubte und versklavte Deutschland die Belgier und die Franzosen, deren Länder es besetzte. Nach dem Ersten Weltkrieg wurden die schlimmsten Regimes des Jahrhunderts – das Dritte Reich und die Sowjetunion – errichtet, die den Juden bzw. den Klassenfeinden den permanenten Krieg erklärten. Schon vor dem Zweiten Weltkrieg bestraften diese Regimes ihre Feinde nicht für das, was sie taten, sondern für das, was sie waren. Während des Krieges beraubten und versklavten sie alle Völker, deren Länder sie eroberten, oder taten ihnen noch Schlimmeres an. Folglich war Europa voll von Unschuldigen, die um ihr Leben rannten und ihr Eigentum zu retten versuchten. Am

Ende des Krieges hatten sich sogar die besten Regimes, nämlich jene Grossbritanniens und Amerikas, die Praktiken des schlechtesten angeeignet. Sie bombardierten Zivilisten. Als sie gesiegt hatten, erhoben sie Anspruch auf alles Eigentum in Deutschland (einschliesslich des deutschen Waldes, dessen Holz sie verkauften) und verpflichteten Zivilisten bei Rationen, die knapp zum Überleben reichten, Zwangsarbeit zu leisten. Sie beanspruchten auch das Eigentum aller Deutschen, in welchem Teil der Welt auch immer es sich befand.

Die Erfahrung der Schweiz im Zweiten Weltkrieg zeigt, wie problematisch es besonders für ein kleines Land ist, in Kriegszeiten ein wirtschaftlich „sicherer Hafen" zu sein. Nazi-Opfer und unschuldige Deutsche – ja, solche gab es – versuchten neben Nazis, ihre Konten unter der Schweizer Gesetzgebung zu schützen. Am Ende des Krieges gestand die schweizerische Regierung den Alliierten nicht nur zu, die Guthaben der Nazis zu übernehmen, sondern auch Strafen in bezug auf Konten „gewöhnlicher" Deutscher anzudrohen. Niemand hätte bestritten, dass die Guthaben von Opfern diesen oder ihren Erben zurückerstattet werden müssten. Es tauchte auch nie das Argument auf, dass erbenlose Guthaben der Allgemeinheit hätten übergeben werden sollen. Aber die Modalitäten der Rückerstattungen haben viel weniger mit den Eigentumsrechten als vielmehr mit habgieriger Interesssengruppen-Politik zu tun.

Alliierte Wirtschaftskrieger erinnerten sich daran, dass die Deutschen nach dem Ersten Weltkrieg Tochtergesellschaften der Waffenindustrie in andere Länder verlegt hatten. Zeiss produzierte seine militärischen Optikprodukte in den Niederlanden. Der Maschinenpark der Firma Junkers war nach Schweden und Russland verlegt worden. Krupp und der schwedische Bofors-Konzern tauschten gegenseitig Firmenaktien aus, was der Firma Krupp ermöglichte, ihre schweren Kanonen in Schweden zu produzieren. Als sich der Zweite Weltkrieg seinem Ende näherte, meinten die Alliierten, weitreichende Pläne für eine Nazi-Wiedergeburt entdeckt zu haben. Gemäss alliierten Wirtschaftskriegern „gab [es] weitverbreitete Gerüchte, dass [die Nazis] in neutralen Ländern Eigentum erwarben – Industriebetriebe, Grundbesitz, Finanzgesellschaften – und sich in internationalen Geschäftskonzernen einkauften, sehr oft verdeckt oder durch einen Vermittler. Es war auch die Rede von zahlreichen Bankkonten, die an sicheren Orten errichtet würden... . Die Nazis waren bereit, in den Untergrund zu gehen, sie suchten einen sicheren Hafen."[18] In der Folge übernahm die alliierte Politik die Resolution VI des Bretton-Woods-Abkommens und bestimmte, „feindliche Vermögenswerte seien aufzudecken, zu kontrollieren, und es müsse über sie verfügt werden", und auch einige der ungeheuerlichsten Nazi-Diebstähle von Privatbesitz, vor allem von Kunstwerken, seien wiedergutzumachen.

Deshalb listeten die alliierten Wirtschaftskrieger alle deutschen Vermögenswerte in der ganzen Welt auf. In den alliierten Ländern waren die deutschen Vermögenswerte bereits ohne Rücksicht darauf beschlagnahmt worden, ob sie Regierungseigentum oder Eigentum von Gesellschaften oder Einzelpersonen waren. In Deutschland selber begannen die Sowjets alles abzumontieren und abzutransportieren, was sie konnten. Auch Abertausende von deutschen Zwangsarbeitern wurden eingezogen. An der Potsdamer Konferenz erhoben die Alliierten einen ständigen Anspruch auf alle deutschen Vermögenswerte ausserhalb Deutschlands. Dies bedeutete, dass in den Vereinigten Staaten, in Grossbritannien und in Frankreich alles Eigentum irgendwelcher Art, das deutschen Bürgern gehörte, den Regierungen dieser Länder „übertragen" wurde. Die ursprüngliche U.S. Vollzugsverordnung (U.S. executive order 9567 vom Juni 1945), die „alles Feind-Eigentum" an die Regierung „übertrug," machte keinen Unterschied zwischen Schuldigen, Unschuldigen und Opfern.

Die amerikanische Regierung leitete mehr als die Hälfte der 900 Millionen Dollar, welche diese „Übertragungen" abwarfen, an die alliierte German External Property Commission (Kommission für deutschen Besitz im Ausland) weiter und behielt die andere Hälfte, um amerikanische Forderungen zu begleichen, wie zum Beispiel solche früherer Kriegsgefangener. Bei ihren Verhandlungen mit neutralen Regierungen forderten die Alliierten diese auf, alle auf ihrem Gebiete gefundenen deutschen Vermögenswerte ebenfalls dieser Kommission zu „übertragen".

Mitte 1945 war die Furcht vor einem Wiederaufleben der Nazis verblasst. Der Hunger der Sieger nach „Feind-Eigentum" nahm jedoch nicht ab. Wegen Deutschland hatten alle viel mehr gelitten und ausgegeben, als je wieder hätte ausgeglichen werden können. Deshalb wollten sie wenigstens soviel wie möglich wiedererlangen. Deutschlands Krieg hatte nicht zwischen privaten und öffentlichen Vermögenswerten unterschieden. Alle Deutschen hatten auf irgendeine Weise die Kriegsanstrengungen unterstützt, weshalb auch alle irgendwie dafür verantwortlich waren. Die moralische und rechtliche Rechtfertigung war schon etwas schwieriger. Das tatsächliche Vorhandensein von Nazi-Opfern zeigte die Absurdität, jeden Deutschen als einen Feind zu betrachten, den man berauben durfte. Sollte zudem auch nicht mehr darauf geachtet werden, ob es sich um öffentliches oder privates Eigentum handelte? Und was machte man mit den Neutralen? Hatten diese keine legitimen Forderungen an die Deutschen?

Da das meiste deutsche Eigentum im Ausland sich im Besitz von Körperschaften befand, konnten nur wenig objektive Argumente über Schuld oder Unschuld angeführt werden. Die Alliierten und die Neutralen befanden es für schuldbeladen und beschlagnahmten es. Aber aus dem gleichen Grund, aus dem die alliierten Regierungen für sich selbst das Recht heraus nahmen, diese Besitztümer zu beschlagnahmen – sie hatten eine Menge Forderungen gegenüber Deutschland, und diese nun angeeigneten Vermögenswerte waren nur wie ein Tropfen auf einen heissen Stein –, sahen sich die Neutralen veranlasst, sich gleichfalls die Vermögenswerte der deutschen Tochtergesellschaften anzueignen. Was die Schweiz betraf, waren die beiden Wirtschaftskrieger David L. Gordon und Royden Dangerfield so spitzfindig, herauszufinden, dass „zufällig" der geschätzte Wert der deutschen Vermögenswerte in der Schweiz genau den 1.2 Milliarden Schweizer Franken entsprach, die das Reich der Schweiz schuldete, um die in den Jahren 1940 bis 1943 von der Schweiz vorgeschossenen Beträge auf dem Clearing-Konto auszugleichen. Als die Alliierten argumentierten, die deutschen Vermögenswerte in der Schweiz seien aber nach schweizerischer Einschätzung dreimal so hoch, stellten Gordon und Dangerfield fest: „Die Schweizer meldeten neue Forderungen gegenüber Deutschland an, um auf den entsprechenden Betrag zu kommen." Schliesslich wurde die ganze Angelegenheit nicht gerade auf noble Art, sondern rein pragmatisch erledigt: Beide Seiten gründeten eine gemischte Kommission, die den Wert der deutschen Vermögenswerte festsetzte, und die Schweizer lieferten, genau wie die Vereinigten Staaten, der Kasse der Alliierten 50% des deutschen Gesellschaftseigentums ab und behielten die andere Hälfte.

Auch bei den amerikanisch-schweizerischen Verhandlungen im Jahre 1946 über das Vorgehen der Schweiz bezüglich des Raubgoldes aus Deutschland ging es eher um Geld als um Prinzipien. Die amerikanischen Unterhändler unterliessen es, den Schweizer Handel mit Deutschland oder die Umwandlung von aus dem Reich stammendem Gold als etwas nach internationalem Recht Unrechtes zu bezeichnen. Das konnten sie auch kaum, denn sie hatten gleichfalls in geringem Masse Handel mit dem Feind getrieben und natürlich auch Gold in Schweizer Franken umgetauscht. Aber sie fanden, die Schweizer müssten sich selbst loskaufen, weil sie zu enge Beziehungen zum Feind unterhalten hätten, und weil ein unbestimmbarer Prozentsatz des Goldes, das sie vom Reich gekauft hatten, schmutzig gewesen sei.

Das beste amerikanische Argument waren jedoch die schweizerischen Vermögenswerte im Betrage von drei Milliarden Dollar, die immer noch blockiert in den Vereinigten Staaten lagen. Die Schweizer ihrerseits wiesen auf internationales Recht und die Notwendigkeit hin, aber sie wussten, dass sie etwas bezahlen mussten, um ihre blockierten Vermögenswerte zurückzubekommen. Bei den Verhandlungen ging es darum, wie hoch das Lösegeld sein würde; es gibt keine objektive Rechtsgrundlage für die Endsumme von 58 Millionen Dollar (oder 250 Millionen Franken), welche die schweizerische Regierung an die Alliierten als Teil des Abkommens von 1946 bezahlte, und wodurch die schweizerischen Wirtschaftsbeziehungen mit den Alliierten normalisiert wurden.

Bei kleineren deutschen Konten – solche im Werte von weniger als 10 000 Franken – versuchte die Schweizer Regierung, das Prinzip der Unverletzlichkeit privaten Eigentums zu befolgen, aber schliesslich ging sie auf amerikanischen Druck hin einen Kompromiss ein und blockierte auch diese Konten. Als dann die Schweiz 1949 mit der neuen Regierung der Bundesrepublik Deutschland zusammenzuarbeiten begann, deblockierte sie diese kleinen Konten, beanspruchte jedoch einen Drittel der darin enthaltenen Vermögenswerte für sich. Auch sie erpresste also ein ihrer Macht entsprechendes Lösegeld.

Im grossen und ganzen wurden bei finanziellen Ausgleichen in der Nachkriegszeit zwei Prinzipien befolgt: Besitz allein macht schon 50 bis 100% des Rechts aus; und die Starken behalten das, was sie wollen, während die Schwachen das geben, was sie müssen.

Zu Beginn wandten die Vereinigten Staaten diese Prinzipien strikte an. Jüdische Organisationen führten eine lange, erbitterte, aber nur wenig erfolgreiche Kampagne, um die amerikanische Regierung dazu zu bringen, bessere Abstufungen bei der Behandlung von „Feind-Eigentum" einzuführen.

Der unproblematischere Teil der Kampagne wurde im August 1946 einer Lösung zugeführt. Das Gesetz 6761 (Public Law 6761) beauftragte den amerikanischen Treuhänder von Feind-Eigentum (American custodian of enemy property), Eigentum, das bei Deutschen (meistens Juden) beschlagnahmt worden war, zurückzuerstatten. Um ihr Eigentum zurück zu erhalten, hatten die Antragsteller (die namhaft und glücklich genug waren, in den Vereinigten Staaten berechtigte Titel auf Eigentum erstellt zu haben) allerdings zu beweisen, dass sie tatsächlich Verfolgungen durch die Nazis ausgesetzt gewesen waren. Selbstverständlich mussten sie noch am Leben sein, oder ihre Erben hatten eine ganze Menge Beweise zu liefern. Da Gerüchte kursierten, einige im Holocaust ermordete Juden (mit Verwandten in den Vereinigten Staaten) hätten Bankkonten in New York besessen, bestürmten jüdische Organisationen die amerikanische Regierung, der Staat New York solle eine Liste dieser Konten veröffentlichen. Hätte New York dies getan, wären die Antragsteller der Konten auf grosse Hindernisse gestossen. Erstens hätten sie beweisen müssen, dass der Konteninhaber tatsächlich tot war. Aber das wäre nicht ausreichend gewesen, da das Gesetz des Staates New York vorschrieb, dass privates Eigentum nur an Verwandte überging, wenn ein entsprechendes Testament vorlag. Jedoch verweigerte New York bis 1954 die Erstellung eines Inventars. Deshalb versuchten jüdische Organisationen und die Regierung, die Legislative New Yorks dazu zu veranlassen, die ganze Angelegenheit diesen jüdischen Organisationen (wem denn sonst?) zu übergeben – aber es kam nicht dazu. Schliesslich fiel all das Geld, das auf diesen nachrichtenlosen Konten lag, dem Staate New York „anheim."

Da dieses Resultat schon 1949 voraussehbar war, verlangten die jüdischen Organisationen vom Kongress und von der Administration, es solle ihnen ein Betrag, der jenem der „nachrichtenlosen Vermögenswerte" ungefähr entsprach, ausbezahlt werden. Der von der Truman-Administration unterstützte Gesetzesentwurf 603 des Senats schlug vor, diesem Begehren zu entsprechen, „unter Festsetzung einer Obergrenze von drei Millionen Dollar."[19] Der Kommissionsbericht über den Gesetzesentwurf des Senats zitierte die Schlussfolgerung von „Experten", die den Wert solcher Konten in den Vereinigten Staaten zwischen 500 000 und zwei Millionen Dollar schätzten. Wie konnte jemand für irgendeine Schätzung eintreten, ohne dass eine Untersuchung der persönlichen Geschichte eines jeden Inhabers dieser nachrichtenlosen Bankkonten durchgeführt werden musste? Deshalb verschwand der Gesetzesentwurf 603 in der Schublade. In den folgenden rhetorischen Kampagnen lieferten die um Kompensation kämpfenden jüdischen Gruppen nie einen Beweis für die Höhe des Geldbetrages, den sie verlangten, und sie konnten auch nicht erklären, warum gerade ihnen und niemandem anderen dieses Geld zur Verfügung gestellt werden sollte. In den 1950er Jahren erhielten sie nichts, denn die Auseinandersetzung des World Jewish Congress mit der Eisenhower-Verwaltung war erfolglos verlaufen. Mit der Kennedy-Administration hatten sie etwas mehr Glück, wurde doch beschlossen, 500 000 Dollar an jüdische Organisationen auszubezahlen und damit die Angelegenheit zu beenden.

Aber sie war nicht zu Ende. Der Bericht von 1949 über den Gesetzesentwurf 603 enthielt folgenden Satz: „Es wird allgemein anerkannt, dass sich Depots mit Vermögenswerten der verstorbenen Opfer in der Schweiz und den Vereinigten Staaten befinden." Über den Umfang dieser Vermögenswerte lieferte der Bericht keine Beweise, und zwar weder bezüglich der Schweiz noch der Vereinigten Staaten. Dennoch entstand der weitverbreitete Eindruck, die Schweiz habe grosse Beträge an jüdischem Fluchtkapital absorbiert, die meisten Konteninhaber seien tot, und diese Hinterlassenschaften seien gross genug gewesen, um den Reichtum der Schweiz – und ihre

Schande – zu begründen. Vor 1995 entsprang dieser Eindruck zwei Mythen.

Der erste Mythos, zu welchem Generationen von Schweizer Bankern und gläubigen Journalisten beigetragen haben, beruht auf einer Bestimmung des 1934 eingeführten neuen Bankengesetzes – nämlich des berühmten Paragraphen 47(b). Nach ihm wird jeder Schweizer bestraft, der Informationen über irgendein Schweizer Bankkonto preisgibt. Er schützte auch die vielen jüdisch-deutschen Kunden der Schweizer Banken vor der drohenden Todesstrafe, welche die Nazis für Transfers von Geld ins Ausland verhängten. Eine blumige Version dieses unschuldigen Mythos findet sich in *L'argent secret et les banques suisses* von Jean Marie Laya, dem ehemaligen Wirtschaftsredaktor des JOURNAL DE GENÈVE. Er erzählt von Nazi-Spionen, die jüdische Konteninhaber bei Schweizer Banken aufzuspüren versuchten, von cleveren Konterspionen und eben von der Gesetzesbestimmung, die als letzte Waffe gegen die Nazis eingesetzt wurde.

Das ist alles Unsinn. Der erste Entwurf zum neuen Bankengesetz wurde im Februar 1933 veröffentlicht, gerade ein paar Wochen nach Hitlers Machtergreifung, und war vorher verfasst worden. Die Todesstrafe für den Transfer von Geld ausserhalb Deutschlands wurde von den Nazis aber erst 1936 eingeführt. Nazi-Spionage in Banken kam sogar noch später.[20] Das schweizerische Bankgeheimnis war nicht der Juden wegen gemacht worden, und es ist auch nicht bewiesen, dass es vor allem Juden betraf.

Der zweite Mythos ist schändlich, denn er folgt völlig der Nazi- (und der kommunistischen) Propaganda, wonach nämlich die Juden einen unverhältnismässig grossen Anteil am Reichtum des alten Europas zusammengerafft hätten. Sobald es für sie brenzlig geworden sei, hätten sie diesen Reichtum an einen zentralen Ort – in die Schweiz – transferiert, wobei sie gehofft hätten, in ihre alten Gebiete zurückkehren zu können, wenn die Gefahr vorüber gewesen wäre. Deshalb geht die Legende, dass die Menschen, die an Orten wie Auschwitz umkamen, wohl fast alle über ein Schweizer Bankkonto und über Versicherungspolicen verfügt hätten.

Das ist noch etwas Schlimmeres als Unsinn. Die Gleichung „Juden gleich Reichtum und mobiles Kapital" trifft nur in ganz wenigen Fällen zu, nämlich bei einer relativ kleinen Zahl von Juden aus Westeuropa – und sicher nicht bei den vielen armen Bewohnern der *Schtetl* im Osten. Die Behauptung, der Reichtum Europas sei in jüdischer Hand gewesen – und die Juden hätten die Nazi-Gefahr früh genug erkannt, um ihren Reichtum in Sicherheit zu bringen, aber zu spät, um sich selbst zu retten – ist eine unglaubwürdige, zur Schürung des Antisemitismus erdachte Lüge.

Sogar wenn der zweite Mythos wahr wäre, könnte daraus nicht die Folgerung abgeleitet werden, die cleveren, kapitalistischen Juden hätten ihre Vermögenswerte in der Schweiz in Sicherheit gebracht. New York war durch den Atlantik geschützt, London durch den Ärmelkanal, Paris durch die Maginotlinie und die angesehenste Armee der Welt. Wodurch war die Schweiz geschützt? Durch die Neutralität? Durch die Alpen? Im Ernst: Wir wissen, dass die Schweiz nur im Rücken durch die Alpen geschützt ist. Im Grunde genommen hatte Deutschland ungehinderten Zugang, sollte es die Schweiz überfallen wollen. Und man kann sich schwer vorstellen, die Nazis hätten die schweizerische Neutralität aus Respekt vor dem internationalen Recht nicht angetastet. Aus diesem Grunde brachten die Belgier ihr Gold in Paris in Sicherheit, und die Schweizer selber transferierten ihr Gold nach New York und London. Jeder, der Zürich als sicherer ansah als New York und London, war nicht gerade klug.

Und dennoch ist die unkritische Akzeptanz dieser Mythen die Basis der höchst offiziellen Position der amerikanischen Regierung, dem sogenannten Eizenstat-Bericht von 1997. Der erste Absatz des in Frage stehenden Abschnittes lautet: „Es gab genügend Gründe zu glauben, dass Schweizer Banken und Versicherungsgesellschaften Vermögenswerte vieler jüdischer und nichtjüdischer Opfer besassen." Mit dem Wort „vieler" will der Text den Eindruck erwecken, in der Schweiz hätte es mehr solche Vermögenswerte gegeben als anderswo. Die Verfasser erklärten auch nicht die „genügenden Gründe" und wagten es nicht, die Forderung explizit zu machen, da sie nicht hätte aufrecht erhalten werden können. „Zudem glaubten viele jüdische Organisationen und die Alliierten, dass die anderen Neutralen keine bedeutenden Beträge an nachrichtenlosen Vermögenswerten hätten." Warum wurde in diesem Zusammen-

183

hang nur an die Neutralen gedacht? Warum machte man keine Vergleiche mit Frankreich, Grossbritannien und den Vereinigten Staaten, wohin doch kluges Geld am ehesten geflohen war? „Die Schweiz führte das Bankgeheimnis ein, zum Teil um die Nazi-Bestrebungen zu kontern, welche die Kapitalflucht von Vermögenswerten aus Deutschland auf schweizerische Banken aufzuspüren und zu verhindern versuchten." Aber zum Zeitpunkt der Einführung des Bankgeheimnisses in der Schweiz gab es keine Kapitalflucht aus Deutschland, und noch weniger waren Nazi-Bestrebungen vorhanden, welche diese Flucht verhindern sollten. Warum schrieben Historiker Dinge, die so offensichtlich unwahr waren? „In den 1930er Jahren machte es für jeden Europäer, der politische Unruhen, Beschlagnahmung oder Krieg fürchtete, Sinn, seine Familienvermögenswerte in der Schweiz zu deponieren." Es mag vielleicht gemäss den fehlerhaften Fakten und der falschen Logik des Eizenstat-Berichts Sinn gemacht haben, aber sicher machte es keinen Sinn für die belgische, holländische und schweizerische Regierung, also alles europäische Regierungen, die tatsächlich ihr Geld anderswo deponierten.

Man hätte vom Eizenstat-Bericht, dessen Zweck die Aufdeckung des Schicksals der nachrichtenlosen Konten war, erwartet, dass er sowohl einige Fakten über die Anzahl und den Wert dieser Konten zu Tage fördern würde, als auch Fakten darüber, wie mit diesen Konten umgegangen worden war, und vielleicht, wie damit hätte verfahren werden sollen. Aber, nein. Ein Schriftstück mit einem Vorwort von 49 Seiten und einem Haupttext von 208 Seiten enthält nur 16 Seiten über sein angebliches Hauptthema – nachrichtenlose Vermögenswerte in der Schweiz. Und diese Seiten enthalten nicht einen einzigen Fakt darüber, wieviele Nazi-Opfer wieviel Geld und wo deponiert hatten und was danach damit geschah. Diese 16 Seiten zeichnen lediglich die ausgetauschten Mitteilungen zwischen der Schweiz und den Vereinigten Staaten über ihre Gesetze bezüglich des Themas auf.

Nichtsdestoweniger gibt der Ton des Berichts unterschwellig zu verstehen, die Schweiz als Nazi-Sympathisant und -Kollaborateur habe sich das jüdische Geld ebenso angeeignet, wie sie das Nazi-Gold akzeptiert habe, und sei für lange Zeit ungeschoren weggekommen – aber nun sei endlich der Tag der Abrechnung gekommen.

Hauptzweck war, kurz gesagt, Geld von der Schweiz zu erpressen. Wie zu Zeiten des Brennus und des Zweiten Weltkrieges und wie es immer sein wird: Wenn das Schwert schwer ist, müssen die Argumente nicht wahr und muss die Waage nicht genau sein.

Kapitel 5

Geld und Macht
in der Aussenpolitik der Vereinigten Staaten

„Die Starken tun, was sie können, und die Schwachen erleiden, was sie müssen."
— *Thukydides*

ZWISCHEN 1995 UND 1999 WAR DIE SCHWEIZ in bezug auf ihre Wirtschaft dem Druck einer starken Macht ausgesetzt. Die von der Clinton-Administration und dem World Jewish Congress inszenierte Herausforderung hatte ein Element gemeinsam mit derjenigen des Zweiten Weltkriegs: Macht allein bestimmte, wieviel der Schwache dem Starken zu zahlen hatte. Diese Macht wurde durch Amerikaner in öffentlichen Stellungen eher offiziös als offiziell im Namen von privaten Gruppen ausgeübt, während das Lösegeld durch private schweizerische Kreise bezahlt wurde, um einer Forderung Genüge zu leisten, die an das ganze Land gerichtet war. Warum? Weil die amerikanischen privaten Kreise Zugang zu einem Teil der Machtsphäre der amerikanischen Regierung hatten.

Wie Edgar Bronfman, der Präsident des World Jewish Congress (WJC), sich diese Regierungsmacht aneignete, die er dann gegen die Schweiz richtete, ist kaum von Bedeutung. Wichtig ist, dass ihm das Geld, das er in politische Aktivitäten innerhalb des politischen Systems der Vereinigten Staaten investierte, schliesslich die Kontrolle über einen unverhältnismässig grösseren Geldbetrag verschaffte. Innerstaatliche Interessengruppen-Politik hatte internationale Ausstrahlung. Macht bringt Geld ein.

Als Edgar Bronfman im September 1995 den Schweizer Bundespräsidenten traf und mit der Schweizerischen Bankiervereinigung zu Tische sass, wussten seine Gastgeber, dass sein WJC Geld forderte. Der WJC hatte bereits bewiesen, dass er den Präsidenten von Österreich, Kurt Waldheim, in eine unangenehme Lage bringen konnte, indem er die Aufmerksamkeit der Medien auf Waldheims Mitwirkung an NS-Verbrechen während der Kriegszeit lenkte. In Osteuropa war der WJC führend gewesen bei einer Aktion zur Rückführung früheren jüdischen Eigentums – vor allem alter Synagogengebäude – in jüdische Verfügungsgewalt. Und der WJC hatte der Schweiz bereits einen Schuss vor den Bug abgefeuert, indem er Artikel über eine längst bekannte Tatsache veröffentlichte: Die Schweizer Banken führten immer noch viele Konten, für welche seit dem Krieg keine Ansprüche angemeldet worden waren, und Juden, die sich als Erben von Konteninhabern präsentierten, hätten bei den Banken wenig Hilfe und wenig Feingefühl erfahren. Deshalb suggerierten die vom WJC veröffentlichten Artikel, die Banken verewigten – mindestens teilweise – eine der schimpflichsten Episoden des Jahrhunderts, und regten eine schärfere Kritik an der Rolle der Schweiz im Krieg an.[1]

Die Schweizer Behörden und die Banker selbst waren darauf erpicht zu bezahlen, um sich nicht gegen diese Anklagen verteidigen zu müssen. Im Jahre 1962 und wieder 1995 forderte die Regierung die Banken auf, nach Konten zu suchen, *von denen vermutet werden konnte, dass sie Juden gehörten.* Da es keinen sicheren Weg gibt, um den Zusammenhang eines bestimmten Konteninhabers mit dem Nazi-Regime oder mit dessen Opfern und noch viel weniger mit dessen Rasse oder Religion heraus zu finden, hingen Anzahl und Beträge, welche die Banken jedes Mal herausfanden, immer von den willkürlichen Kriterien ab, nach denen der Inhaber eines Kontos in dessen Abwesenheit als „jüdisch" bezeichnet wurde. Bei der Suche des Jahres 1962 wurden 750 Personen mit jüdisch klingenden Namen als Juden bezeichnet.

Die Suche des Jahres 1995 ging von der gegenteiligen Prämisse aus: Das Konto wurde als „jüdisch" angesehen, solange kein gegenteiliger Einwand vorhanden war. Die Suche von 1995 ergab auf achthundert nachrichtenlosen Konten einen Gesamtbetrag von ungefähr 32 Millionen Dollar. Die Schweizer Bankiers waren schnell bereit, diese Summe (das 64-fache von dem, was die Kennedy-Administration 1962 den jüdischen Organisationen gegeben hatte) Herrn Bronfman zu geben, um in Ruhe gelassen zu werden. Deshalb offerierten sie beim Essen diese Summe offiziell dem WJC. Bronfman ging auf dieses Angebot gar nicht ein; sein Interesse liege darin, wie er sagte, ein Verfahren zur Ermittlung dessen, was genau geschuldet werde, in Gang zu bringen.

Die Schweizer Behörden und die Bankiers hatten keine Ahnung von der Macht, die Bronfman verkörperte, und in was er sie hineinbringen würde. Naiverweise glaubten sie immer noch, Bronfman sei nur am Geld der nachrichtenlosen Konten interessiert. Bronfman untermauerte seine Forderungen nie mit objektiven Kriterien und beanspruchte alles Geld, das seine Macht einheimsen konnte. Sein Getue um die nachrichtenlosen Konten und um die bekannte fehlende Feinfühligkeit der Banken bei deren Forderung an die Erben, entsprechende Dokumente vorzulegen, war nur ein Vorwand für viel kühnere Forderungen an die Schweiz als ganzes wegen angeblich in der Vergangenheit begangener Sünden. So wie Bronfmans Forderungen über das hinausgingen, was man als Gerechtigkeit für einzelne Juden hätte bezeichnen können, war seine Macht nicht so sehr in der jüdischen Gemeinde verwurzelt, als vielmehr im amerikanischen politischen Aktionsfeld selbst.

Bronfman und der WJC
Edgar Bronfman beschreibt sein Leben als eine Hass-Liebe-Beziehung zum Vermächtnis seines Vaters.[2] In seinem Buch *The Making of a Jew* erzählt er, dass sein erster Rebellenakt als College-Student darin bestanden habe, das Judentum *de facto* zu verlassen. Wegen seiner Familien- und Geschäftsbeziehungen bewegte er sich jedoch weiterhin in jüdischen Kreisen und führte seines Vaters Rolle als jüdischer Wohltäter weiter. *Nahum Goldman*, der Präsident des World Jewish Congress, erkannte Bronfmans geschäftliche Talente; 1979 veranlasste er ihn, sein Nachfolger als Präsident des WJC zu werden, der zu dieser Zeit nicht sehr einflussreich war.

Der WJC war 1936 in Genf gegründet worden, um die Anstrengungen der jüdischen Organisationen, bei ihren jeweiligen Regierungen die Aufnahme von jüdischen Nazi-Flüchtlingen zu erwirken, weltweit zu bündeln. Doch dieses Vorhaben scheiterte. Nach dem Krieg gelang es dem WJC, als Vermittler zwischen *Ben Gurions* Israel und Adenauers Deutschland einen Ausgleich herbeizuführen, welcher Israel möglicherweise 73 Milliarden Dollar einbrachte. Dieser Erfolg ergab sich, weil der Staat Israel den WJC als Vermittler gewählt hatte und weil Adenauers Deutschland an der Bezahlung interessiert war, er entsprang nicht einer dem WJC innewohnenden Stärke. Kurz gesagt: Der WJC ist der Dachverband vieler Organisationen, der versuchte, sich als Vertreter aller Juden der Welt auszugeben. Darin war er nicht besonders erfolgreich; der Staat Israel, die Heimat eines Drittels der ganzen jüdischen Bevölkerung der Welt, delegiert das Recht, das Weltjudentum zu vertreten, an niemanden; ein weiterer Drittel aller Juden lebt in den Vereinigten Staaten und sieht sich selber als Teil anderer Organisationen oder überhaupt keiner, während der Rest der Juden auf die ganze Welt verteilt ist und wenig Einfluss besitzt. Die Macht des WJC wuchs und schwand mit der Bereitschaft von Regierungen, ihm eine Rolle zuzugestehen.

Bei der Anti-Schweiz-Kampagne agierte der WJC – entgegen seinen Aussagen – ausdrücklich nicht als Agent des Staates Israel. In einem Interview des Autors dieses Buches mit verantwortlichen Beamte im Aussenministerium in Jerusalem sagten diese, die anonym bleiben möchten, Israel sei nicht der Ansicht, die Schweiz habe während des Zweiten Weltkrieges mit den Nazis kollaboriert, der Staat Israel habe an der WJC-Kampagne gegen die Schweiz keinen Anteil und er wünsche so weit wie möglich ausserhalb dieser Kampagne zu bleiben. Israel – so wurde versichert – habe bessere Beziehungen zur Schweiz als zu irgendeinem anderen europäischen Land. Vor allem zwischen den Armeen der beiden Länder bestünden sehr enge Beziehungen, weil es die einzigen in der Welt seien, die sich zum grössten Teil auf Reservetruppen stützten. Israel wolle keineswegs diese guten Beziehungen gefährden. Auf die Frage, ob Israel allenfalls das Geld, das aus dem Vergleich zwischen dem WJC und der Schweiz resultieren könnte, verteilen würde, reagierte einer der Beamten entsetzt ablehnend, während der andere erwiderte, ohne Rücksicht auf die Probleme, die eine solche Aufgabe mit sich bringen würde, könnte die Regierung ein solches Angebot des WJC wohl nicht ablehnen. Aber beide meinten übereinstimmend, Bronfman werde ein solches Angebot bestimmt nicht machen. Kurz gesagt: Israel sieht den WJC auf keinen Fall als seinen Vertreter an.

Bronfman vergrösserte – durch Einbringen von Geld – die Macht des WJC, und seine eigene Macht, indem er sich mit seiner politischen Betätigung und derjenigen seiner Firma den Zugang zur Regierung erkaufte. Er hatte auch das Flair, geeignete Streitfälle aufzuspüren und autoritativ kühne Behauptungen aufzustellen. In den

1980er Jahren machte der WJC von sich reden, indem er sich für die Sache der Juden in der alten Sowjetunion einsetzte. Bronfman war in diesem Fall ein bescheidener Erfolg beschieden, weil er den sowjetischen Führern einreden konnte, wenn sie von jüdischen Geschäftsleuten ein einwandfreies Attest ihrer Seriosität erwürben, bereite dies der Sowjetunion den Weg, um alles zu erhalten, was sie vom Westen wolle. Unter Bronfmans Leitung hatte der WJC auch am Aufbau eines jüdischen Erziehungsprogramms mitgewirkt, das die jüdische Identität stärken und die Assimilation verhindern sollte.

Bronfman sagt ganz klar, seine Bemühungen in diesen Bereichen hätten nichts mit der jüdischen Religion zu tun, denn er sei weder gläubiger noch praktizierender Jude. Der Erfolg beim Aufbau der WJC-Organisation habe aber ein gewisses Interesse an der Religion in ihm geweckt. So habe er 1994 erstmals ein wenig in der Bibel gelesen. Seine Identität gründe sich seit seiner Kindheit auf die weltliche, organisatorische Verbundenheit mit der jüdischen Sache.

Die Tiefe von Bronfmans Identität als Jude kann man an seinem nicht-alkoholischen Geschäft, der Unterhaltungsindustrie, erkennen. Die Firma Seagram Company kaufte die Firma Interscope Records auf, die CDs von „gangsta rappers" und ähnlichen Jüngern der Pornographie, der Gewalt gegen Frauen und gegen das Leben – wie *Marilyn Manson* und *Nine Inch Nails* – produziert hat. Bis August 1997 gehörte Bronfman auch die Firma Death Row Records, welche die ebenfalls tödlichen Werke der Rapper *Tupac Shakur* und *Snoop Doggy Dog* produziert hat. Bronfman verkaufte diese letztere Firma erst, als er in einem Gerichtsfall mit Aktionären stark unter Druck geriet. Da kein moralischer Kodex, und bestimmt nicht der jüdische, solche Dinge sanktioniert, kann man sicherlich darauf schliessen, dass nicht die Moral Edgar Bronfman antrieb. Seine Anti-Schweiz-Kampagne hatte nichts mit Religion und nur wenig mit Rasse zu tun. Es war persönliche Selbstverwirklichung durch Machtausübung.

Macht

Bronfmans Macht gründete in seinen Beziehungen auf höchster Ebene innerhalb der Demokratischen Partei, in der er einer der Hauptfinanciers sowohl in New York und Kalifornien als auch landesweit war.

Ein Mass für seine Macht ist die milde Spende von 1261700 Dollar, die Bronfmans Familie (und Firma) in den Jahren 1995 und 1996 für den Clinton-Gore-Wahlkampf machte. Im ganzen Land wissen unzählige lokale Exponenten der Demokratischen Partei: Bronfman gefallen bedeutet Geld sowie Gunst in Washington. Wie im Begleitschreiben des Eizenstat-Berichts an Präsident Clinton erwähnt, wies der Präsident Staatssekretär Stuart Eizenstat an, Bronfmans Bemühungen um Geld von der Schweiz mit den Mitteln des Aussenministeriums zu unterstützen. Beamte der Demokratischen Partei, wie Alan Hevesi, Comptroller (Finanzchef) von New York City, und der kalifornische Lieutenant Governor Gray Davis, brauchten keine grosse Aufmunterung, um Bronfmans Führung zu folgen.

Hin und wieder ködert Bronfmans Geld auch Republikaner. Für die Anti-Schweiz-Kampagne gelang es Bronfman, Alfonse D'Amato, damals republikanischer Senator von New York und Vorsitzender des Bankenkomitees des Senats, einzuspannen. D'Amato ging der Ruf voraus, für die Forderungen seiner Wähler alles zu tun, was ihm den Namen „Senator Pothole" (pothole = Schlagloch) eingetragen hatte, und seinen Mitarbeiterstab auf „pork patrols" (= Geld- und Gunst-Sammelpatrouillen) – wie er es nannte – zu senden, um alles und jedes aufzuspüren, was seinen Wählern Gewinn bringen konnte. Vom Beginn seiner politischen Laufbahn in Long Island an hatte D'Amato eine enge Beziehung zu den zwei dominierenden ethnischen Gruppen in seiner Region entwickelt, nämlich zu den Italienern und den Juden. Ein Photo in seinem Büro zeigt ihn, wie er sich unter die segnende Hand des Papstes beugt, und ein anderes Bild zeigt ihn neben dem ehemaligen israelischen Premierminister *Menachem Begin* (und von ihm nicht unterscheidbar). Er machte sich nie allzu grosse Gedanken über die Auswirkungen der von seinen Lieblings-Wählergruppen gestellten Forderungen, packte aber genüsslich ihre Anliegen an. Von allen in die Anti-Schweiz-Kampagne Bronfmans verwickelten Politikern war wahrscheinlich D'Amato der einzige, der tatsächlich an alle Punkte der Beschuldigungen glaubte. Trotzdem liess es sich Bronfman nicht nehmen, dem Zugpferd der Demokratischen Partei New Yorks, *Charles Schumer*, bei seiner erfolgreichen Wahlkampagne 1998 zu helfen und dadurch Senator D'Amato seinen Sitz wegzunehmen.

Als Bronfman Kontakt mit den Schweizer Bankiers und Beamten aufnahm, hatte er Grund zur Annahme, eine Pressekampagne und der durch die Clinton-Administration ausgeübte Druck würden ausreichen, um eine Summe von einigen Milliarden Dollar von der Schweizer Regierung zu erpressen. Aber es wurde schnell klar, dass eine solche Waffe wohl Druck erzeugen, aber tatsächlich die Schweizer nicht zur Zahlung zwingen konnte. Deshalb wandte Bronfman schon 1996 den bereits zur Routine gewordenen, erfolgreichen Weg an, mit welchem er politisch schwache Körperschaften schröpfen konnte – mit der klassischen Sammelklage. Über die Sammelklage, die neuerdings im amerikanischen öffentlichen Leben eine Rolle spielt, müssen wir einige Worte verlieren.

Bis 1966 mussten alle Kläger, die eine Sammelklage gegen eine Körperschaft einreichen wollten, das gleiche Dokument mitunterzeichnen. Deshalb gab es bis dahin nur wenige Kläger dieser Art. Das spezifische Interesse der Kläger machte es wahrscheinlich, dass sie selber – und nicht ihre Anwälte – die Kontrolle über den Gerichtsfall und dessen Ablauf behielten. Ab 1966 jedoch erlaubte ein neues Gesetz, dass sich eine Gruppe von Klägern zum Vertreter aller gegenwärtigen oder potentiellen Kläger, die ähnliche Forderungen an den Beklagten wie sie selber stellte, erklären konnte. Die Industrie wehrte sich nicht besonders dagegen, weil dadurch ein Richter vor Gericht jeden von irgendeiner Einzelperson angestrebten Prozess abweisen konnte, die als Betroffene an einer vom Richter bereits zugelassenen Sammelklage beteiligt war. Auf gewisse Weise erlaubte also das Gesetz den Beklagten, sich mit Einmalzahlungen gegen Gerichtsfälle zu schützen.

Seit 1966 muss also jede Person, die sich *nicht* an einer Sammelklage zu beteiligen wünscht – entweder weil sie sich ihr eigenes Recht, gerichtlich vorzugehen, vorbehalten will, oder weil sie sich durch die Personen, welche vom Richter als Vertreter der Sammelklage zugelassen wurden, nicht vertreten fühlt –, eine schriftliche Eideserklärung einreichen, mit welcher sie ausdrücklich erklärt, warum sie sich nicht an der Sammelklage beteiligen will. Aber das kommt selten vor. Deshalb beteiligen sich an diesen Sammelklagen überaus viele, denen schliesslich nur eine ganz kleine Entschädigung zusteht. Die Parteien, die dabei am meisten gewinnen, sind die Rechtsanwälte, die den Fall vor Gericht vertreten. Die Politiker, die diese Rechtsanwälte unterstützen, gewinnen sowohl Macht als auch einiges Geld.

Dieses System hat den Richtern grosse Macht verliehen. Wenn der Richter der Ansicht ist, dass eine bestimmte Gruppe von Klägern (in der Praxis: Ihre Rechtsanwälte) mit ihrer Sammelklage Millionen von Personen vertritt, können die die Sammelklage vertretenden Rechtsanwälte einen enormen Druck auf den Beklagten ausüben und ihn zu einem Vergleich zwingen – gleichbedeutend mit der Zahlung eines Lösegeldes und mit dem Verzicht auf ein gerichtliches Verfahren. Die Fälle werden für gewöhnlich von öffentlichen Beamten ins Spiel gebracht oder von ihnen ostentativ unterstützt. Tränenreiche „Opfer" geben ein gutes Thema für die Abendnachrichten ab, womit der Druck auf die betreffenden Zielgruppen einsetzt. Wegen unzähliger rechtlicher Ränke gewinnen die Beklagten auf lange Sicht nichts, auch wenn sie den Prozess gewinnen, verlieren aber viel, ob sie nun den Prozess gewinnen oder verlieren, während die Rechtsanwälte der Kläger nichts verlieren als ihre Arbeitszeit, wenn der Prozess zu ihren Ungunsten ausgeht, aber ein Vermögen machen, wenn sie Erfolg haben. Dann gibt es noch das „Aufdeckungsverfahren", bei welchem die Dokumente des Beklagten zu unvorteilhaften Schlagzeilen herhalten müssen. Und natürlich üben auch die Richter ihrerseits – wie im Falle der Schweiz – Druck auf den Beklagten aus, einem Vergleich zuzustimmen, indem sie ihm im voraus sagen, wie sie entscheiden würden. Aber der wahre Hammer besteht darin, dass die öffentlichen Beamten beim Vorliegen einer Sammelklage, die sie selber in Gang gesetzt oder unterstützt haben, so handeln, als seien alle Anschuldigungen der Kläger bereits bewiesen. So erlassen sie bürokratische Bestimmungen, heben Lizenzen auf und belästigen den Beklagten ganz allgemein. Soviel zur „Peitsche."

Das „Zuckerbrot" für den Beklagten bei Sammelklagen besteht in seiner Hoffnung, dass – wenn einmal der Vergleich mit dem offiziell sanktionierten Kläger erreicht ist – weitere Forderungen ausgeschlossen werden können. Tatsächlich schützte die Regierung beim Vergleich, der von amerikanischen Generalstaatsanwälten gegen die Tabakindustrie angestrengt wurde und bei dem es um mehrere Milliarden Dollar ging, den Marktanteil und den Gewinn der Beklagten. Dies garantierte einen stetigen Fluss von Geld an die Kläger, während die Beklagte ihre für diesen Schutz der Regierung und der Konkurrenten aufgewendeten Kosten auf die Konsumenten abwälzen konnte. Mit anderen Worten: Der Prozess läuft darauf hinaus, dass das Rechtssystem als Schutzschirm gebraucht werden kann.

Ob die Anschuldigungen der Wahrheit entsprechen, ist unwesentlich, vor allem weil jene, welche den Prozess anstrengen, im Grunde genommen mit allen Mitteln zu verhindern suchen, dass er je vor Gericht verhandelt wird. *Andrew Cuomo*, Präsident Clintons Minister für Wohnungsbau und Stadtentwicklung, sagte einmal, Hersteller von Schusswaffen würden den „Tod der tausend Schwerthiebe" sterben, falls sie sich dem Druck seiner Forderungen widersetzen würden. Aber „wenn alle Parteien gutgläubig handeln, werden wir am Verhandlungstisch bleiben".[3] Cuomo bezog sich auf eine Klage, die er angeblich im Auftrag von Mietern von Sozialwohnungen eingebracht hatte, welche behaupteten, die Hersteller von Schusswaffen seien beim Verkauf und beim Sicherheitskonzept ihrer Produkte nachlässig vorgegangen, weshalb sie dafür verantwortlich seien, dass Bewohner in Sozialwohnungen des Bundes in viel höherem Masse gefährdet seien, erschossen zu werden, als der Durchschnitts-Amerikaner. Die Klage wurde von Präsident Clinton selbst unterstützt, der sich die Reduktion des Schusswaffenbesitzes der Amerikaner zum Ziel gesetzt hatte, das Thema aber von der öffentlichen Opposition fernhalten wollte. Ein offener Anklageprozess hätte Cuomo und Clinton nicht näher an dieses Ziel gebracht. Ein Prozess hätte gezeigt, dass ihre Behauptungen ein *non sequitur* bewirkt hätte, dass die Waffenhersteller nicht gegen gängiges Recht verstiessen und dass einige Mieter in den Sozialwohnungen durch ihre Lust nach Drogen Drogentourismus und Gewalt förderten. Solche Prozesse haben jedoch weder mit dem Recht noch mit der Wahrheitsfindung zu tun; es geht nur noch darum, wer wem was antun kann.

Oft zeigen Nachforschungen, wie zum Beispiel im Fall einer gewichtigen Klage gegen Hersteller von Silikon-Brustimplantaten für Frauen, dass die Beschuldigungen wissenschaftlich nicht begründet werden können. Doch das macht nichts. Bis es so weit ist, haben die Beklagten bereits einem Vergleich zugestimmt und sich damit ihres Rechts auf Gegenklage begeben. Und enorme Geldsummen haben den Besitzer gewechselt. Die „reale Heldin" des Kino-Kassenschlagers

Erin Brockovich erstritt sich zwei Millionen Dollar mit ihrer Klage gegen ein kalifornisches Versorgunmgsunternehmen, weil dieses eine Chemikalie entsorgt hatte, die nach Meinung der Klägerin zahlreiche Krankheiten verursacht hatte. Später stellte sich heraus, dass die in Frage stehende Chemikalie in der verwendeten Konzentration kaum eine dieser Krankheiten hätte verursachen können. Egal. Es wurden 333 Millionen Dollar bezahlt.

Das ist wirkliches „big business". Einige in den 1990er Jahren in einen massiven Gerichtsfall gegen die Tabakindustrie verwickelte Anwaltsfirmen lösten Milliarden von Dollar aus den 246 Milliarden Dollar, die gemäss Vergleich auf über fünfundzwanzig Jahre verteilt zu bezahlen waren. Allein in Texas nahmen die Rechtsanwälte drei Milliarden Dollar ein. Diese Rechtsanwälte, allgemein als *Plaintiff Bar* [Klägervertretung] bekannt, geben dann einen Teil ihrer Profite an die Politiker der Demokratischen Partei weiter, die solche Prozesse möglich machen. Ein Rechtsanwalt beim Tabak-Prozess, der 70 000 Dollar abgeliefert hatte, meinte: „Wir wollen sichergehen, dass wir einen demokratischen Präsidenten, ein demokratisches Repräsentantenhaus und einen demokratischen Senat haben. Beträchtliche Mengen an Tabak-Geld werden gerade verteilt."[4] Im Jahre 1999 zweigten die fünf Rechtsanwaltsbüros, die am meisten vom Tabak-Prozess profitierten, „soft money" [verdeckte indirekte Parteispenden] in Höhe von 1.8 Millionen Dollar an die Demokratischen Partei ab. Während des Wahlkampfes von 1996 unterstützten Prozessanwälte die Demokratische Partei mit ungefähr fünf Millionen Dollar „soft money" und einzelne demokratische Kandidaten mit weiteren fünf Millionen Dollar. Damit zählen sie zu den Top-Wahlspendern der Demokraten. Im Vergleich dazu sei bemerkt, dass Bronfman, seine Firma und seine Familie zusammen ungefähr 1.25 Millionen Dollar spendeten.

Typischerweise enden Vergleiche auch damit, dass die Beklagten sowohl einige der Anschuldigungen zugeben als auch die Einschränkungen ihrer Handlungen akzeptieren, welche die Beamten ohnehin von Anfang an angewandt wissen wollten, aber auf dem gesetzgeberischen Weg nicht erreicht hätten. Auf dem inneramerikanischen Schauplatz sind wahrscheinlich die Sammelklagen-Prozesse für die Demokratische Partei und ihre zugewandten Interessengruppen das wichtigste Mittel geworden, politische Ziele zu erreichen, ihre politischen Gegner zu bestrafen und Geld einzunehmen – alles Dinge, die sie auf gesetzgeberischem Wege oder mit Prozessen nicht bewerkstelligen könnten.

Da Firmen die aus den Sammelklagen entstehenden Kosten auf die Konsumenten als Teil der Geschäftskosten abwälzen, enden solche Fälle damit, dass einige Bürger dafür bezahlen müssen, damit andere – meistens die Demokratische Partei und ihre Wähler – davon profitieren können. Die erfolgreichste Kombination auf dem Gebiet der Sammelklagen ist, keineswegs überraschend, diejenige zwischen Bundesbeamten – meistens Demokraten – und Vertretern der Demokratischen Partei auf Staaten- und Lokalebene, vorwiegend demokratischen Generalstaatsanwälten und den Demokraten nahestehenden Rechtsanwälten. In den späten 1990er Jahren wurde diese Praxis so stark mit der Demokratischen Partei identifiziert, dass republikanische Generalstaatsanwälte ihre eigene Vereinigung gründeten und immer mehr auf Mitwirkung an Sammelklagen verzichteten. Im Falle der Schweiz sollte die Sammelklage gegen einen ausländischen Staat als ganzes gerichtet werden, und zwar im Auftrag eines Wahlkreises der Demokratischen Partei.

Man beachte: Sammelklagen ohne Gerichtsurteil, die von einigen ihrer Anwender als Möglichkeit zum Anpacken sozialer Probleme – trotz eines wenig freigebigen politischen Systems – verteidigt werden,[5] sind vorwiegend private Klagen, die durch Zugang zur öffentlichen Macht, sowohl der gerichtlichen als auch der exekutiven Gewalt, ermöglicht werden. Sie übergehen den gewöhnlichen Wähler bei Beschlüssen zur öffentlichen Ordnung als auch über Steuern.[6] Sammelklagen sind auch Klagen, die von öffentlichen Beamten als private Bürger eingereicht werden, die dabei aber alle Vorteile ihres öffentlichen Amtes in Anspruch nehmen. Die scheinbar freiwilligen Vergleiche, mit welchen solche Fälle enden, sprechen die öffentlichen Beamten von jeglicher Verantwortung für ihre Klagen im Namen der Kläger frei, weil schliesslich die Beteiligten selber dem Deal „zugestimmt" haben. Solche Kraftproben lassen sich nicht mit der Verantwortlichkeit des öffentlichen Dienstes vereinbaren.

Für Edgar Bronfmans Kampagne gegen die Schweiz war die Sammelklage die beste Methode, um sicher zu gehen, dass irgendein Schweizer bezahlen würde. Denn auch in den 1990er Jahren gab es eine Grenze für die Macht der amerikanischen Regierung oder irgendeiner anderen Regierung über ein fremdes Land, wenn keine offizielle Klage erhoben wurde.

Die schweizerische Regierung hätte eines tun müssen: Sagen, dass die amerikanische Regierung bluffe. War die Clinton-Administration wirklich bereit, dem Kongress und dem amerikanischen Volk zu erklären, warum sie die Schweiz als Feind behandeln sollten? Die Schweizer sind als Bösewichte nicht sehr überzeugend. Die ungefähr fünfhundert amerikanischen Firmen, die in der Schweiz tätig sind, hätten wahrscheinlich einem inoffiziellen Aufruf der Clinton-Administration zum wirtschaftlichen Boykott nicht Folge geleistet, weil sie durch schweizerische Repressalien geschädigt worden wären.

Hätte irgendeine grössere amerikanische Firma dazu gezwungen werden können, bei Sanktionen gegen die Schweizer mitzumachen? Wohl kaum. Da nie die Absicht bestanden hatte, das amerikanische Volk als ganzes in eine Konfrontation mit den Schweizern zu verwickeln, musste sich der konkrete Druck auf das beschränken, was die Beamten der Demokratischen Partei tun konnten, ohne sich öffentlichem Widerspruch auszusetzen. Unter Wahrung strengster Diskretion hätten demokratische Beamte die bei Schweizer Banken und Firmen angelegten staatlichen Altersversicherungsgelder abziehen können. Obwohl es dabei lediglich um kleine Beträge ging, hätte dies die schweizerischen Fondsverwalter dem Zorn der Einleger ausgeliefert, deren Konten betroffen worden wären.

Was die schweizerische Regierung betrifft, wären ihr – auch wenn sie willens gewesen wäre, das von Bronfman geforderte Geld zu bezahlen – die Hände durch eine eventuelle Volksabstimmung gebunden gewesen, von der alle grösseren Entscheide in der Schweiz abhängen.

Angesichts dieser Schwierigkeiten konnte die Kampagne sicher nur so enden, dass einigen schweizerischen Firmen in den Vereinigten Staaten so viel Ärger verursacht würde, dass sie dem Abschluss eines Vergleichs als der billigsten Lösung zustimmten. Aus diesem Grunde brauchte Bronfman ein Mittel, um die Kampagne völlig innerhalb der amerikanischen Grenzen und auf einem ihm freundlich gesinnten Schauplatz zu halten. Die Sammelklage wurde zur Waffe seiner Wahl. Genau wie bei den inneramerikanischen Sammelklagen sollte die Vergleichssumme die „Schmerzgrenze" gerade um so viel unterschreiten, dass der Beklagte sich nicht aus dem Geschäft zurückzöge oder sich aufs Kämpfen verlegte.

Die praktischen Schwierigkeiten waren rasch beseitigt. Der WJC hatte nichts als Verachtung für die Rechtsanwälte der Kläger übrig, welche die Verfahren gegen die Schweizer auf den Weg gebracht hatten. Trotzdem liess sich der WJC auf die Verfahren ein, weil sie das ideale Vehikel waren. Die Anwälte der Kläger ihrerseits misstrauten dem WJC, erkannten aber, dass dieser einen Druck durch öffentliche Beamte bewirken konnte, welche ausserhalb der Reichweite dieser Anwälte waren.

Drei Gruppen von Anwälten brachten die ursprünglichen formellen Verfahren in Gang. Im östlichen Distrikt von New York war es der Fall *Weisshaus und andere* versus *Schweizerische Bankgesellschaft und andere*, mit vier weiteren; im Northern District of California handelte es sich um *Markorivikova und andere* versus *Schweizerischer Bankverein und andere*; und im District of Columbia *Rosenberg* versus *Schweizerische Nationalbank*. Formell trat der WJC nur als „organisatorischer Beauftragter" auf und unterschrieb auch als solcher den Vergleichsvertrag. Da er aber bessere politische Beziehungen hatte, handelte er auch den Vertrag aus und hatte den grössten Einfluss bei der überaus wichtigen Verteilung des erstrittenen Geldes. Zudem schenkte man schweizerseits den Verhandlungen erst Beachtung, als der WJC dabei war, denn nur Bronfman mit seinen Beziehungen zu amerikanischen Politikern konnte der Schweiz wirkliche Probleme bereiten, und nur die gleichen Politiker, welche hinter diesen Problemen standen, konnten auch garantieren, dass die erste Auszahlung auch die letzte sein würde.

Kurz gesagt: Die Antriebskraft lag in der Endphase der Verhandlungen eigentlich weder in der direkten diplomatischen Unterstützung durch die Clinton-Administration noch in den durch Senator Alfonse D'Amato lancierten Presseberichten noch im Eizenstat-Bericht. Vielmehr lag sie in der Existenz einer verletzlichen Ziel-Gesellschaft innerhalb der Grenzen der U.S.A. und eines Richters, der den atemraubenden Anspruch des Klägers akzeptierte, er sei *der* Vertreter unzähliger Holocaustopfer. Und vor allem hing alles von *Alan G. Hevesi* ab, dem demokratischen Comptroller von New York City, welcher der beklagten Gesellschaft viel höhere Kosten als Bronfmans Forderungen aufbürden konnte.

Hevesi, dessen Familie in Ungarn während des Holocausts dezimiert worden war, hatte Zeit seines Lebens die jüdische Sache unterstützt. Er hatte eine für die Demokratische Partei typische Karriere gemacht. Zuerst war er 1971 vom Stadtbezirk Queens in das Parlament des Staates New York gewählt worden, worauf er 1978 der Einpeitscher seiner Partei wurde. Nach erfolglosen Versuchen, Gouverneur des Staates zu werden, wurde Hevesi 1993 zum City Comptroller gewählt, weil die Demokratische Partei ihre Top-Favoritin, Elizabeth Holtzman, wegen eines Korruptionsskandals hatte fallen lassen müssen. Einmal im Amt, versuchte Hevesi innerhalb der Partei und bei seinen Sponsoren Vertrauen aufzubauen, denn er wollte demokratischer Kandidat bei der Wahl des Bürgermeisters von New York und Nachfolgers von Rudolph Giuliani werden. Seine Mitwirkung im Fall Schweiz erhöhte seine Chancen.

Ein Verfahren wird in Brooklyn geboren
Der Gerichtsort im WJC-Verfahren gegen die Schweizer Banken war nicht zufällig gewählt worden. Dieser Ort wird bei keinem Sammelklagenverfahren dem Zufall überlassen. Sicherzustellen, dass der richtige Richter für den Fall zuständig wird, ist eine hohe Kunst. Obwohl in Washington, D.C., in Kalifornien und anderswo freundliche Richter in grosser Zahl vorhanden gewesen wären, konzentrierte man sich auf Brooklyn, New York. Diese Stadt ist das Finanzzentrum der Welt. Sie ist auch der Ort, wo fast alle Beamten hinsichtlich ihrer Karriere irgendwie von der Demokratischen Partei abhängen. Es ist kein Zufall, dass in New York mehr Juden leben als in Tel Aviv. Aber warum Brooklyn und nicht Manhattan? Der Bundesrichter in Brooklyn, *Edward Korman*, war ein verlässlicher Verbündeter. Korman, ein Demokrat, war durch Protektion („Gefälligkeit im Senat") zum Bundesrichter ernannt worden, nämlich durch den demokratischen Senator von New York, *Daniel Patrick Moynihan*, der damit die Prioritäten der sehr straff geführten Organisation der Demokratischen Partei in Brooklyn verfolgte.

Die Tätigkeit dieser Organisation erregte in den Jahren 1999 und 2000 die Aufmerksamkeit der ganzen Nation, nachdem zwei dort ansässige Rechtsanwälte fanden, sie hätten vom Gerichtshof von Kings County (Brooklyn) nicht die ihnen zukommende Protektion erhalten.

Die beiden Rechtsanwälte wandten sich an Beamte des Staates New York (die dann das FBI kontaktierten) und enthüllten Einzelheiten darüber, wie die Demokratische Partei Brooklyns die Ernennung von Richtern kontrolliert, die ihrerseits wieder jenen Rechtsanwälten, welche die Demokratische Partei unterstützen, lukrative administrative Aufträge zuschachern. Ein Insider der Partei nannte diese Enthüllungen „radioaktiv".[7] Das einzig Neue an diesen Enthüllungen über innere Korruption war die Tatsache, dass ehemalige Insider sie publik gemacht hatten. Dass in Brooklyn Richter auf allen Ebenen als Teil einer korrupten Parteimaschinerie ausgewählt werden und als Teil derselben arbeiten, ist schon seit einem Jahrhundert ein offenes Geheimnis.

Es überrascht nicht, dass Richter Korman die nicht selbstverständliche Behauptung der Kläger und des WJC akzeptierte, sie verträten grosse Gruppen von Einzelpersonen, die durch die Schweizer Banken und die schweizerische Regierung geschädigt worden seien – eine Behauptung, die zu belegen sich die Kläger nicht die Mühe machten. Der Richter befand, die Abklärung der Einzelheiten darüber, welcher Art diese Gruppen seien und welches genau die Beziehungen der Kläger zu diesen Gruppen wären, müsste Teil des auszuarbeitenden Vergleichs sein. In anderen Worten: Der Richter liess es zu, dass die Kläger eine Erpressungskampagne führen durften, deren Resultat es unter anderem war, dass die Beklagten gezwungen wurden, dem Recht der Kläger auf Ausübung dieses erpresserischen Druckes zuzustimmen. Richter Korman gelang es nicht, ein substantielles Urteil über den Vertretungsanspruch oder über die Substanz der Klage zu fällen. Aber was er getan hatte, genügte.

So wurden die Banken dazu gebracht zu zahlen: Staatssekretär Eizenstat berief für den 14. Dezember 1997 in Zürich eine Versammlung ein, zu welchem die Topmanager der Schweizer Banken, Israel Singer vom WJC und die Rechtsanwälte der Kläger geladen waren. Drei Fakten dominierten dieses Treffen. Erstens: Die Reaktion der zunehmend entsetzten Schweizer Öffentlichkeit machte es undenkbar, dass die schweizerische Regierung auf die amerikanischen Forderungen eingehen würde. Sollte auf die Forderungen eingegangen werden, mussten die Banken diese erfüllen. Zweitens hatte Alan Hevesi eine Woche zuvor gleichgesinnte Beamte der lokalen und staatlichen Stellen, darunter auch viele demokratische Finanzbeamte, im New Yorker Plaza Hotel versammelt. An diesem Treffen wurden Sanktionen (wie Verweigerung von Lizenzen und Abzug von Anlagegeldern bei Schweizer Banken) bewilligt, falls die Schweiz nicht bezahlen sollte. Hevesi hatte von Mitarbeitern der wichtigsten Schweizer Banken, die geschäftlich in New York weilten, verlangt, sich dieser feindlichen Zuhörerschaft auszusetzen. Drittens befürchteten Staatssekretär Eizenstat und die Clinton-Administration, diese von ihnen mitinszenierte Konfrontation zwischen ihren amerikanischen Kunden und der Schweiz könne sich zu einer echten internationalen Krise auswachsen. Dies hätte Clinton zwingen können, entweder seine inneramerikanischen Auftraggeber im Stich zu lassen oder einen Kampf zu führen, den die amerikanische Öffentlichkeit sehr wahrscheinlich missbilligt hätte. Deshalb schlug Eizenstat der Versammlung vor, es solle ein Vergleich angestrebt werden.

Obwohl die Schweizer Bankiers gewillt waren, zu bezahlen, diskutierten sie nur über die Summen, die – wie auch immer – mit den nachrichtenlosen Konten zu tun hatten. Schliesslich schien es den Bankiers, dass diese Konten der Grund für die ganze Aufregung waren und darum hatten sie eingewilligt, eine aufwendige Prüfung ihrer Bücher durch den früheren U.S.-Notenbankchef *Paul Volcker* zu bezahlen, um den Maximalwert dieser Konten festzustellen. Was sollte die Volcker-Prüfung überhaupt, wenn sie nachher eine Summe zu bezahlen hatten, die in keiner Beziehung dazu stand? Aber die Aufregung bezog sich gar nicht wirklich auf diese Konten. Also kam man nicht ins Geschäft.

Die beiden Seiten trafen sich wieder, und zwar im Januar 1998 in Eizenstats Büro im Aussenministerium. Die Beteiligung der amerikanischen Regierung an privaten Rechtsstreitigkeiten war bisher verpönt gewesen im Hinblick auf das amerikanische Gesetz, welches streng zwischen öffentlichen und privaten Angelegenheiten unterscheidet und auch die Unparteilichkeit der Regierung bei privaten Streitigkeiten hochhält. Indem Eizenstat jedoch den Einfluss seiner Stellung innerhalb der Clinton-Administration geltend machte, konnte er die Schweizer Seite zu Verhandlungen über einen Vergleich zwingen, der nichts mit dem Totalbetrag der nachrichtenlosen Konten zu tun hatte. Später argumentierte Eizenstat damit, er habe nur der

„Gerechtigkeit" zum Durchbruch verhelfen wollen.[8] Freunde Eizenstats sagen, sein Bruch mit der amerikanischen Rechtspraxis habe lediglich damit zu tun, dass er den Schweizern die schlimmsten Folgen eines „verrückten amerikanischen Rechtssystems" habe ersparen wollen.

Den Schweizern wurde zu verstehen gegeben, sie hätten einen von jedem objektiven Kriterium unabhängigen Betrag zu bezahlen, wofür die Schweizer im Gegenzug verlangten, der Betrag, auf den man sich schliesslich einige, müsse bewirken, dass ihre Banken und ihr Land von weiteren Klagen verschont würden. Die in Vorbereitung befindliche Vereinbarung wurde jedoch durch die Ankunft des WJC-Vertreters Israel Singer im Keime erstickt, dem es gelang, mit seinen hohen Forderungen und der bedrohlichen Schilderung, was sein Freund Alan Hevesi alles zu tun im Stande sei, sowohl die Anwälte der Kläger als auch die Schweizer zu verärgern. Bei den folgenden Treffen nahm Singer Hevesi mit und sagte: „Ich wollte nicht nur mit Platzpatronen schiessen."[9]

Und Hevesi schoss tatsächlich mit scharfer Munition. Wenn die Banken dem Vergleich nicht zustimmten, werde sein Komitee Sanktionen gegen die Schweiz beantragen. Ausserdem werde er persönlich dafür sorgen, dass der Schweizerischen Bankgesellschaft und dem Schweizerischen Bankverein die Bewilligung zur vorgesehenen Fusion, aus welcher die UBS als grösste Bank Europas hervorgehen würde, verweigert werde. Hevesi setzte den 26. März 1998 als Stichtag fest. Am 24. März 1998 lehnte er formell die für Juli vorgesehene Fusion ab. Diese beiden Banken sind äusserst gewinnbringend in New York tätig – in der Grössenordnung von vier Milliarden Dollar pro Jahr. Hätten die beiden Banken nicht fusioniert und deshalb auch keine neue Bewilligung gebraucht, hätte das bedeutet, dass man bei Druckversuchen gegen diese Banken die bestehenden Bewilligungen hätte bestreiten müssen, wodurch sich die Richter und Beamten viel mehr exponiert hätten. Aber Hevesi konnte tatsächlich enormen Druck erzeugen, indem er sich einfach der neuen Bewilligung widersetzte.

Dies brachte Stuart Eizenstat und die Clinton-Administration in Schwierigkeiten. Bisher war immer angenommen worden, für die Aussenpolitik sei ausschliesslich die Bundesregierung zuständig. Aber nun begannen ein Stadtbeamter und einige gleichgesinnte Demokraten, einen echten Wirtschaftskrieg zu inszenieren, welcher der Clinton-Administration bestimmt mehr Ärger bringen würde, als die Unterstützung der Rechtsanwälte und der jüdischen Organisationen es wert war. Und es war ein Krieg, für den die Clinton-Administration sie scharf gemacht hatte, wenn auch nur inoffiziell.

Eizenstat ging nach New York, um das Feuer einzudämmen, für dessen Ausbruch er so viel getan hatte. Zu diesem Zeitpunkt hätten die Banken ein günstiges Geschäft abschliessen können, indem sie sich den zwischen dem starken Wunsch der Clinton-Administration, einen internationalen Vorfall zu vermeiden, und der überwiegenden Einigkeit der öffentlichen Meinung der Schweiz entstandenen „Manövrierraum" hätten zunutze machen können. Aber zu jenem Zeitpunkt hatten sich die Banken bereits völlig verrannt. Am 26. März 1998 stimmten die Schweizer formell Eizenstats Vorschlag zu, die Bezahlung nicht nur auf die nachrichtenlosen Konten zu beschränken, sondern über einen höheren, vollumfassenden und „einigermassen gerechten" Betrag zu verhandeln, der nicht an ein bestimmtes Datum gebunden sei. Im Gegenzug war Hevesi bereit, die Sanktionen bis 30. Juni 1998 aufzuschieben. Aber da er bereits Einwendungen gegen die im Juli vorgesehene Fusion gemacht hatte, setzte er die höchst mögliche Sanktion fest, welche die Banken 300 Millionen Franken pro Monat gekostet hätte.

Als die Gespräche in Eizenstats Büro im Aussenministerium zurückverlegt wurden, kündigte die schweizerische Regierung an, sie werde beim Vergleich nicht mitmachen. Dadurch war die letzte Bindung an die öffentliche Politik weggefallen. Nun beschränkte sich die Streitfrage darauf, wieviel die beiden Banken für die Erlaubnis der amerikanischen Demokratischen Partei, Geschäfte treiben zu dürfen, zu bezahlen bereit waren. In seinem amerikanischen Regierungsbüro schlug Eizenstat – natürlich inoffiziell – vor, dass man zwischen der Forderung der jüdischen Gruppen von 1.8 Milliarden Dollar und dem schweizerischen Angebot von 300 Millionen Dollar bei einem Betrag von 1.25 Milliarden Dollar einig werden könnte. Am 30. Juni 1998 liess Hevesi auf Eizenstats Rat hin formell seine Einwände gegen die Fusion fallen. Als dann aber das endgültige Angebot der Schweizer Banken eintraf, das auf nur 530 Millionen Dollar lautete, schwor er verärgert, er werde die Fusion wieder blockieren. Anfang September 1998 werde Hevesi samt seinem Komitee von Staatsbeamten die Pensionsgelder von allen schweizerischen Instituten abziehen, die solche verwalteten. Doch zu jenem Zeitpunkt hatten die Banken schon längst jeden Gedanken an Kampf aufgegeben.

Der Schlussakt begann damit, dass Richter Korman – hatte er vielleicht das Unbehagen der Clinton-Administration gespürt? – alle Parteien in der Nähe seines Gerichtsgebäudes zum Essen einlud und beide Seiten aufforderte, mitzuteilen, wie sie ihre Rolle in einem Prozess sähen. Niemand zweifelte daran, dass dies *der* Prozess war, obwohl noch unbelastet von Regeln und Verantwortlichkeit. Nach Anhörung der Argumente beider Seiten teilte Korman den Beklagten mit, das Gericht werde sie vielleicht zur Bezahlung einer höheren Summe als der offerierten verurteilen, und zu den Klägern meinte er, dass unter Umständen keiner ihrer Beweise im Bundesgerichtssystem zulässig sei – vor allem nicht bei Appellationsgerichten. Er könnte viel über die zulässigen Beweise und die festzusetzenden Beträge sagen, aber er wolle nicht mit „Platzpatronen schiessen." Dann schlug er eine Vergleichssumme von 1.25 Milliarden Dollar vor. Eigenartigerweise war das genau die Summe, die auch Eizenstat vorgeschlagen hatte. Beide Seiten wurden benachrichtigt, und am 12. August 1998 wurde der Vergleich über diese Summe abgeschlossen.

Da nun die Banken, der WJC und die Rechtsanwälte der Kläger sich von der Weisheit der Empfehlungen der Clinton-Administration hatten überzeugen können, hatte Alan Hevesi plötzlich keine Probleme mehr mit der Bewilligung der Fusion. Die Androhung der Sanktionen verrauchte schneller als sie in Szene gesetzt worden war. Offiziell hatten Hevesi, Richter Korman, der Senat und Clinton überhaupt *nichts* getan. Es waren keine Voten aufgezeichnet, keine formellen Beschuldigungen gemacht, keine formellen Klagen erhoben und keine Beweisüberprüfungen vorgenommen worden. Alles war nur im halbamtlichen Rahmen abgelaufen.

Schliesslich reduzierte sich die Anti-Schweiz-Kampagne auf die ganz alltägliche Möglichkeit der Beamten, ihre öffentlichen Ämter für private Zwecke zu missbrauchen, um die private Partei „B" informell zu zwingen, ihren Freunden in der privaten Partei „A" Bezahlungen auszurichten. Als im Januar 1999 die Banken eben die 1.25 Milliarden

Dollar, verteilt über drei Jahre, zu bezahlen begannen – knapp 10 % ihres Gewinns –, meinte ein nachdenklicher *Richard Capone* von der nun fusionierten UBS, wieviel billiger es gewesen wäre, sich den Einfluss der regierenden Demokratischen Partei in New York zu erkaufen, so wie es bei vielen Geschäften mit regierenden Parteien auf der ganzen Welt gemacht werde. „Aber es fiel mir nie ein, dass man in Amerika Bestechungsgelder bezahlen müsste."[10]

Saubere Hände
Bestechungsgelder? Am 26. Januar 1999 erklärte *Melvyn I. Weiss*, der Anwalt eines der Kläger, vor Gericht folgendes: „Lassen Sie die schweizerische Regierung ja nie damit wegkommen, dass sie sagen kann, sie habe sich damit von aller Schuld losgekauft."[11] Aber genau Loskauf von der Schuld ist es, was die Beklagten mit 1.25 Milliarden Dollar erkauft hatten. So sagt es der Vergleichsvertrag. Mit der provisorischen Zustimmung Richter Kormans zu diesem Vertrag waren die fünf Fälle vor Gericht abgeschlossen. Die Rechtsanwälte der Kläger in Brooklyn konnten die Garantie abgeben, dass der Vergleich auch für die Fälle in Kalifornien und im District of Columbia gelten werde. Dies zeigte, dass die Einzelpersonen, in deren Namen diese Prozesse geführt worden waren, nicht viel mehr als die Bauern im Schachspiel gewesen waren. Obschon die Banken ganz sicher auch Geld an Organisationen bezahlen würden, stand trotzdem keineswegs fest, was diese Organisationen mit dem Geld tun würden, oder wovon sich die Banken – oder die Schweiz – mit ihren Zahlungen losgekauft hatten.

Der Vergleichsvertrag begann mit der Darlegung der Beschuldigungen der Kläger: Die Schweiz habe mit dem Nazi-Regime kollaboriert und sich unrechtmässigerweise „an einem Plan" zur Rückbehaltung der Konten der Sammelkläger beteiligt. Die Schweizer hätten auch mit geraubten Vermögenswerten gehandelt. Sie hätten von Zwangsarbeit profitiert, weil die Wirtschaft des Deutschen Reiches während des Krieges teilweise von der Zwangsarbeit abhängig gewesen sei, wirtschaftliche Ressourcen seien ersetzbar gewesen und Nazi-Deutschland hätte einiges an Gewinnen in der Schweiz deponiert. Schliesslich hätten die Schweizer versucht, ihre Rolle zu vertuschen. Dann stellte der Vertrag fest, dass die schweizerische Seite mit diesen Beschuldigungen nicht einverstanden sei; dass beide Vertragspartner glaubten, falls der Fall vor Gericht gezogen würde, Recht zu bekommen, aber stattdessen hätten beide Seiten den Vergleich vorgezogen: 1.25 Milliarden Dollar sei der Preis für das Ende der Anti-Schweiz-Kampagne und für die Garantie, dass keine weiteren Prozesse den Zweiten Weltkrieg betreffend angestrebt würden. Das Gericht stellte fest, es enthalte sich jeglicher Stellungnahme zu den von beiden Seiten gestellten Forderungen, und es werde auch nicht mit den Vertragsparteien über den Vertrag diskutieren – *es habe nichts mit dem Vertrag zu tun*. Das war natürlich nicht die Wahrheit.

Am 30. März 1999 veröffentlichte das Gericht eine „Anordnung über die vorläufige Zustimmung zu den materiellen Bedingungen des vorgeschlagenen Sammelklagen-Vergleichsvertrags und die provisorische Feststellung der vorgeschlagenen Vergleichsklassen." Mit diesem Dokument distanzierte sich das Gericht vom substantiellen Inhalt der Klagen und des Vergleichsvertrags, indem es langatmig erklärte, der Vertretungsanspruch der Kläger sei „nicht ganz unvernünftig" (vielleicht ein wenig unvernünftig?) und liege innerhalb der rechtlichen Grenzen einer Sammelklage. In dieser Beziehung sagte das Dokument nur, der Vergleich übertrete den „Bereich, in dem eine Zustimmung möglich" sei, nicht. Darüber, was unter diesem „Bereich" verstanden wurde und weshalb, gab das Gericht keine Erklärung ab.

Das Dokument stellte ferner fest, der Vergleich „legt keine Gründe offen, an der Fairness zu zweifeln, es enthält auch keine anderen Mängel wie bevorzugte Behandlung der Vertreter einer Gruppe von Sammelklägern oder aussergewöhnlich hohe Honorare an die Rechtsanwälte". Dennoch versuchte das Dokument nicht zu definieren, was die richtige Behandlung von Sammelklägern (vor allem des WJC) sei und wieviel jede Gruppe der Sammelkläger erhalten sollte. Das Gericht überliess die Lösung dieser Fragen einem „Spezialisten", den der Gerichtshof innert dreissig Tagen ernennen würde. Auch die Frage der Höhe der Honorare der Rechtsanwälte wurde diesem „Spezialisten" und der späteren administrativen Zustimmung des Gerichts überlassen. Kurz gesagt: Das Dokument delegierte das Wesentliche des Urteils an einen Administrator.

Schliesslich legte das Dokument auch noch die Kategorien fest, in welche die Kläger resp. Begünstigten einzuteilen seien. Diese Einteilung sei definitiv – so das Gericht –, da die Beklagten resp. Bezahlenden damit einverstanden seien. Da jedoch das einzige Interesse der Beklagten am Vergleich darin bestand, mit der Auslösesumme von jeder Verpflichtung befreit zu werden, und sie sich deshalb nicht darum scherten, an wen die Zahlungen gingen, bestätigte ihre Zustimmung keineswegs die Richtigkeit dieser Einteilung. Im wesentlichen bestätigte das Gericht die Resultate der WJC-Druckversuche auf die Schweizer Banken und sah die Verteilung der Summe gemäss den Wünschen des WJC vor.

Am 31. März 1999 ernannte Richter Korman *Judah Gribetz* zum „Spezialisten", der einen Detailplan für die Verteilung des Geldes und die gerechte Zuteilung der Rechtsanwaltshonorare erstellen musste. Gribetz war ebensowenig zufällig ernannt worden wie Korman. Er war nämlich Mitglied des Judicial Selection Committee (Auswahl-Komitee bei der Besetzung von Stellen in den Gerichten) gewesen, das den demokratischen Senator Moynihan bei Ernennungen auf Bundesgerichtsebene im Staate New York „beraten" hatte – dasselbe Komitee, das auch bei der Vergebung von Kormans Posten „beratend" tätig gewesen war. Gribetz war auch Präsident des Jewish Community Relations Council, einer Vereinigung von sechzig jüdischen Organisationen New Yorks, und ein langjähriger Verfechter der jüdischen Sache. Die verschiedenen Gruppen, die einen Teil des Geldes zu bekommen hofften, schuldeten Gribetz viel, und er schuldete seinerseits jeder Gruppe viel. Bei diesem und auch bei anderen „Spezialisten" wird die Macht der Interessengruppen in offizielle Autorität gekleidet. Was als Interessengruppen-Kampagne begann, zunächst im Gewande der Moral und der Aussenpolitik und dann in jenem der Gerichtsverfahren, endete einmal mehr als reines Interessengruppen-Spiel.

Gribetz' Aufgabe war es, den Wirrwarr von Interessen unter den Gruppen und Einzelpersonen, die Anspruch auf einen Teil des Geldes anmeldeten, aufzulösen. Im März 1999 wurde Gribetz mit der Aufstellung eines provisorischen Aufteilungsplans bis zum 29. Dezember 1999 beauftragt; diese Frist wurde dann bis zum 31. März 2000 verlängert. Richter Korman betonte ausdrücklich, Gribetz sei mit keiner der Kläger- oder Anwältegruppen speziell verbunden: „Ich werde nichts tun, was die Tatsache schaffen oder den Eindruck erwecken könnte, jemand habe Insider-Verbindungen."[12] Aber da beim Entscheid über die Verteilung des Geldes eben so wenig objektive Kriterien zur Verfügung standen wie beim Abschluss des Vergleichsvertrages über die Höhe des Geldbetrages, konnte Gribetz' Verteilungsplan lediglich die Macht jeder Partei, den Insider-Weg einzuschlagen, bekräftigen.

Am 14. März 2000 erliess Korman jedoch eine sonderbare Anordnung mit der Wirkung, dass Gribetz seinen Verteilplan bis zu einer neuen Aufforderung nicht vorlegen musste. Korman stellte fest, mit dem Verteilplan müsse zugewartet werden, bis er – Korman – das endgültige Urteil in diesem Fall gesprochen habe, und das werde erst dann eintreten, wenn die Schweizer Banken „zwei zentrale Empfehlungen des Volcker-Komitees erfüllt hätten." Er – und nicht Volcker – nannte die betreffenden Punkte „zentral". Diese waren: Die Erstellung „einer zentralen Datenbank mit Daten über alle 4.1 Millionen Konten und die [Veröffentlichung der] 25 000 Namen der Konteninhaber, die möglicherweise oder wahrscheinlich mit Opfern der Nazi-Verfolgung verwandt waren."

Das ist sonderbar, denn, wie wir sehen werden, rät der Volcker-Bericht von der Veröffentlichung vieler Zahlen und Namen ab. Auch Israel Singer hatte starke Einwände gegen eine solche Veröffentlichung. Dennoch entschieden sich die Schweizer Banken im März 2000 dazu, die Namen der Konteninhaber zu veröffentlichen – vielleicht freuten sie sich, Zuschauer der sich ergebenden Folgen zu sein. Die Schaffung der Datenbank mit den 4.1 Millionen Konten würde viel Zeit in Anspruch nehmen, und es würde auch nutzlos sein, über die Gültigkeit individueller Ansprüche zu entscheiden, weil der Rückgriff auf die Hauptliste die Arbeit des Volcker-Komitees verdoppeln würde. Die Schweizer Banken waren an dieser Sache überhaupt nicht interessiert. Dennoch erklärten sich am 3. Mai 2000 die zwei grössten Banken der Schweiz, die UBS und die Credit Suisse, bereit, eine zentrale Datenbank für die 2.1 Millionen Konten zu errichten, die laut ihren Eintragungen bei ihnen in den Jahren 1933 bis 1945 eröffnet worden waren. (Die anderen zwei Millionen Konten waren auf mehrere hundert kleinere Banken verteilt.)

Das hatte den Erfolg, dass Richter Korman in der Presse dahingehend zitiert wurde, er werde bald die endgültige Zustimmung zum Vergleich geben und – was noch wichtiger war – auch zum Bericht des „Spezialisten." Beim Verfassen dieses Buches war der Bericht des „Spezialisten" noch nicht veröffentlicht und daher auch noch nicht gebilligt. Warum diese mindestens fünfzehnmonatige Verzögerung? Warum ein Gerichtsdokument, das den unglaubwürdigen Eindruck erweckte, die Schweizer Banken, die der Bezahlung von 1.25 Milliarden Dollar zugestimmt hatten, seien darauf bedacht, vom Geld der Opfer soviel wie möglich zurückzubehalten? Vielleicht hatte die Antwort auf diese Frage etwas mit der Intensität des Kampfes ums Geld innerhalb der Klägerschaft zu tun.

Die Wirklichkeit: Gerangel ums Geld
Der Kampf um die 1.25 Mrd. Dollar entbrannte zwischen rivalisierenden Gruppen von Rechtsanwälten und zahlreichen jüdischen Organisationen. Bei den Hearings über den Vergleich hatten verschiedene Beteiligte voller Emotionen verlangt, das Geld, und zwar alles, müsse sofort an jüdische und andere Überlebende des Holocausts verteilt werden, von denen sich die meisten schnell ihrem Lebensende näherten. Es bestand aber nie eine Chance, dass das Gericht die Vergleichssumme durch die Zahl der Holocaust-Überlebenden und der anderen potentiellen Kläger, zusammen etwa eine halbe Million Menschen, dividieren und jedem einen Check von 2'000 Dollar ausstellen würde. Dies hätte den WJC der Macht beraubt, die mit der Verteilung eines zehnstelligen Geldbetrages zusammenhing, und die Rechtsanwälte wären ihrer Honorare in Höhe von ungefähr 13 Millionen Dollar verlustig gegangen. Aus dem gleichen Grund bestand auch keine Chance, dass das Geld an die U.S.- (oder israelische) Regierung übergeben würde, die es auf peinlich genaue Art und Weise, wie sie von demokratischen Regierungen verlangt wird, hätte verteilen müssen.

Die Interessen der einzelnen Überlebenden wurden durch *Gizella Weisshaus* vertreten, in deren Namen Rechtsanwalt *Edward D. Fagan* eine der ursprünglichen Klagen eingereicht hatte. Im Gegensatz zu Fagan verlangte Gizella Weisshaus, dass mindestens 70% des Geldes an Einzelpersonen zu verteilen seien. Die Rechtsanwälte waren in zwei Gruppen gespalten, die eine angeführt von Fagan, die andere von *Melvyn Weiss* und *Michael Hausfeld*. Beiden Anwaltsgruppen ging es um ihre grossen Honorare, weshalb sie die Verteilung des grössten Teils des Geldes an jene Organisationen befürworteten, deren Vertreter sie waren, zum Beispiel an das Simon Wiesenthal Center in Los Angeles. Bronfmans WJC war der Meinung, der WJC müsse die

Führung bei der Verteilung der Gelder übernehmen, da – so der WJC – Bronfman auch Präsident der Jewish Restitution Organization sei, die mit der israelischen Regierung verbunden (aber nicht deren Beauftragte!) war. Der WJC erklärte, er sei vom Staat Israel ermächtigt, „das jüdische Volk in Holocaust-Angelegenheiten zu vertreten," und dass „wir ein Mandat erhalten haben, als dessen Vertreter zu fungieren."[13] Das war einfach unwahr.

Die Bekanntgabe der Namen liess das Gerangel am Geldhahn rasch deutlich werden. Der Kolumnist *Charles Krauthammer* sagte, die um das Geld kämpfenden Rechtsanwälte und Organisationen „erinnern auf schlimmste Weise an Rassenunruhen und an den Sammelklagen-Opportunismus in den Vereinigten Staaten".[14] *Abraham Foxman* von der am Kampf ums Geld unbeteiligten Anti-Defamation League warnte, die Kläger seien dabei, „aus dem Andenken an die Opfer eine Industrie zu machen". Und es ist wirklich schwierig, den Aussagen der einzelnen Kläger in dem, was sie übereinander sagten, zu widersprechen – dass es nämlich hauptsächlich ums Geld gehe, um Macht und Ruhm im Namen der Verstorbenen. Ein Rechtsanwalt verlangte 5 000 Dollar für das Lesen eines Buches über schweizerische Goldtransaktionen, aber das war noch weniger verdammenswert als der Vorschlag des WJC, wonach Überlebende *und Dienststellen von jüdischen Organisationen* – wie auch immer die Verbände diese definierten – in eine einzige Kategorie zusammengefasst werden sollten, an die 80% des gesamten Geldes zu gehen hätten. Der Rest würde direkt an die Organisationen gehen. Geld an Organisationen zu geben, die sich angeblich für Überlebende einsetzen, bedeutet natürlich eher, den Organisationen Geld zu geben als den Überlebenden selber. Und die Struktur des Vergleichsvertrags war tatsächlich zu Gunsten der Organisationen ausgelegt.

Von den fünf im Vergleichsvertrag vorgesehenen Kategorien von Anspruchstellern setzt sich diejenige mit der höchsten Priorität auf sofortige Auszahlung aus tatsächlichen Holocaust-Überlebenden und deren Erben zusammen, die „vor dem 9. Mai 1945 Vermögenswerte, Investmentfonds oder andere, treuhänderisch angelegte Gelder auf irgendeiner Schweizer Bank" deponiert hatten. Der dieser Kategorie zuzurechnende Betrag würde aber nur einen kleinen Teil der 1.25 Milliarden Dollar ausmachen, und ein wesentlicher Teil dieses verteilten Geldes würde wahrscheinlich in den Händen der verteilenden Organisation hängen bleiben. Zum Zeitpunkt, als das Independent Committee of Eminent Persons unter der Leitung des früheren U.S.-Notenbankchefs Paul Volcker den Auftrag erhielt, einen definitiven Bericht über die Anzahl, den Wert und die Eigentumsverhältnisse der seit dem Zweiten Weltkrieg bei Schweizer Banken vorhandenen nachrichtenlosen Konten zu verfassen, war die Anzahl dieser Konten im Laufe der Jahre durch verschiedene Überprüfungen schon reduziert worden. Das Volcker-Komitee kontrollierte zwar jedes einzelne in den Jahren 1933 bis 1945 in der Schweiz eröffnete Konto (6.8 Millionen) und schätzte die Anzahl der nachrichtenlosen, *vielleicht* Holocaust-Opfern gehörenden Konten höher ein – gleichwohl hatte es bei der Identifizierung der Konteninhaber auch nicht mehr Erfolg als die Schweizer Banken.

Zuerst schloss das Komitee alle Konten aus, von denen wegen Fusionen keine Unterlagen mehr vorhanden waren oder deren Auflösung gestattet worden war, sowie alle rein inländischen Konten. Es schloss auch früher eröffnete nachrichtenlose Konten aus (darunter ein von Lenin während seines Exils in Zürich eröffnetes Konto). Dann verglich es die restlichen 2.2 Millionen Konten mit den Namen aller bekannten und vermuteten Holocaust-Opfer (5.5 Millionen). Ungefähr 356 000 Namen stimmten einigermassen überein oder schienen aus anderen Gründen in Frage zu kommen. Davon wurden mehr als 300 000 als inländisch oder als zeitlich unpassend eingestuft, oder sie waren ordnungsgemäss geschlossen worden. Schliesslich blieben noch 53 000 Konten mit einem „möglichen oder wahrscheinlichen Zusammenhang mit Nazi-Verfolgung". Aber die Hälfte dieser Konten war aus verschiedenen Gründen geschlossen worden, und der Rest war meistens auf irgendeine Art ausbezahlt worden. Nur 2 726 Konten wurden als „offen und nachrichtenlos" klassifiziert. Die meisten waren nur von geringem Wert. Der Volcker-Bericht sagte folgendes:

> Wie vorstehend bereits erwähnt, impliziert die Identifizierung eines Kontos als Konto mit „wahrscheinlichem oder möglichem" Zusammenhang zu einem Opfer an sich nicht, dass ein solcher Zusammenhang tatsächlich besteht. Die identifizierten Konten variieren stark im Grad der ihnen zugewiesenen Wahrschein-

lichkeit, und es besteht derzeit keine Möglichkeit, die Anzahl der Konten festzustellen, auf die Ansprüche geltend gemacht werden oder die im Rahmen des Anspruchsprüfungsverfahrens zur Zahlung anerkannt werden. [...] Darüber hinaus liegen für mehr als die Hälfte der identifizierten Konten keine Angaben bezüglich des Kontenwertes vor. Bei Konten mit solchen Wertangaben sind die Zeitpunkte der Wertbestimmung wenig einheitlich; ferner besteht wenig Gewissheit bezüglich Gebühren und sonstiger in Rechnung gestellter Beträge oder gutgeschriebener Zinsen sowie der seriösen Bestimmung der Sicherheit von Depotkonten.[15]

Der Bericht kommt zum Schluss, dass die Einbeziehung eines Kontos „mit wahrscheinlichem oder möglichem Bezug zu einem Opfer" nicht unbedingt einen Beweis darüber liefert, wer der Inhaber des Kontos ist, da die Übereinstimmungen geläufige Namen umfassen; und der Nachweis, wie er sonst bei Justiz- oder Finanzverfahren als normal betrachtet wird, fehlt fast gänzlich. Zudem hat das Komitee nicht versucht, den nachrichtenlosen Konten einen monetären Wert zuzuweisen. Es ging daher nicht auf die Voraussage der Schweizerischen Bankiervereinigung ein, wonach die Kosten des Volcker-Verfahrens – 200 Millionen Schweizer Franken – den aufgedeckten Geldbetrag um einiges übertreffen würden.

Die Empfehlung des Komitees über das Auflösungsverfahren dieser Konten liess ferner zu, dass die damit Beauftragten ziemlich frei nach ihrem Belieben schalten und walten konnten:

Die Erfahrungen des Claims Resolution Tribunal [durch schweizerisches Gesetz 1997 errichtet] zeigen, dass die Veröffentlichung von [Konteninhaber-]Namen eine Vielzahl von Anspruchstellern anzieht sowie Ansprüche von einzelnen Klägern in bezug auf Konten, die gar nicht damit zusammenhängen. Eine Gefahr besteht darin, dass eine grosse Anzahl unseriöser Ansprüche im Zusammenhang mit einer umfangreichen Liste veröffentlichter Namen den Entscheidungsprozess überlastet und dazu führen kann, dass, statt den legitimen Anspruchstellern zu dienen, nur die Justiz verzögert und dieser Entscheidungsprozess mit gravierenden, unerwünschten Zufallselementen belastet wird.[16]

Auf jeden Fall hatte der Generaladministrator des israelischen Justizministeriums genau diese Erfahrung gemacht, als er eine Liste von fünftausend nachrichtenlosen Konten bei israelischen Banken veröffentlichte. Am Ende musste allen zehn Antragstellern das Recht auf die Konten zugesprochen werden. Auch jeder, der den amerikanischen „Spezialisten" beauftragte, das Entscheidungsverfahren durchzuführen, würde mit den gleichen Verteilproblemen konfrontiert wie die Schweizer Banken oder der israelische Justizminister.

Der unter Gerichtsmandat versandte Fragebogen für potentielle Anspruchsberechtigte dieser Konten fragte nach begründenden Dokumenten, welche die Anspruchsteller dem amerikanischen Verteiler des Geldes ebenso wenig hätten vorlegen können wie früher den Schweizer Banken. Ebenso wie die Schweizer Banken würden sich die jüdischen Organisationen weigern, Vermögen an alte Damen auszuhändigen, die Geschichten von einem längst verstorbenen Vater erzählten, der unklare Andeutungen über auf Schweizer Banken verstecktes Geld gemacht hatte. Anders als die Banken jedoch hatten diese Organisationen ihre politischen Wähler zu befriedigen. Zudem war das Durchschnittsalter der Kläger fünfundsiebzig Jahre, und es starben jedes Jahr etwa vierzigtausend von ihnen. Dadurch verringerte sich ständig der Druck auf die Verteilorganisationen, das Geld, das andernfalls ihnen zukommen würde, weiterzugeben, während der Anreiz, die Verteilung zu verzögern, stieg.

Zur zweiten Kategorie zählten die Personen mit „Vermögenswerten, die durch das Einbringen in schweizerische Gesellschaften zu Gunsten einer mit dem Nazi-Regime liierten Firma, Gesellschaft oder Einzelperson der Achsenmächte" verlorengegangen waren. Wer zu dieser Kategorie zählte, war noch weniger in der Lage, gut dokumentierte Ansprüche auf hohe Summen vorzulegen. Wie konnte irgendeine Person, deren Geld, Geschäft oder Auto durch die Nazis weggenommen worden war, behaupten, geschweige denn beweisen, dass der Gegenwert dieser Vermögenswerte irgendwie „verdeckt" in der Schweiz liege und nicht einfach im Schlund der Kriegsmaschinerie des Reiches verschwunden war? Ein kurzer Bezug im Bericht des

Volcker-Komitees streift dieses Problem und stellt grundsätzlich dessen Unlösbarkeit fest. Also würde auch das Geld dieser Kategorie in den Händen der Verteiler hängen bleiben.

Bei der dritten und fünften Kategorie erhielten die Verteilenden freie Hand. Die dritte Kategorie betraf die Zwangsarbeiter, deren Arbeit auf irgendeine Weise auch die Schweiz berührte. Aber abzuklären, wo der Wert der Arbeit irgendeines Menschen in eine komplexe moderne Wirtschaft einfloss, war ebenso unmöglich, wie herauszufinden, welche Funktion des Körpers einem bestimmten Bissen der eingenommenen Nahrung zuzuordnen ist. Bei der fünften Kategorie ging es um Zwangsarbeiter, die im Nazi-besetzten Europa in Firmen von schweizerischen Eigentümern gearbeitet hatten. Aber definitionsgemäss arbeiteten alle Firmen in Deutschland und in den besetzten Ländern nicht nach den Wünschen ihrer rechtlichen Eigentümer, sondern gemäss jenen der Nazis, die Macht über Leben und Tod hatten – gegenüber Managern wie Arbeitern.

Unter der vierten Kategorie wurden jene Personen zusammengefasst, die „die Einreise in die Schweiz erfolglos versucht hatten, um der Nazi-Verfolgung zu entkommen". Bei dieser Kategorie bestand der Vorteil, dass es sich um möglicherweise identifizierbare Personen handelte. Lassen wir mal die Frage beiseite, warum die Kläger nicht auch Entschädigungen bei amerikanischen und schwedischen Behörden verlangten, die Nazi-Flüchtlingen das Asyl verwehrt hatten. Die praktische Frage war: Wie konnte jemand beweisen, dass ihm oder ihr die Einreise in die Schweiz nicht gestattet worden war (die Ausschaffung ist eine andere Sache)? Die Geschichte einer Person war ebenso gut oder schlecht wie diejenigen der anderen. Wenn es um Asylverweigerung mit Todesfolge ging, wäre wahrscheinlich niemand mit einem Recht auf Geldentschädigung übrig geblieben. Fügt man die Tatsache hinzu, dass die Geldverteiler allen Grund hatten zu glauben, dass bei jedem Antrag, den sie ablehnten, mehr Geld für ihre Organisation übrig bleiben werde, dann war daraus logischerweise zu schliessen, dass bei dieser Kategorie nur wenig Geld den einzelnen Anspruchsberechtigten je erreichen würde.

Wer würde also bei solch weitem Ermessensspielraum in bezug auf so viel Geld zu den Anspruchsberechtigten gehören? Konnte es sein, dass vergangene, gegenwärtige und zukünftige Wähler der verteilenden Organisationen dafür besser befähigt wären als unabhängige Personen?

Schliesslich hatte sich zur Zeit des Vergleichs bei den jüdischen Organisationen, die sich um die Vormacht bei der Verteilung des Geldes stritten, eine ganze Reihe von Verzögerungen und Unzulänglichkeiten beim Verteilen früherer Fonds ergeben. Im Jahre 1997 hatten die schweizerische Regierung und die schweizerische Industrie beispielsweise einen Fonds mit über 200 Millionen Dollar für Holocaust-Opfer eingerichtet. Die Verteilung hätte durch den WJC gehandhabt werden sollen, in dessen Eigenschaft als Filiale der World Jewish Restitution Organization. Doch ein Jahr später, als man meinte, der WJC hätte das meiste Geld bereits ausbezahlt, hatte der WJC erst 10% des Gesamtbetrages verteilt. Die Zeitungen waren voll von verärgerten Äusserungen von jenen, die einen Nutzen erwartet hatten.[17] Schliesslich stellte sich heraus, dass die eigentlichen Begünstigten die Organisationen selber waren. Jeder, der das Eherne Gesetz der Bürokratie kennt, wird darüber nicht erstaunt sein.

Auf der anderen Seite der Buchhaltung konnte nur die amerikanische Regierung den Schweizer Banken – und tatsächlich auch der Schweiz selber – mit einem gewissen Grad von Sicherheit garantieren, dass sie in Zukunft in Ruhe gelassen würden. Aber da die Clinton-Administration nie etwas *offiziell* gegen die Schweiz unternommen oder ihr offiziell gedroht hatte, konnte sie kaum etwas *rückgängig* machen, das sie nicht getan hatte. Die Clinton-Administration, die den Kampf immer geschürt hatte, wurde in Richter Kormans Gerichtssaal durch einen gewissen *James Gilligan*, einen niederrangigen Juristen des Justizministeriums, vertreten, welcher der Ansicht war, der Vergleich sei „fair, vernünftig und im öffentlichen Interesse".[18] Aber die Clinton-Administration unterzeichnete den Vergleichsvertrag nicht. Auch wenn sie es getan hätte, hätte das Urteil eines Bundesgerichtshofs in gewissen Fällen im streng rechtlichen Sinne andere Richter nicht davon abhalten können, auf ähnliche Fälle einzutreten. Die von der Schweiz erkaufte Schuldvergebung war also eher politischer als rechtlicher Natur.

Und so wurde am 30. Januar 1999 ein „beschwichtigendes", drei Paragraphen enthaltendes „Joint Statement" der amerikanischen und der Schweizer Regierung veröffentlicht. Es verpflichtete beide Staaten,

„die Bande auf dem politischen, wirtschaftlichen und kulturellen Gebiet zwischen unseren beiden Ländern zu festigen und zu vertiefen [...] Frieden und Stabilität auf internationaler Ebene zu fördern, für die Einhaltung der Menschenrechte und den Respekt der demokratischen Werte einzustehen und den freien Markt zu unterstützen [...] zur fortgesetzten Bekämpfung des organisierte Verbrechens [...] zum Austausch von Menschen und Ideen [...] und zur weiteren Stärkung der bilateralen und multilateralen wirtschaftlichen Zusammenarbeit." Dieses Statement war inhaltlich so leer, dass sich jeder Student des internationalen Rechts gefragt hätte, warum sich zwei Regierungen die Mühe gemacht hatten, ein solches Statement überhaupt aufzusetzen.

Die Antwort wäre gewesen, zwei Regierungen seien eben dabei, eine Art Kriegsbeil zu begraben, eine Art Streit zu beenden, den mindestens eine von beiden nicht als solchen anerkennen wollte. Die schweizerische Regierung hatte alles Interesse daran, den Streit beim Namen zu nennen und ganz klar festzustellen, dass, wenn einmal der Preis bezahlt sei, das Land erwarte, in Ruhe gelassen zu werden. Am 22. September 1999 sagte der Bundesrat in einer unilateralen Erklärung, dass „dieser Vergleich das Ende aller finanziellen Ansprüche bedeutet, die gegen die Schweiz erhoben worden sind." Die Clinton-Administration bestätigte mit ein paar leeren, freundlichen Worten, ihre zukünftigen Absichten gegen die Schweiz seien ganz und gar freundlicher Art, und ihre Hände seien in bezug auf das, was in der Vergangenheit vorgefallen sei oder hätte vorfallen können, sauber.

Was die Clinton-Administration der Schweiz angetan hatte, war die Ausdehnung des amerikanischen Interessengruppen-Verfahrens ins Ausland, bei welchem sich Regierungsbeamte die Unterstützung von Bürgern kaufen, indem sie ihnen das Recht übertragen, anderen Leuten Kosten aufzuerlegen. Im sechzehnten Kapitel seines Buches *Il Principe* warnte Niccolò Machiavalli Regierende vor dieser Regierungsart, weil – wie er schrieb – die Antragsteller nie zufriedengestellt werden könnten, und Versuche, sie zufriedenzustellen, würde Leute zu Gegnern machen, die es sonst nicht geworden wären. Die einzige Ausnahme von dieser Regel – so Machiavelli – könne dann gemacht werden, wenn die Regierung ihre innerstaatlichen Anhänger „mit fremdem Gut" zufrieden stellen könne. So könnte es also sein, dass die Clinton-Administration dadurch, dass sie die Kassen eines geschätzten Parteisponsors mit von ausländischen Firmen stammendem Geld füllte, dem unanfechtbaren Rat Machiavellis folgte. Aber Machiavelli meinte damit etwas, was die Clinton-Administration nicht in Betracht zog, nämlich: Wenn eine Regierung ausländischen Bürgern oder Ländern Vermögenswerte wegnimmt, bezahlt sie ihren Preis auf dem Gebiete der internationalen Beziehungen.

Wirklichkeit: Internationale Verwicklungen
Die Erpressung der Schweiz durch die Clinton-Administration brachte die öffentliche Meinung der Schweiz, die bisher historisch gesehen immer proamerikanisch eingestellt gewesen war, gegen die Vereinigten Staaten auf. Da die Schweiz nur ein kleines Land ist, mag mancher vielleicht denken, dass die einzige Supermacht der Welt es sich leisten könne, den Hass von ein paar Ausländern für die Zufriedenstellung einer bestimmten Wählergruppe im eigenen Lande einzutauschen. Dem ist aber nicht so. Die Vereinigten Staaten als ganzes haben aus der Anti-Schweiz-Kampagne keinen Nutzen gezogen, sondern es sind Kosten entstanden.

Die öffentliche Meinung der Schweiz hatte keinen Grund, dem Weltjudentum und noch viel weniger den Schweizer Juden die Schuld für die Anti-Schweiz-Kampagne zu geben. Als jedoch die Kampagne immer mehr Auftrieb erhielt und sich die Führer der schweizerischen jüdischen Gemeinde nicht schnell genug von ihr distanzierten, wurden Schweizer Juden von sehr vielen ihrer Mitbürger mit den „Erpressern" ihres Landes in eine Ecke gestellt. Das tat auch Bundespräsident Jean Pascal Delamuraz 1996 in seiner Rede zum Abschluss seines Präsidialjahres.

Als im Juni 1997 Christoph Blocher, ein führender Kopf der rechtsbürgerlichen Schweizerischen Volkspartei, es unternahm, die öffentliche Meinung gegen die Vereinigten Staaten und den WJC zu mobilisieren, sprach er ausdrücklich die Schweizer Juden und die Juden im allgemeinen von jeder Schuld für das, was dem Lande angetan wurde, frei. Blocher schob die Schuld „den Amerikanern" und dem politischen Establishment der Schweiz zu. Dennoch wurde den Schweizer Juden der sprichwörtliche schwarze Peter zugeschoben, denn nichts konnte die Tatsache aus der Welt schaffen, dass das Land im

Namen und zu Gunsten „der Juden" ungerechtfertigterweise angeschwärzt wurde.

Blochers Absicht war es, die Öffentlichkeit gegen das Establishment aufzurütteln, und es gelang ihm ohne Schwierigkeiten. Im Jahre 1992 hatte er eine Volksbewegung angeführt, welche den von der politischen Elite geplanten, den Anschluss an die Europäische Union vorbereitenden Beitritt zum Europäischen Wirtschaftsraum (EWR) über den Haufen warf. Im August 1997, fünf Monate, nachdem er eine Kampagne für ein Referendum zum Widerruf des Entscheids der Schweizer Regierung gestartet hatte, einen Fonds zur Auszahlung an den WJC einzurichten, fanden Beobachter, er habe die öffentliche Meinung für sich gewonnen.[19] Und tatsächlich: Die schweizerische Regierung war sich sicher, sie würde das unausweichliche Referendum verlieren, weshalb sie den Plan, diesen Fonds einzurichten, aufs Eis legte. Der Antiamerikanismus wurde ein Thema in politischen Reden, und Bücher mit Titeln wie *Der Kniefall der Schweiz* und *La Suisse face à l'Empire Américain* fanden eine grosse Leserschaft.[20]

Die schweizerische öffentliche Meinung wandte sich gegen die Vereinigten Staaten und auch gegen jeden Schweizer, der den anderen Geld wegnehmen wollte, um damit Ausländer zufriedenzustellen. Wie – so Blochers Frage – würde das amerikanische Volk reagieren, wenn irgendein europäisches Land versuchen würde, Geld von den Vereinigten Staaten zu fordern, um es an angebliche Opfer des amerikanischen Krieges in Vietnam zu bezahlen? Wie kam überhaupt die schweizerische Regierung dazu, mit dem WJC zu verhandeln, dessen einzige Qualifikation darin bestand, erfolgreich die Ehre der Schweiz beschmutzt zu haben? Warum durften die Amerikaner die Schweiz für ihre neutrale Haltung im Zweiten Weltkrieg rügen, war doch auch Amerika erst in den Krieg eingetreten, als es angegriffen wurde? Die Schweiz hätte auch gekämpft, wenn sie angegriffen worden wäre. Wie konnten die Amerikaner die Schweiz kritisieren, sie habe zu wenig jüdische Flüchtlinge aufgenommen, hatte doch die Schweiz tatsächlich mehr jüdische Flüchtlinge als Amerika aufgenommen? Und warum durfte Amerika die Schweiz beschuldigen, sie habe sich, um den Zweiten Weltkrieg zu überleben, auf „Legalismus" verlassen? Worauf sonst sollte sich ein kleines Land verlassen können? Waren die Vereinigten Staaten in der Lage, die Schweiz zu beschützen? Konnten sie die Sicherheit der Schweiz in Zukunft sicherstellen? Wenn nicht, welche praktische, moralische oder intellektuelle Basis gab es für die amerikanischen Forderungen? Und wie konnte sich Amerika mit schweizerischen Einzelpersonen der radikalen Linken zusammentun, die sich gegen ihre Mitbürger stellten? Wenn das schweizerische Establishment den Amerikanern die geforderte Summe bezahlen wollte, sollte es das mit seinem eigenen Geld tun und nicht mit jenem der unschuldigen Schweizer Bürger. Blochers Gleichsetzung von Amerika mit einfältigem Übelwollen wurde zum allgemeinen Tenor in der Schweiz.

Während der schweizerische Bundesrat die Vereinigten Staaten versöhnlich zu stimmen versuchte und vorgab, alle Sünden, welche die Väter begangen hätten, zu bereuen, wandte sich die öffentliche Meinung der Schweiz sowohl gegen das Establishment als auch gegen die Vereinigten Staaten.[21] In der Tat war die Schuldzuweisung an das schweizerische Establishment, sich nicht gegen die Ausländer, welche die Schweiz demütigten, gewehrt zu haben, das gemeinsame Fanal der Opposition. Wie im Zweiten Weltkrieg erwies sich der verständliche Versuch der Regierungsparteien, die vorherrschende Grossmacht des Tages zu beschwichtigen, als Glücksfall für ihre Gegner. Bei den Parlamentswahlen vom Oktober 1999 machte Blochers Schweizerische Volkspartei die grössten Gewinne in der modernen Geschichte der Schweiz, indem sie vierundvierzig Sitze hinzugewann und dadurch zweitgrösste Partei des Landes wurde – und wahrscheinlich die einflussreichste. Während man darüber, ob dies für die Schweiz gut oder schlecht sei, geteilter Meinung sein kann, besteht kein Zweifel, dass dies für die amerikanische Diplomatie eine selbst zugefügte Wunde war. Es sollte nicht die letzte Wunde bleiben.

Kaum war die Tinte des Vergleichsvertrages trocken, als sich auch schon die gleichen Rechtsanwälte und die gleichen Organisationen, unterstützt von der gleichen Clinton-Administration, gegen Deutschland wandten. All dies war ein *déjà vu*. Am 11. September 1998 reichte Anwalt Melvyn I. Weiss eine Klage gegen den deutschen Stahlkonzern Krupp ein. An diese hängten sich weitere Klagen an, die bei Richter Kormans Gerichtshof in Brooklyn (wo sonst als in Brooklyn?) gegen Krupp, gegen Tochterfirmen der Ford Motor Company in Deutschland sowie die Deutsche Bank und deutsche Firmen wie

Volkswagen eingereicht wurden. Die Klage lautete auf Bereicherung durch zum Teil von Juden geleistete Zwangsarbeit während des Zweiten Weltkrieges. Die *NEW YORK TIMES*, welche die Anti-Schweiz-Kampagne unterstützt hatte, äusserte die Befürchtung, die Anstrengungen bei der Wiedergutmachung eindeutiger moralischer Fehler könnten von Leuten mit Beschlag belegt werden, die alles andere als noble Motive dafür hätten.[22] Vielleicht hatte die *TIMES* dies schon früher bemerkt. In der Tat hätte sie wahrnehmen können, dass dieser mittels politischer Einflussnahme in Gang gesetzte Wettlauf um das „schnelle Geld" im Ausland Teil und Inhalt dessen war, was aus der amerikanischen Innenpolitik geworden war.

Diese Klagen riefen die gleiche Kritik hervor wie die Anti-Schweiz-Kampagne: Wie kann man Personen, die zur Zeit der Tat nicht einmal geboren waren, Ansprüche – und noch viel weniger Schuld – zuordnen? Kann jemand mit gutem Gewissen behaupten, der Wohlstand der deutschen Firmen im Jahre 2000 hätte auf irgendeine Weise mit den Firmenbilanzen am Ende des Zweiten Weltkrieges zu tun? Tatsächlich war die Kriegsbilanz der deutschen Wirtschaft total desaströs. Oder konnte jemand behaupten, irgendein von einer deutschen Bank gewährtes Darlehen sei durch ein unabhängiges Urteil zustande gekommen und nicht einem launischen Führerbefehl Hitlers entsprungen? Es würde auch völlig unmöglich sein, der Arbeit und der Qual, die man Einzelpersonen durch die Zwangsarbeit während des Zweiten Weltkrieges aufgebürdet hatte, einen objektiven Wert zuzuschreiben. Das Reich hatte vielleicht 1.5 Millionen Menschen zu Zwangsarbeit versklavt, von denen weniger als 250 000 in den späten 1990er Jahren noch am Leben waren. Wer sollte entscheiden, wer ein rechtmässiger und wer ein unrechtmässiger Antragsteller war? Sicher war nur, dass die Beliebigkeit, mit der bei jedem Vergleich die Verteilung des Geldes gehandhabt würde, die Organisationen und die Rechtsanwälte sehr stark bereichern würde, und dass das Geld teils auch in den Unterstützungsmechanismus der Demokratischen Partei zurückfliessen würde.

Zudem war das Dritte Reich nicht das einzige Land gewesen, das Zwangsarbeit auferlegt hatte. Nach dem Krieg hatte die Sowjetunion vielleicht eine Million Deutscher und ebenso viele Polen zu Zwangsarbeitern gemacht. Warum klagten diese Sammelklagen-Rechtsanwälte nicht gegen Russland? Ganz einfach deshalb, weil Russland weder das nötige Geld hatte noch dazu geeignet war, erpresst zu werden. Das war bei den Deutschen und den anderen Europäern ganz anders.

Der Mechanismus, der die Deutschen zum Zahlen zwang, war genau der gleiche wie im Falle der Schweiz. Wieder unterstützte die Clinton-Administration die Kampagne sowohl durch Eizenstat als auch durch ein Treffen Präsident Clintons mit Bundeskanzler Gerhard Schröder. Und wieder war das Hauptmotiv der Tatsache zu verdanken, dass die *Deutsche Bank* dabei war, die *Bankers' Trust Company* in New York zu kaufen, wofür sie eine Bewilligung des New Yorker Comptrollers Alan Hevesi brauchte. Sogar nachdem die deutsche Regierung einem Vergleich über eine an den WJC zu zahlende Summe von mehreren Milliarden zugestimmt hatte, tat Hevesi kund, er werde mit der Erteilung der Bewilligung noch zuwarten, bis der Vertrag erfüllt sei: „Die gute Nachricht ist, dass mit dem Vertrag ein Anfang gemacht ist für ein Verfahren, das die globalen Ansprüche zwischen Holocaust-Überlebenden samt ihren Erben und den deutschen Institutionen endgültig regeln wird. Inzwischen sollten meiner Meinung nach keine Schritte unternommen werden in bezug auf die vorgeschlagene Fusion zwischen der Deutschen Bank und dem Bankers' Trust, bis diese Angelegenheit vollständig erledigt ist."[23]

Der Deal wurde am 17. Dezember 1999 abgeschlossen; Die deutsche Regierung und die deutsche Industrie würden 5.1 Milliarden Dollar an die „amerikanischen Sammelklagen-Rechtsanwälte und die jüdischen Gruppen" zahlen und dafür die Garantie erhalten, dass es in Zukunft nicht zu weiteren Prozessen kommen würde.[24] Obwohl im Gegensatz zum Fall der Schweiz im Falle Deutschlands keine Zweideutigkeit über die Rolle Deutschlands im Zweiten Weltkrieg herrschte, spiegelten die gemässigteren Bestimmungen des Vergleichsvertrags die Tatsache wider, dass Deutschland gegenüber den Vereinigten Staaten viel entschlossener aufgetreten war als die Schweiz. Die Summe von 5.1 Milliarden Dollar war für Deutschland weniger als die 1.5 Milliarden Dollar für die Schweiz. Und anstatt sich mit einem als Trostpflästerchen zu bezeichnenden Statement zufrieden zu geben, forderte die deutsche Regierung von der amerikanischen Regierung einen offiziellen Vertrag, laut welchem die amerikanische Regierung versprach, jede den Zweiten Weltkrieg betreffende Klage gegen Deutschland oder gegen deutsche Firmen vor jedem amerikanischen Gericht abzuweisen. Beim Schreiben dieses Buches widersetzte sich die deutsche Regierung noch der Bezahlung, weil nach ihrer Ansicht der Wortlaut der von der Clinton-Administration vorgeschlagenen Vollzugsverordnung weitere Gerichtsfälle nicht ausschloss. Viele deutsche Firmen glaubten, die Clinton-Administration wolle oder könne weitere solcher Gerichtsfälle nicht ausschliessen. Im Juni 2000 war deshalb erst ein kleiner Prozentsatz der von den deutschen Firmen geforderten Beteiligung an der Vergleichssumme zusammen gekommen. Auch wollten sich die Deutschen das Recht vorbehalten, bei der Verteilung eines Teils des Geldes ein Wort mitzureden. Schliesslich waren die Deutschen auch selbstbewusst genug, um öffentlich bekannt zu machen, dass sie verstimmt seien über das zu bezahlende, erpresste Lösegeld: „Zehn Milliarden Mark ist der endgültige Betrag", den Deutschland je in bezug auf den Zweiten Weltkrieg zu bezahlen bereit sei, sagte der Chefunterhändler Deutschlands, der frühere Wirtschaftsminister Otto Graf Lambsdorff.

Am 17. Dezember 1999 reichte eine andere Gruppe von „Opfer-Anwälten" eine fast gleichlautende Klage in Richter Kormans Gerichtshof in Brooklyn gegen alle Grossbanken in Frankreich ein. Diese „hatten es unterlassen, den Überlebenden und den Familien von Opfern die Vermögenswerte zurückzugeben, die beschlagnahmt, blockiert oder eingefroren worden waren, und sie sind dadurch, dass sie nicht alles unternommen hatten, um die rechtmässigen Eigentümer dieser Vermögenswerte und ihre Familien zu finden, ihren vertraglichen und treuhänderischen Verpflichtungen nicht nachgekommen". Und im April 2000 reichte eine Gruppe amerikanischer Rechtsanwälte eine Klage über 18 Milliarden Dollar ein gegen die österreichische Regierung und österreichische Firmen wegen Bereicherung durch Zwangsarbeit während des Krieges. Aber zu jenem Zeitpunkt fand die Clinton-Administration offensichtlich, genug sei genug, und bot nicht den gleichen quasi-offiziellen „Muskeleinsatz" zur Unterstützung an.

Dennoch litt Amerika darunter. Die Franzosen brauchten nicht viel Anstoss, um den amerikanischen Einfluss überall, wo er zu finden war, zu bekämpfen. Und in Österreich war inzwischen die rechtsaussen angesiedelte FPÖ an der Regierung beteiligt.

Letztlich sorgte Präsident Clinton durch seine Unterstützung der WJC-Kampagne beim Einsammeln von Geld bei europäischen Regierungen und Firmen im Namen von Holocaust-Opfern dafür, dass Milliarden von Franken und Mark in die Kassen von Wählern und Sponsoren seiner eigenen Partei flossen. Aber für die Vereinigten Staaten als ganzes gab es nur negative Gegenleistungen. Keinem Europäer entging, dass sich die amerikanische Regierung als Kassier für eine private Gruppe betätigt hatte. Die Europäer verstehen recht gut – sogar besser als die meisten Amerikaner –, wie die Erpressung des Schwachen durch den Starken abläuft und wie der Gebrauch der Aussenpolitik zu Gunsten der Geldbörsen von Wählern im eigenen Land funktioniert, aber sie waren darüber verstimmt, dass dies von einem Amerika getan wurde, das sonst auf seine Moral pochte. Die Anti-Schweiz-Kampagne hatte dazu geführt, dass die grosse Mehrheit der Schweizer und eine wachsende Anzahl Deutscher und anderer Europäer sich zur französischen Ansicht bekehrt haben, Amerika sei unerträglich herrisch und gebieterisch geworden und müsse auf seine richtige Grösse zurecht gestutzt werden. Der Rest Europas fragte sich, wann sich wohl die amerikanischen Interessengruppen, unterstützt von der amerikanischen Regierung, auf sie stürzen würden. Dies verschärfte auch die üblichen Streitigkeiten in der Handels- und Aussenpolitik. Das Resultat davon: Groll gemischt mit Missachtung.

Kurz gesagt: Was auch immer vom Interesse gehalten werden mag, das die Clinton-Administration für die Unterstützung der durch ihre Wähler gestellten Forderungen betreffend den Holocaust zeigte – eines steht zweifellos fest: Diese Unterstützung stellte einen Missbrauch des amerikanischen Rechtssystems dar und war ein aussenpolitisches Fiasko. Noch schlimmer: Dieses Ereignis vermittelte all jenen Amerikanern, die es unkritisch verfolgt hatten, ein unrealistisches Bild über internationale Angelegenheiten.

Kapitel 6

Lehren

„Sprich sanft und trage einen grossen Stock bei dir."

— *Theodore Roosevelt*

DIE VON DER AMERIKANISCHEN REGIERUNG auf die Schweiz in den 1990er Jahren ausgeübte Macht verrät ein falsches Verständnis der Rolle von Macht in internationalen Angelegenheiten; sie zeigt auch eine Art Korruption innerhalb des amerikanischen Staatskörpers. Fassen wir die Lehren aus der schweizerischen Erfahrung im Zweiten Weltkrieg und in den 1990er Jahren zusammen, zuerst im Hinblick auf die Schweiz, dann auf die amerikanische Aussenpolitik.

Militärische Macht ist Vorherrschaft
Der Fall der Schweiz erinnert an die zeitlose Wahrheit, dass alle internationalen Bitten und Forderungen, Einwände und Ablehnungen nur so lange Gültigkeit haben, als sie durch die Fähigkeit und Bereitschaft zu kämpfen untermauert sind, ohne Rücksicht darauf, ob Siegeschancen bestehen oder nicht. Während die technisch-militärischen Faktoren wie Anzahl, Qualität der Ausrüstung und richtige Strategie wichtig sind, ist die „blutig-ernste" Bereitschaft einer Nation, zu töten und getötet zu werden, der grundlegendste Faktor. Während des Zweiten Weltkrieges waren sich die verschiedenen Parteien innerhalb der Schweizer Armee über vieles nicht einig. Aber in einem waren sich alle einig: Dass die *conditio sine qua non* der Schweiz, mit Nazi-Deutschland verhandeln zu können, im Willen bestand, einen Krieg zu führen, den die Schweiz mit Sicherheit verlieren würde. Dies betraf das heikle Gleichgewicht der Kräfte und Interessen und machte die Unabhängigkeit möglich.

Für keine andere Aufgabe setzte der schweizerische General Guisan so viel Zeit und Energie ein wie für die Heranbildung des Opferwillens seiner Armee und der Zivilbevölkerung. Seine Armeebefehle waren Variationen des einzigen Themas: Kampf bis zum Tod. Seine immerwährende Botschaft an die Zivilbevölkerung lautete: Die Schweizer kämpfen für die Ehre ihres Landes und für ihre Unabhängigkeit – ohne Rücksicht auf die Kosten. Er betonte diesen Punkt besonders stark, um der durchaus verständlichen Meinung in der Öffentlichkeit entgegenzutreten, der Kampf gegen die Deutschen sei sinnlos. Es ist nicht unbedingt die Aufgabe eines Militärs, diese Grundlage militärischer Macht zu errichten. In Grossbritannien war es Churchill, der dies tat. Guisan tat es in seinem Land, weil niemand anders da war, der es versucht hätte. Das Zustandebringen und Aufrechterhalten der Bereitschaft einer Armee, zu töten und getötet zu werden, ist eine sehr wichtige – wahrscheinlich die schwierigste – Aufgabe im militärischen Bereich. Ohne diese Bereitschaft sind auch die besten Vorbereitungen, ganz abgesehen vom rein militärischen Potential, nutzlos. Ohne diese Bereitschaft entlarvt sich sogar die Aussenpolitik grosser Länder als Bluff. Die Amerikaner hätten diese Lektion in Vietnam lernen sollen. Eine solche Lektion ist besonders in Zeiten wichtig, da viele Amerikaner, die es besser wissen müssten, die Meinung vertreten, die moderne Technologie habe den physischen Mut der bewaffneten Streitkräfte überflüssig gemacht.

Die grösste Bedrohung der militärischen Kraft einer Nation entsteht dann, wenn inländische Gruppen dazu neigen, ihre Interessen mit dem Erfolg ausländischer Mächte zu identifizieren. Dies führt dazu, dass sich die Bürger mehr für ausländische Angelegenheiten interessieren und weniger Begeisterung aufbringen, ihr Leben für ihr Land zu riskieren. General George Washington gelang es, in allen Bereichen der Aussenpolitik des frühen Amerika die für kleine Länder typische Gewohnheit zu unterbinden, ihre Hoffnungen und Ängste vom Geschehen im Ausland abhängig zu machen. Die Schaffung dieser „nationalen Zielsetzung" war, militärisch gesehen, Washingtons grösste Leistung. Denken wir daran: Auch in mächtigen Ländern erzeugt die Aussenpolitik Zwist und Zersplitterung im Innern. Machiavelli erinnert uns daran, dass Streitigkeiten über Pisa das Renaissance-Florenz zerstörten. Die Amerikaner dürfen nicht vergessen, dass der gefährlichste Aspekt des Kalten Krieges der war, dass die Sympathien und Antipathien für den Kommunismus die existierende inneramerikanische Spaltung verschärften. General Guisan konnte auf die Aussenpolitik seines Landes nicht direkt Einfluss nehmen, aber durch das Betonen der unabdingbaren Notwendigkeit des Kampfes für die Unabhängigkeit gelang es ihm wesentlich, eine politische Atmosphäre zu schaffen, in welcher eine Aufsplitterung sich nur schwerlich erhalten konnte.

Diese Atmosphäre erwies sich als beste Waffe gegen die gefährlichste Art von Subversion – womit nicht die durch kleine Agenten ausländischer Mächte ausgeführte Tätigkeit gemeint ist, sondern die anpasserischen Tendenzen wenig begeisterter, lediglich klug berechnender Eliten. Die Schaffung einer solchen Atmosphäre ist sicher eher eine politische als eine militärische Aufgabe. Und doch muss jeder militärische Führer aus Pflichtgefühl gegenüber jenen, die er auf den Weg des Opfers führen muss, irgendwie sicherstellen, dass, wenn schon kein Churchill auftritt, so doch wenigstens ein Guisan, ein de Gaulle oder gar ein Washington da ist.

Ein unverzichtbares Element beim Aufruf zur blutigen Pflichterfüllung ist es, den Feind – in diesem Fall Nazi-Deutschland – beim richtigen Namen zu nennen. Während der Schlacht um Frankreich bestand kein Zweifel darüber, wer der Feind war, weshalb es auch keinen Streit über die Pflichten der Armee gab. Aber in der Zeit zwischen dem Sommer 1940 und dem Winter 1943 verbot Deutschland der Schweiz, das Reich öffentlich als ihren Feind zu bezeichnen. Deshalb verbreitete sich die Subversion über den „üblichen Verdacht" hinaus und bewirkte internen politischen Niedergang.

Der Vietnamkrieg hätte den Amerikanern zeigen sollen, welcher Zusammenhang bestand zwischen dem Unterlassen der Regierung, den Feind klar beim Namen zu nennen, und der Fähigkeit des Feindes, seinen Einfluss weit über den „üblichen Verdacht" auszudehnen. Die Präsidenten Kennedy und Johnson bezeichneten die Regierungen von Nordvietnam und der Sowjetunion nicht klar als die bösen Feinde, weil sie fürchteten, damit den linken Flügel ihrer eigenen Partei zu verärgern. Das Resultat war vorhersehbar: Die nicht-professionellen Elemente der Streitkräfte verloren zunehmend ihre Bereitschaft, sich Gefahren auszusetzen. Drogenkonsum und Insubordination im Dienst waren weit verbreitet, und eine harte Bestrafung war fast unmöglich. Für einen Amerikaner war es nicht mehr unstatthaft, jene als Verräter zu bezeichnen, die buchstäblich Hilfe und Unterstützung jenem Feind gewährten, der die eigenen Mitbürger umbrachte. Und viel wichtiger noch: Da sich die amerikanische Regierung nicht heftig genug gegen die von der Sowjetunion und ihren Verbündeten ausgesprochene Verurteilung Amerikas und dessen Engagements in Vietnam zur Wehr setzte, tolerierten einige tonangebende Amerikaner immer mehr die Behauptung, der amerikanische Antikommunismus stelle die grösste Gefahr für den Weltfrieden dar.[1] Kurz gesagt: Nicht wenige Amerikaner arbeiteten auf eine Niederlage ihres Landes hin, indem sie es von innen heraus umkrempelten – was Subversion dem Wortsinne nach bedeutet. Dies war umso leichter zu bewerkstelligen, als die amerikanische Regierung den Feind nicht öffentlich beim Namen nannte und nicht erklärte, dass sich Amerika wirklich im Kriegszustand befinde.

Das gleiche hätte sich im Zweiten Weltkrieg in der Schweiz ereignen können, geschah aber nicht, weil die Armee trotz Widerständen aller Art die öffentliche Meinung bestimmte.

Nicht die unwichtigste Lehre aus der Erfahrung der Schweiz besagt, dass – weil Verbündete umgekehrt proportional zum Bedürfnis nach ihnen zur Verfügung stehen, und Bündnisse sich als Folgen der Umstände ergeben – militärische Kräfte nicht in Positionen eingesetzt werden dürfen, wo deren Sicherheit von Verbündeten abhängt. Verbündete können besiegt werden wie Frankreich 1940, oder können es versäumen, ihr eigenes Interesse wahrzunehmen, wie es z.B. bei Italien der Fall war. Oder sie sind für Hilfeleistung zu weit weg, wie im Falle der Vereinigten Staaten. So war denn die Schweiz ganz auf sich allein gestellt, als der Sturm am heftigsten tobte, und musste die Wiederaufrüstung ihrer Streitkräfte an die Hand nehmen, was zu allererst hätte geschehen müssen. Wäre sich die Schweiz über ihre militärischen Chancen im voraus klar gewesen und hätte sie ihr Alpenreduit im Sonnenschein des Friedens errichtet, so wäre die militärische Bedeutung ihrer Streitkräfte so klar erkennbar wie möglich gewesen. Auf der Basis dieses festen Grundes hätte die Armee auf die Unterstützung eines den Umständen entsprechend richtigen Verbündeten warten können. Wer zulässt, dass das Überleben der eigenen Armee von Anfang an von Verbündeten abhängt, deren Truppen-Dispositiv nicht beeinflusst werden kann, wird ein hartes Erwachen erleben.

Betreffend Neutralität lehrt die Geschichte, dass sie ein zartes Geschöpf des Gleichgewichts der Kräfte ist, und dass Kriegführende die Ansprüche der Neutralen in dem Ausmass entweder missachten oder respektieren, wie ihnen dies gerade gewinnbringend scheint.[D] Neutralität ist nur in dem Masse möglich, als sie auch verteidigt werden kann, und das von den Neutralen zu erwartende Verhalten ist proportional zur Möglichkeit, sie zu schädigen oder beschützen. Sowohl die Achsenmächte wie die Alliierten versicherten sich ihrer Interessen der Schweiz gegenüber dem Gleichgewicht der Kräfte entsprechend. Für beide Seiten galt: Wenn der auf die Schweiz ausgeübte Druck grösser war als die Möglichkeit, die Schweiz zu schädigen oder zu beschützen, wurde dem Hass und der Verachtung wegen Schwäche Vorschub geleistet. Hätten die Schweizer mehr nachgegeben, als sie dies tun mussten, wären sie die Verachtenswerten gewesen.

Geld
Regierungen werden von Seiten inländischer Gruppen ständig unter Druck gesetzt, den Auslandexport der eigenen Industrie in irgendeiner Weise mitzufinanzieren. Aber wenn Waren mit Subventionen gleich welcher Art verkauft werden, begleicht schliesslich die eigene Regierung, d.h. der Steuerzahler, die Rechnung. Und die Regierung betätigt sich als Kassier für die von ihr begünstigte Interessengruppe. Jede Form der Subvention lässt tatsächlich die eine Gruppe von den Ressourcen anderer Gruppen leben, was schliesslich dazu führt, dass eine einheimische Gruppe gegen eine andere ausgespielt wird. Im Zweiten Weltkrieg fühlte sich die schweizerische Regierung gezwungen, Verkäufe nach beiden Seiten im Namen verschiedener Interessengruppen im eigenen Land zu subventionieren. Der Balanceakt war erfolgreich, aber das Land bezahlte einen hohen Preis in Form politischer Unzufriedenheit.

Geld – oder vielmehr die Aussicht, leicht auf Kosten anderer an solches heranzukommen – ist die treibende Kraft sowohl bei der Interessengruppen-Politik als auch bei einem Raubkrieg. Montesquieu erinnert uns daran, dass die Römische Republik zu Grunde ging, als ihre Bürger begannen, sich gegenseitig so auszubeuten, wie sie es mit Ausländern getan hatten. Dies geschieht nur allzu leicht, auch ohne Druck von ausländischen Mächten. Gerät aber ein Land in Konfrontation mit einer ausländischen Macht, der es möglich ist, der bevorzugten inländischen Interessengruppe Belohnungen zufliessen zu lassen, wird die Aufrechterhaltung des inneren Zusammenhalts noch schwieriger.

Die wichtigste Frage in der Schweiz während des Zweiten Weltkrieges war, ob Nazi-Deutschland Widerstand geleistet werden solle und, wenn ja, in welchem Ausmass. Kein unparteiischer Mensch hätte behauptet, das sei vor allem, geschweige denn ausschliesslich, eine wirtschaftliche Frage. Und doch hätte man beim Hin und Her zwischen den Elitegruppen meinen können, bei dieser wichtigsten, langfristig zu lösenden Frage ginge es nur um die Aufteilung kurzfristiger Vorteile unter den Interessengruppen. Diese Interessengruppen-Politik ist nicht mit Demokratie zu verwechseln. Typisch für Interessengruppen ist es, dass sie nur hinter geschlossenen Türen Einfluss ausüben, während die öffentliche Natur des demokratischen Wettstreits politische Konkurrenten dazu zwingt, ihre Forderungen mindestens in die Sprache des Gemeininteresses, wenn nicht sogar des Gemeingutes zu übersetzen. Auch die Amerikaner müssen sich bewusst werden, dass Fragen des materiellen Vorteils immer trennend wirken und von den eigentlichen Aufgaben der Aussenpolitik ablenken. Vor solchen Spaltungen und Ablenkungen müssen sich die Amerikaner in vermehrtem Masse in Acht nehmen, seit die Vereinigten Staaten in den 1990er Jahren die schon seit langem in Europa und Japan vertretene Theorie übernommen haben, es sei der Hauptzweck der Aussenpolitik, die Vorteile für die Geschäftstätigkeit der inländischen Firmen abzusichern. So wird ein Beamter der Clinton-Administration zitiert, der alles, was nicht mit kommerziellem Vorteil zu tun hatte, unter die Kategorie „Stratocrap" (Strato-Unsinn) und „Globaloney" (Global-Quatsch) zusammenfasste.[2] Nein. Die Jagd nach materiellen Vorteilen zu Gunsten von Interessengruppen kann sowohl die Aussen- als auch die Innenpolitik auf verheerende Art und Weise korrumpieren. Die Anti-Schweiz-Kampagne der 1990er Jahre ist ein weiteres Beispiel dafür, dass nationale und internationale Korruption aus dem gleichen Stoff gemacht sind.

Demokratie
Demokratie besteht gerade deshalb, weil diejenigen, welche die Folgen der Politik tragen, diese auch wählen. Demokratie ist aber auch deshalb von Vorteil, weil sie auf eine Politik hinarbeitet, die gründlicher durchdacht ist als jene, die lediglich von Beamten stammt. Die Erfahrung der Schweiz im Zweiten Weltkrieg zeigt, dass das Volk, ge-

samthaft betrachtet, oft das bessere Gespür für Ereignisse hat als seine Beamten. Das heisst nicht, dass normale Bürger intellektuell klüger wären als die Eliten; hier geht es nicht um Intelligenz. Auch darf die *vox populi* nicht mit der *vox Dei* verwechselt werden, weil Mehrheiten zu besseren Entscheiden führen. Die Geschichte ist sogar voll von Beispielen, bei welchen ganze Völker trotz gründlicher Beratung verheerende Entscheide getroffen haben. Nichts ist eindrücklicher als das Beispiel der alten Athener und ihres selbstzerstörerischen Entscheides, Sizilien zu überfallen, nachdem die besseren Argumente verworfen worden waren. Aber bei Volksregierungen, oder wenn Beamte die Verantwortung den Wählern gegenüber zu tragen haben, erhöht sich die Chance, dass neben den schlechteren auch die besseren Argumente in Betracht gezogen werden.

Tatsächlich zwingt – ohne dass dabei Demokratie im Spiele wäre – schon das Befolgen bestimmter Formalitäten bei Entscheidungen die Beamten dazu, sich gegenseitig und *a fortiori* auch sich selbst zu erklären, was sie tun. Beamte müssen dann ihre Vorschläge in verständliche Sätze kleiden und wissen, dass sie dafür die Verantwortung zu tragen haben. Wie wir gesehen haben, hätte wahrscheinlich die schweizerische Regierung die Fehler, die sie in bezug auf die Flüchtlingspolitik und die Pressefreiheit begangen hat, nicht gemacht, wären die Entscheide im normalen politischen Verfahren, oder gar durch eine Volksabstimmung getroffen worden. Der politische Wille, Nazi-Deutschland Widerstand zu leisten und alte schweizerische Werte aufrecht zu erhalten, war bei den einfachen Bürgern viel tiefer verwurzelt als bei den Neunmalklugen.

Das ist eine wertvolle Lehre. Die Amerikaner wurden sowohl um die Jahrhundertwende als auch während des Kalten Krieges durch das Argument verführt, ihr historisch gesehen unsensibler Umgang mit den internationalen Angelegenheiten – vor allem ihre Ablehnung gegen kommunistische Regimes und ihr Entscheid, militärische Macht entschlossen oder dann überhaupt nicht anzuwenden – sei gefährlich unklug. Diese Angelegenheiten – so die neue Weisheit – seien deshalb den Profis zu überlassen. Eine der klarsten Aussagen in diese Richtung findet sich in den Memoiren von General *Colin Powell*, früherer nationaler Sicherheitsberater und Generalstabschef. Stolz auf seinen Status als Washington-Insider behauptet Powell nicht nur, vom

Volk gewählte Abgeordnete seien ein Hindernis für ernsthafte Politiker, weil diese nur aufs Volk Rücksicht nähmen, sondern er findet auch, die Seriosität beim Politikmachen bestehe darin, die Anliegen verschiedener Beamten- und Interessengruppen nicht öffentlich gegeneinander auszuhandeln. Powell verachtet jene Beamten, die versuchen, auf der Basis handfester Argumente in „grossen Meetings mit dem Boss" Politik zu machen. Fachkundige Leute dagegen, wie er selber, beriefen nur kleine Meetings ein, wo verschiedene Interessen gegeneinander abgewogen würden, ohne dass die Teilnehmer zu fürchten hätten, dafür verantwortlich gemacht zu werden. Leider neigten Beamte, die Entscheide *en canaille* träfen, dazu, die intellektuelle Disziplin und exakte Sprache der internationalen Interessen zu verlieren, welche bei „grossen Meetings mit dem Boss" üblich seien.

Was hätte wohl General Guisan dazu gemeint? In den dunklen Jahren 1940 bis 1943 ging die Hauptbedrohung für das Überleben seines Landes und die Kampffähigkeit seiner Soldaten genau von solchen Profis aus. Hätten die schweizerischen Eliten nur nach ihren kurzfristigen Interessen entschieden, so wäre die Schweiz vor Nazi-Deutschland hinter dem Rücken der Soldaten vielleicht in die Knie gegangen. Aber General Guisan sorgte dafür, dass die Argumente für den Widerstand gegen die Nazis in der Bevölkerung weite Verbreitung fanden, und dass die Parlamentsmitglieder volle Kenntnis darüber hatten, wie wenig der Bundesrat die Armee unterstützte. Auch Guisans Organisation *Heer und Haus* half mit, die öffentliche Meinung gegen jede Neigung auf offizieller Seite, Pro-Nazi-Aktivitäten zu tolerieren, aufzurütteln.

Der Bundesrat war verärgert über die politische Rolle der Armee, vor allem weil er es ablehnte, den Kriegsverlauf in der Öffentlichkeit zu debattieren. Die Bundesratsmitglieder zogen es vor, ihre Ansichten nicht öffentlich zu diskutieren, weil sie meinten, die Leute verstünden sie ohnehin nicht und sollten einfach aus Respekt vor dem hohen Amt der Bundesräte gehorchen. Aber die Macht des Amtes liegt in seiner Legitimität, und ein Beamter verdient diese Legitimität, wenn er die Hoffnungen und den Stolz des Volkes verkörpert. Weil der Bundesrat genau so gehandelt hatte, wie Powell es rät, schwächte er nicht nur seine Position in der politischen Auseinandersetzung, sondern auch seine Legitimität.

Amerikanische Aussenpolitik in neuester Zeit
Die Anti-Schweiz-Kampagne der Jahre 1995 bis 1998 zeigt, dass die Rolle Amerikas in der Welt durch Unseriosität unterminiert wird – in bezug auf die Wirklichkeit internationaler Angelegenheiten, verursacht durch eine Art Korruption. Es verwundert wenig, dass es am Ende des zwanzigsten Jahrhunderts einem wichtigen Mitträger der regierenden Partei Amerikas gelungen ist, den Präsidenten und viele Beamte der Partei dafür zu gewinnen, bei der Erpressung einer grossen Summe von ausländischen, in den Vereinigten Staaten tätigen Firmen durch eine Sammelklage ohne Prozess mitzuhelfen. Dabei war der in Frage stehende Geldbetrag nicht unzumutbar; die 10% vom Gewinn, welche die Schweizer Banken zu bezahlen hatten, konnten einigermassen mit den von ausländischen Firmen in Mexiko zu bezahlenden sogenannte *mordidas* – wie dort Lösegeldsummen genannt werden – verglichen werden. Auch in Amerika werden heutzutage politische Geschäfte getätigt, indem „Gefälligkeiten gegen Bewilligungen" getauscht werden. Dennoch ist es bemerkenswert, wie schnell sich die diese niedrige Kunst Praktizierenden „weiterentwickelt" haben: Verlangten sie vorerst auf Grund von betrügerischen Forderungen betreffend Schädlichkeit von Produkten von amerikanischen Firmen Geld, gingen sie bald zum Angriff auf einen ganzen ausländischen Staat über. Indem sie ihm die Schuld für eines der grössten Verbrechen der Geschichte zur Last legten, erpressten sie von ihm Geld im Namen der Opfer.

Noch interessanter als die Korruption und die Chuzpe selber wären die Gründe, warum sich die amerikanischen Beamten dabei so sicher fühlten. Wie es in den nicht so häufigen längeren Friedensperioden oft geschieht, wird es schwierig, die harte Wirklichkeit des Krieges ins Auge zu fassen. Internationale Angelegenheiten ohne Krieg erzeugen ein ebenso unrealistisches Verhalten wie dies die Beziehung von Mann und Frau ohne Geschlechtsverkehr und Kinder nach sich ziehen würde. Und so spielen amerikanische Beamte gleichsam mit den internationalen Beziehungen und lassen die Realitäten unbekümmert ausser Acht. Es mag ja lustig sein, die unerhörte Macht des Landes inoffiziell auszuspielen, ohne dabei sein Land zu irgendetwas zu verpflichten und ohne über irgendetwas endgültig entscheiden zu müssen. Es ist auch um einiges sicherer, anstelle von starken inländischen

Rivalen sich schwache ausländische Länder vorzunehmen. Letztlich sind ja die Vereinigten Staaten so mächtig, dass weder das moderne Deutschland, geschweige denn die Schweiz viel Schaden anrichten könnte. Warum soll man nicht einen gewichtigen Mitträger auf Kosten schweizerischer oder deutscher Firmen zufriedenstellen? Und warum soll man dies nicht im Namen moralischer Prinzipien tun?

Warum nicht? Erstens, weil der betrügerische Gebrauch moralischer Prinzipien unmoralisch ist, und weil der darin verborgene Zynismus die legitimen moralischen Inhalte immer mehr aus dem internationalen Leben verdrängt. Das ist vor allem für Amerika bedeutsam, dessen Beziehungen mit dem Rest der Welt bisher zu einem ungewöhnlich hohen Grad auf der Forderung nach moralischen Prinzipien beruht haben. Es ist höchst bedauerlich, dass die Clinton-Administration Geld von der Schweiz und anderen europäischen Ländern erpresste, und zwar auf Grund unbegründeter Anschuldigungen im Zusammenhang mit dem Holocaust. Für sich allein genommen würden solche Beleidigungen – und noch weniger der daraus entstandene Schaden – die amerikanische Aussenpolitik nicht ruinieren, aber die Unseriosität, von der sie einen Teil bildeten, könnte dies wohl bewirken.

Zweitens gründet die Macht jeder Nation international gesehen in einem gewissen Mass auf der Bewunderung und der Achtung, die sie bei anderen Nationen erzeugt. Heutzutage wird dies „soft power", sanfte Macht, genannt. Nachdem sich die amerikanischen Soldaten diese sanfte Macht durch harte Opfer während des Zweiten Weltkrieges angeeignet hatten, wirkte sie in Europa – und in vielen Teilen der Welt – ein halbes Jahrhundert lang mit überwältigendem Erfolg. Was immer auch die Ausländer sonst noch über Amerika dachten, waren sie doch der Überzeugung, Amerika sei nachahmenswert, weil es anderen keinen Schaden zufüge und es trotzdem verstehe, sich durchzusetzen. Die Aufrufe der Sowjetunion zum Antiamerikanismus trafen meistens auf taube Ohren; Antiamerikanismus beschränkte sich auf die Fieberträume linker Intellektueller. Aber als Mitte der 1990er Jahre russische und chinesische Diplomaten rund um die Welt das Argument verbreiteten, das dekadente Amerika behandle die anderen hochnäsig, und alle sollten sich der Hegemonie Amerikas widersetzen, hörten immer mehr Leute auch ausserhalb des Pariser Linken auf diese Ansicht. Meinungsumfragen in ganz Europa am Ende des zwanzigsten Jahrhunderts zeigten, dass zwischen 60% und 70% der Befragten der Meinung waren, die Vereinigten Staaten stünden ihren Interessen unfreundlich gegenüber, und die Vereinigten Staaten seien nicht nachahmenswert. In anderen Teilen der Welt war der Groll über die Vereinigten Staaten sogar noch ausgeprägter.

Warum? Bedenken wir erstens, wie die heutige amerikanische Kultur über alle Länder der Welt hinwegfegt. Es ist schwierig zu behaupten, das von uns exportierte Image – Rap-Musik, öffentliche Skandale – sei für andere Kulturen etwas anderes als schädlich. Und im politischen Bereich ist es für Freunde Amerikas sehr schwierig, die Beschuldigungen zu entkräften, Amerikas Anspruch auf eine unparteiische, nicht korrupte Regierung sei heuchlerisch. Letztlich haben U.S.-Administrationen, republikanische wie demokratische, schon vor langer Zeit die Gewohnheit angenommen, offizielle Macht dazu zu missbrauchen, die Geschäftsinteressen ihrer Wähler zu fördern. Die Clinton-Administration hat oft ihren politischen Supportern Einsitz in internationalen Delegationen gewährt – wie dies ihre republikanischen Vorgänger getan hatten. Andere Regierungen tun dies routinemässig; aber nochmals: Wenn das mächtige, selbstgerechte Amerika dies tut, fällt es jedermann auf und alle kritisieren es.

Von der Aussenpolitik erwartet man, dass sie Macht demonstriert, sowohl sanfte wie harte. Wenn es einem Land nicht gelingt, das Ausland vor Angst zum Zittern zu bringen, muss es versuchen, für das Ausland attraktiv zu sein und umgekehrt. Eine Vorbedingung für Respekt und Attraktivität ist jedoch eine vom ganzen Land moralisch und physisch unterstützte Aussenpolitik. Eine Aussenpolitik jedoch, die schon von der Definition her nichts anderes ist als – wie es der frühere Verteidigungsminister *James Schlesinger* nannte – das „Bündeln" der Ziele der innerstaatlichen Wählergruppen, wird wahrscheinlich alle Arten von Missachtung erfahren.

Ob nun militärische Gewalt ausgeübt wird oder ob nur mit ihr gedroht wird: Es ist von Vorteil, wenn die militärischen Operationen gleich wichtig wie die politischen Ziele sind. Nach dem Golfkrieg von 1991 forderten die Vereinigten Staaten den Irak auf, die Herstellung von Massenvernichtungswaffen einzustellen; im Jugoslawien-Krieg von 1999 bestanden die Amerikaner darauf, dass Präsident Slobodan

Milosevic die Vertreibung von Nichtserben aus verschiedenen Teilen Jugoslawiens stoppe. Da die Erfüllung dieser Forderungen das Verschwinden beider Regimes zur Folge gehabt hätte, konnten die beiden Regimes mit nichts anderem als mit tödlichen militärischen Operationen zum Nachgeben gezwungen werden. Beiden Regimeträgern war jedoch klar, dass die Vereinigten Staaten nicht ihre volle Kraft zu ihrer Absetzung einsetzten, weshalb sie den Kampf aufnahmen. Um die gesteckten Ziele zu erreichen, hätten die Vereinigten Staaten *force majeure* anwenden müssen. Aber sie wandten *force mineure* an und erreichten ihre Ziele nicht.

All dies würde nichts ausmachen, wenn die Vereinigten Staaten eine Art von Festung wären – wenn, wie im republikanischen Rom vor dem Dritten Punischen Krieg, ihre militärische Stärke und Unerbittlichkeit dramatisch zunähme, je näher man ihnen – geographisch gesehen – käme, und wenn ihre nationale Einigkeit unerschütterlich wäre. Aber zu Anfang des 21. Jahrhunderts waren die Streitkräfte Amerikas so weit auf der Welt verstreut wie nie zuvor und stärker abhängig vom Goodwill ihrer Verbündeten als je zuvor. Und mehr als je zuvor war die Aussenpolitik Amerikas für das amerikanische Volk von keinem Interesse oder aber der Zankapfel von Interessengruppen. Wenn sich die amerikanische Regierung an Streitigkeiten im Ausland beteiligt, welche das amerikanische Volk als ganzes nicht interessieren, schwächt das die allgemeine Bereitschaft, und die geistige Unterstützung der Öffentlichkeit fehlt. Es ist also keine harmlose Sache, wenn die amerikanische Regierung im Ausland die Abneigung gegen Amerika schürt – vor allem wenn gleichzeitig die militärische Macht Amerikas am Sinken ist und Amerika international ständig Unvermögen zeigt. In den 1990er Jahren wurde das Bild von Anmassung, moralischer Heuchelei und Unfähigkeit für Amerika noch gefährlicher.

Eine der Lehren, die aus der Erfahrung der Schweiz aus dem Zweiten Weltkrieg und überhaupt aus der Erfahrung eines jeden sich in schwieriger Lage befindenden Landes gezogen werden können, ist, dass die militärische Macht – die Fähigkeit und Bereitschaft zu zerstören oder zu beschützen – die Grundlage für internationale Beziehungen ist. Die auffallendste Tatsache am Amerika der 1990er Jahre und vor allem der Clinton-Administration war, dass die Truppenstärke der Amerikaner – obschon sie vom Persischen Golf über Haiti bis zur Balkanhalbinsel verstreut waren – um ganze 45 % abgenommen hat. Zur gleichen Zeit liess die amerikanische Regierung militärische Drohungen und Versprechen hören, die sie wahrscheinlich nicht hätte einhalten können, wie zum Beispiel der Schutz der östlichen Grenzen von Polen, Ungarn und der Republik Tschechien sowie möglicherweise noch der Ukraine. Was den Balkan betrifft, nannte Präsident Clinton den Vance-Owen-Plan, der den Serben 43 % von Bosnien geben wollte, „unmoralisch", liess dann bombardieren, um danach einen Vertrag abzuschliessen, der den Serben 49 % zugestand. Die Vereinigten Staaten wüteten gegen Nordkoreas und Irans Pläne zur Entwicklung von Nuklearwaffen und Langstreckenraketen und sahen dabei zu, wie diese Programme der Vollendung zugeführt wurden. Amerika bombardierte den Irak, um ihn mit Gewalt dazu zu bringen, die Inspektionen seiner Massenvernichtungswaffen durch die Vereinten Nationen über sich ergehen zu lassen. Als dann der Irak weiterhin das herstellte, was sein Diktator wünschte, waren die Vereinigten Staaten dennoch damit einverstanden, sein Einkommen aus Ölverkäufen anzuheben, wodurch sie die Sanktionen zu einer Farce machten und die ständige Abwesenheit von Waffeninspektoren akzeptierten. Zudem hatten *Saddam Hussein* und *Slobodan Milosevic*, die Hauptziele der amerikanischen Macht, überlebt und ihren Einfluss in ihren Regionen noch vergrössern können, während jener der Vereinigten Staaten sich verringerte. Offensichtlich hatten immer mehr Menschen der Welt immer weniger von der „harten" amerikanischen Militärmacht zu erhoffen oder zu befürchten.

Was noch wichtiger war: Während der 1990er Jahre konnte die Welt noch einen neuen qualitativen Wandel der amerikanischen Militärmacht feststellen: Die Militäroperationen der U.S.A. waren vorwiegend so angelegt, amerikanische Verluste bei Null zu halten und dafür, militärisch gesehen, weniger gute Resultate in Kauf zu nehmen. Selbstverständlich können militärische Drohungen und Versprechungen, die darauf ausgelegt sind, keine Menschenopfer zu fordern, weder Feinde eliminieren noch Freunde beschützen. Mit anderen Worten: Sie sind nicht realistisch. Warum sollten solche Operationen überhaupt unternommen werden? Amerika ist gezwungen, bei seinen Militäroperationen die Verhinderung von Verlusten über die Effizienz zu stellen, und zwar genau deshalb, weil die von Interessengruppen mitbestimmte Aussenpolitik nicht imstande ist, dem amerikanischen Volk einen einleuchtenden Grund für das Vergiessen von amerikanischem Blut zu nennen. Die Militäroperationen dienen dem Land als ganzes überhaupt nicht, sondern helfen nur den Politikern bei der Imagepflege im Hinblick auf ihre eigenen Lieblings-Wähler. Schliesslich verkommen solche Militäroperationen zur blossen Show auf Kosten der nationalen Interessen.

Bezüglich sanfter Gewalt haben die kleinen Gefälligkeiten in den Wahlkreisen, wie die der Demokratischen Partei gegenüber Edgar Bronfman und dem WJC, eine negative Lehre gezeigt: Das Gerede von Gerechtigkeit seitens der amerikanischen Regierung ist weniger ein Banner, dem das amerikanische Volk folgen kann, als vielmehr ein Feigenblatt für Sonderinteressen.

Was soll man also von einer Aussenpolitik halten, die zwar viel Schelte verteilt, aber nur wenig bewirkt, und die ihre Unfähigkeit zeigt, indem sie große Töne spuckt, ihre militärische Macht jedoch immer mehr reduziert? Die Antwort ist einfach: Dem amerikanischen Volk wird eine falsche Lehre erteilt, und die amerikanischen Politikmacher hätten selber viele Lehren nötig. Möge Gott sie ihnen auf sanfte Art beibringen.

Nachwort

von Sigmund Widmer,
a. Nationalrat und ehemaliger Stadtpräsident von Zürich

FÜR DEN VERFASSER DIESER ZEILEN ist es höchst bedauerlich, dass während des Zweiten Weltkriegs jüdische Flüchtlinge an der Schweizer Grenze zurückgewiesen wurden. Auch ein einziger zurückgewiesener jüdischer Flüchtling war zu viel. Ebenso klar ist es für jeden, der sich zur Marktwirtschaft bekennt, dass es einer privaten Organisation in den U.S.A. erlaubt ist, der Schweiz gegenüber Geldforderungen zu erheben.

Damit ist deutlich ausgedrückt, welche Position der Verfasser dieser Zeilen in grundsätzlichen Fragen vertritt: Wir haben nicht nur unser Bedauern über die damaligen Geschehnisse auszudrücken, sondern wir haben auch die Pflicht, mit kritischer Sorgfalt all die Fakten zu erarbeiten, die zum damaligen Verhalten Anlass gaben: Das kleine Land Schweiz, rings umgeben von einer nie gesehenen Tyrannei, aufs äusserste bedroht und deshalb gezwungen, durch die verschiedensten Massnamen das Überleben der kleinen Demokratie zu sichern.

Eine ganz andere Frage ist es, wie die heutigen Schweizer Behörden 1996 auf die Geldforderungen und die damit verbundene öffentliche Kritik reagierten. Im Herbst 1996 hat unsere Landesregierung versagt. Auffallen musste, dass die Sozialdemokratische Partei die aus dem Ausland kommende Kritik sogleich begeistert aufnahm. Das ist – rein parteipolitisch gesehen – verständlich, weil die Schweizer Regierung der Kriegsjahre eine klar bürgerliche Mehrheit aufwies (der erste und einzige Vertreter der SP während den Kriegsjahren begann seine Tätigkeit im Bundesrat im Jahre 1943). Es ist deshalb naheliegend, dass die Sozialdemokraten solche Kritik aus dem Ausland mit Freuden aufnahmen. Es fehlte aber auch nicht an Parlamentarierinnen und Parlamentariern bürgerlicher Herkunft, die sogleich in die Kritik einstimmten. Dazu kam, dass einzelne bürgerliche Mitglieder des Bundesrates als Folge ihrer familiären Bindung (z.B. Bundesrat Villiger) keine Kraft hatten, der Kritik entgegenzutreten.

So lässt sich erklären, dass unsere Exekutive wie das Parlament jeden Widerstand unterliess und zu ganz ungewöhnlichen Massnahmen schritt. Man beeilte sich, eine sogenannte unabhängige Expertenkommission zu wählen, die völlig einseitig zusammengesetzt ist. Durchaus in Ordnung war die Wahl von Vertretern jüdischer Organisationen, die – das sei wiederholt – zweifellos das Recht besassen, ihre Interessen wahrzunehmen. Absurd war jedoch die Wahl der schweizerischen Mitglieder. Ängstlich vermied man es, solche Historiker beizuziehen, die die Kriegsjahre noch selbst erlebt hatten – der älteste, Bergier, geboren 1931, war acht Jahre alt, als der Zweite Weltkrieg ausbrach. Um so konsequenter war der Bundesrat bei der Suche nach Historikern, die sich durch ihre bisherigen Publikationen darüber ausgewiesen hatten, dass sie dem Verhalten der Schweiz im Zweiten Weltkrieg eindeutig kritisch gegenüberstanden. Dazu sei nochmals betont, dass es in der Schweiz selbstverständlich erlaubt ist, Kritik am eigenen Land zu üben – eine andere Frage ist es, ob man ausgerechnet in einer Situation, da Kritik vom Ausland her an der Schweiz geübt wird, nur solche Leute als „Experten" wählt, deren kritische Haltung bereits eindeutig bewiesen ist. Als Gipfel solchen Verhaltens musste der Entscheid wirken, dass man der UEK die sagenhafte Summe von 22 Mio Franken bewilligte. Jeder, der schon Geld für historische Projekte sammeln musste, weiss, was es heisst, 10000 oder gar 50000 Fr. für ein historisches Forschungswerk zu erbetteln. Da mussten die 22 Millionen wie ein Donnerschlag wirken. Leider liegt die Verantwortung nicht beim Bundesrat allein, vielmehr unterstützte die grosse Mehrheit des Parlaments solch seltsames Vorgehen der Exekutive. Es ist also absolut chancenlos, dass an der Publikation der UEK derzeit irgendeine ins Gewicht fallende Korrektur vorgenommen werden könnte.

Das genau ist der Hintergrund, vor dem das Werk von A.M. Codevilla zu sehen ist. Es ist überaus bezeichnend, dass es ein Ausländer, ein Amerikaner, ist, der als einer der ersten öffentlich zu einer objektiven Darstellung der Fakten aus den Jahren des Zweiten Weltkrieges schreibt. Um so erfreulicher ist es, dass sich ein

Schweizer Verlag gefunden hat, die Kosten einer deutschen Übersetzung zu wagen. – Selbstverständlich erhält er keine Bundeshilfe aus Steuergeldern!

Damit zum Schluss: Einmal werden sich die Ansichten in Bundesrat und Parlament in der Angelegenheit Schweiz – 2. Weltkrieg wieder den Tatsachen nähern. Der Zeitpunkt dieser Rückkehr zu den Fakten ist schwer vorauszusagen. Doch eines steht fest: Dann wird Codevillas Werk in seiner vollen Bedeutung erkannt und entsprechend gewürdigt werden. Für heute müssen wir uns auf einen herzlichen Dank an den Autor und den Verlag beschränken; sie haben nicht nur Mut und Weitsicht, sondern auch Klugheit und Wahrheitsliebe bewiesen.

Fussnoten

Anmerkung zur deutschen Ausgabe:
Das Buch ist in erster Linie für ein U.S.-amerikanisches Publikum geschrieben. An den Aussagen des Verfassers wurde grundsätzlich nichts geändert. Kleine Korrekturen erfolgten im Einverständnis mit dem Autor. An einigen Stellen sehen sich die Herausgeber der deutschen Ausgabe veranlasst, ergänzende Hinweise besonders für das schweizerische Leserpublikum anzubringen. Diese sind mit den Buchstaben A, B, C, D bezeichnet.

Vorwort

1) Gemäss der Federal Election Commission spendete Edgar Bronfman dem Democratic National Committee während des Wahlzyklus 1995/96 595 000 Dollar. Während derselben Wahlperiode spendeten die Bronfman-Familienmitglieder total 1 262 000 Dollar und waren damit der grösste Spender unter allen demokratischen natürlichen Personen.

2) David C. Hendrickson, „The Recovery of Internationalism." *FOREIGN AFFAIRS*, September/Oktober 1994, S. 26.

3) Samuel P. Huntington, „The Erosion of American National Interests." *FOREIGN AFFAIRS*, September/Oktober 1997, S. 49.

4) Jane Perlez, „Conflict in the Balkans: Serbian Strategy." *NEW YORK TIMES*, 29.3.1999, S. A1.

Kapitel 1

1) Daniel Boorstin, *The Image: A Guide to the Pseudo Event in America* (New York: Harper & Row, 1964).

2) Hearings vor dem U.S. Senate Committee on Banking, Housing, and Urban Affairs, 14.5.1997.

3) Hearings vor dem U.S. Senate Committee on Banking, Housing, and Urban Affairs, 23.4.1996. Erinnern wir uns daran, wie Senator Joseph McCarthy seine Diffamierungskampagne 1951 mit seiner Rede in Wheeling, West Virginia, begann und dabei sagte: „Ich habe hier eine Liste in Händen...." Je weniger der Senator preis gibt, desto mehr muss er sich des Vorwands bedienen, er besitze dokumentarische Beweise für etwas Neues. Wie McCarthy hatte auch D'Amato nichts Neues.

4) Hearings vor dem U.S. Senate Committee on Banking, Housing, and Urban Affairs, 23.4.1996.

5) Siehe Alexander Hamiltons Memorandum über die Nootka-Krise von 1790. *The Papers of Alexander Hamilton*, vol. 7, Harold C. Synett, ed. (New York: Columbia University Press, 1961), S. 36-57. Die Technik, Geschichten aufzutischen und sie dann als Beweismaterial zu zitieren, um den eigenen Forderungen in der Presse vermehrte Aufmerksamkeit zu verschaffen, ist typisch für Pseudo-Ereignisse.

6) Welche Eigentumsbeweise vorgelegt werden müssen, um Zugang zu einem Bankkonto zu erlangen, wird überall durch Gesetze festgelegt. Die diesbezüglichen Schweizer Gesetze gehören zu den restriktivsten der Welt. Diese Gesetze haben

denn auch Leuten Schwierigkeiten gemacht, die viel mehr Informationen als Mrs. Beer liefern konnten. Siehe auch den Fall Estelle Sapir in „Big Swiss Bank Settles with Daughter of Nazi Victim." *NEW YORK TIMES*, 5.5.1998, S. A31.

7) Hearings vor dem U.S. Senate Committee on Banking, Housing, and Urban Affairs, 23.4.1996.

8) Hearings vor dem U.S. Senate Committee on Banking, Housing, and Urban Affairs, 15.5.1997.

9) „U.S. and Allied Efforts to Recover and Restore Gold and Other Assets Stolen or Hidden by Germany During World War II." preliminary study coordinated by Stuart E. Eizenstat, Washington, D.C., U.S. Department of States, Mai 1997, S. iv.

10) Ibid., S. vi.

11) Ibid., S. viii-ix.

12) Siehe z.B. Peter T. White und Steve Raymer, „A Little Humanity: The International Committee of the Red Cross." *NATIONAL GEOGRAPHIC*, November 1986. Siehe auch William H. Nicholas und Willard Culver, „Switzerland Guards the Roof of Europe." *NATIONAL GEOGRAPHIC*, August 1950.

13) Hearings vor dem U.S. Senate Committee on Banking, Housing, and Urban Affairs, 23.4.1996.

14) Niccolò Machiavelli, *The Prince*, übersetzt und herausgegeben durch Angelo M. Codevilla (New Haven: Yale University Press, 1997), S. 46-47.

15) Siehe J. Murray Luck, ed., *Modern Switzerland* (Palo Alto, CA: Society for the Promotion of Science and Scholarship, 1978). Siehe auch Rolf Kieser und Kurt R. Spillman, eds., *The New Switzerland: Problems and Policies* (Palo Alto, CA: Society for the Promotion of Science and Scholarship, 1996).

16) Von den vielen Huldigungen, die Churchills staatsmännischer Kunst dargebracht wurden, ist keiner so lehrreich wie jene von Professor Leo Strauss anlässlich des Todes von Churchill. „Der Tyrann stand auf der Höhe seiner Macht. Niemand wagte, ihm Widerstand zu bieten." Professor Strauss wollte das Augenmerk auf die Tatsache lenken, dass Churchill im Sommer 1940 zeigte, wer er war, indem er sich dem Führer widersetzte, als dieser auf dem Höhepunkt seiner Macht war. Jene, die ein halbes Jahrhundert nach Hitler mit ihrem Anti-Nazismus protzen, befinden sich in einer anderen Kategorie als Churchill.

17) Das Buch *Vaterland* von Robert Harris (Haffmans, Zürich 1992) lässt erahnen, wie sich die überwiegende Mehrheit der demokratischen Staatsmänner verhalten hätte, wenn die Nazis weiterhin gesiegt hätten.

18) Winston Churchill, *The Second World War* (New York: Houghton Mifflin, 1948), vol. VI, p. 616.

19) David L. Gordon and Royden Dangerfield, *The Hidden Weapon: The Story of Economic Warfare* (New York: Harper, 1947), p. 75.

20) Amos Elon, „Switzerland's Lasting Demon." *NEW YORK TIMES MAGAZINE*, 12.4.1998, p. 43.

A) Adolf Muschg, *Wenn Auschwitz in der Schweiz liegt*, Suhrkamp Verlag, Frankfurt a. M. 1997.

21) *UNE SUISSE SANS ARMÉE* (Zürich), vor allem Nr. 26, Sommer 1995.

22) Siehe J. Fink, *Die Schweiz aus der Sicht des Dritten Reiches 1933-1945* (Zürich, 1985), und H.R. Kurz, *Operationsplanung Schweiz* (Thun, 1974).

23) Alexander Hamilton, „Pacificus No. III." *The Papers of Alexander Hamilton*, vol. 15.
24) Man beachte in Niccolò Machiavellis *Discorsi*, Zweites Buch, 10. Kapitel, die klassische Widerlegung der allgemein verbreiteten Annahme „Geld ist der Nerv des Krieges." Eigentlich lehrt hier Machiavelli, dass Macht Geld macht – und nicht umgekehrt.

Kapitel 2

1) Niccolò Machiavelli, *Discorsi*, Zweites Buch, 27. Kapitel. Machiavelli schildert die Folgen, die entstehen, wenn man sein Land gänzlich der Gnade eines siegreichen Feindes ausliefert. Vor allem weist Machiavelli auf den strategischen Fehler der Republik Florenz vom Jahre 1512 hin. Obwohl die viel mächtigere spanische Armee der Republik Florenz angeboten hatte, gegen Gewährung gewisser Konzessionen die republikanische Regierungsform beibehalten zu dürfen, wählte Florenz den Kampf, bei dem die kleine Armee zum Einsatz kam, welche Machiavelli selbst aufgebaut hatte. Florenz unterlag, die Republik wurde gestürzt und Machiavelli verbrachte die nächsten sechs Monate im Gefängnis. Sein hier propagierter Ratschlag gleicht dem eines guten Anwalts: schätze deine Chancen ab und suche dann den Vergleich!

2) Kurt Schuschnigg, *Im Kampf gegen Hitler. Die Überwindung der Anschlussidee*. (Wien/München/Zürich: Molden, 1969).

3) Hans Ulrich Jost, *Geschichte der Schweiz und der Schweizer* (Basel 1986), S. 798.

4) Siehe Edgar Bonjour, *Histoire de la neutralité suisse*, vols. IV, VI (Neuchâtel, 1970); Daniel Bourgeois, *Le troisième Reich et la Suisse* (Neuchâtel, 1974); Jon Kimche, *Spying for Peace: General Guisan and Swiss Neutrality* (London: Weidenfeld and Nicolson, 1961). Deutsche Ausgabe: *General Guisans Zweifrontenkrieg*, Zürich 1961.

5) General Henri Guisan, *Bericht von General Guisan an die Bundesversammlung über den Aktivdienst 1939-1945* (Bern, 1946), S. 6.

6) Zitiert in E. Bucher, „Die Schweiz im Sommer 1940." *REVUE SUISSE D'HISTOIRE*, 1979, S. 356-398.

7) Zitiert in Philippe Marguerat, *La Suisse face au IIIème Reich* (Lausanne, 1991), S. 59.

8) Caesar, *De bello Gallico* (Stuttgart: Reclam, 1980), Erstes Buch, S. 6.

9) Niccolò Machiavelli, *The Prince*, Angelo Codevilla, ed. (New Haven: Yale University Press, 1997), Ch. 26. In seinem grösseren Werk *Discorsi* präzisiert Machiavelli dieses Lob einschränkend. Seine militärische Hauptaussage in *Discorsi* besteht darin, dass seiner Meinung nach keine Kriegswaffe oder Kriegsart zum vornherein der anderen überlegen sei und dass die vorhandenen Mittel den Umständen entsprechend eingesetzt werden müssen. Auf jeden Fall fügten die Franzosen den Schweizern 1515 in der Schlacht von Marignano eine grosse Niederlage zu. Danach nahm der Einfluss der Schweizer in europäischen Angelegenheiten ab. Siehe George Soloveitchik, *Switzerland in Perspective* (London: Oxford University Press, 1954).

10) Guisan, *Bericht*, S. 196.

11) Armeebefehl 10067, 3.6.1940.

12) Winston Churchill, *The Second World War* (New York: Houghton Mifflin, 1949), vol. II, S. 122.

13) W. Roesch, *Bedrohte Schweiz* (Frauenfeld, 1986); W. Roesch, „Plans d'attaque alle-

mands contre la Suisse du second semestre de 1940." *Supprimer l'armée* (Frauenfeld, 1988), S. 55-66.

14) Über die Thermopylen, siehe Herodot. Über Demosthenes' brillante Taktiken in Pylos, siehe Thukydides, *Der Peloponnesische Krieg*, Band V.

15) Guisan, *Bericht*, S. 39.

16) Einige moderne schweizerische Autoren (siehe z.B. Philippe Marguerat, *La Suisse face au IIIème Reich* [Lausanne: Editions 24 Heures, 1991]) vergleichen die schweizerische Entscheidung, Abschreckung statt Verteidigung zu wählen, mit dem Entscheid der Vereinigten Staaten in den 1960er Jahren, Amerika schutzlos der nuklearen Bedrohung zu überlassen. Sie zitieren Thomas Schellings *The Strategy of Conflict* (New Haven: Yale University Press, 1966) als die klassische Erklärung dafür, warum die Aufrechterhaltung des Friedens davon abhängt, dass man im Kriegsfall unakzeptable Folgen für die eigene Seite akzeptiert. Aber diese Argumentation verwechselt die missliche Lage der Schweiz im Zweiten Weltkrieg, als eine Verteidigung unmöglich war, mit der amerikanischen Situation in den 1960er Jahren, als die zuständigen Behörden Optionen für eine Verteidigung ablehnten und die Schutzlosigkeit aus rein ideologischen Gründen zuliessen.

17) Thukydides, *Der Peloponnesische Krieg*, Band II. Thukydides war ein Lieblingsschriftsteller von Oberst Max Gonard, einem der von General Guisan bevorzugten Denker.

18) Guisan, *Bericht*, S. 87-92.

19) Die genauen Zahlen sind bei Jakob Huber, *Rapport du Chef de l'Etat Major de l'Armée* (Bern, 1946), S. 112-142, zu finden.

20) Guisan, *Bericht*, S. 87-92.

21) Ibid., S. 87.

22) Jakob Huber, *Bericht des Chefs des Generalstabes der Armee an den Oberbefehlshaber der Armee über den Aktivdienst 1939-1945*, S. 69.

23) Ibid., S. 481.

24) Jost (s. Anm. 3), S. 805.

25) Man beachte: „Verrat hat nie Erfolg; warum nicht? / Hätte er Erfolg, wagte niemand, ihn Verrat zu nennen." (Sir John Harrington, „Of Treason." *Epigrams*).

26) Siehe z.B. Machiavelli, *Der Fürst*, Kapitel XVII: „Wenn die Gefahr fern ist, bieten dir die Menschen Gut und Blut, ihr Leben und das ihrer Kinder an; kommt die Gefahr aber näher, so empören sie sich."

27) Die Originalquellen über die Subversion in der Schweiz während des Krieges sind die Berichte des Bundesrates vom 26.12.1945 (FF 1946, I, 1), der Bericht des Bundesrates vom 17.5.1946 (FF II, 165) und der Bericht des Bundesrates vom 21.5.1946 (FF II, 203). Eine Zusammenfassung dieser Berichte ist in Albert Picot, *L'activité antidémocratique contre la Suisse pendant la guerre* (Nationalrat, 9.10.1946) zu finden. Die beste historische Zusammenfassung über den Kampf um die öffentliche Meinung in der Schweiz ist in André Lasserre, *Schweiz: Die dunkeln Jahre* (Zürich, 1992) enthalten.

28) Der Attentäter, ein junger Jude namens David Frankfurter, wurde nach dem Krieg aus der Haft entlassen und machte danach Karriere im israelischen Verteidigungsministerium.

29) Nachdem der Chef des Generalstabs der Schweizer Armee, Jakob Huber, die Beschreibung des Wehrmacht-Generals Franz Halder gehört hatte, wie die deut-

schen Armeen Polen blitzkriegmässig erobert hatten, drückte er seine billige Zigarre aus und meinte dabei in diesem Zusammenhang: „Hier kommt niemand durch!" Nach Juni 1940 verschwand dieser mutige Ton.

30) Dies wurde anlässlich einer parlamentarischen Untersuchung nach dem Krieg enthüllt. Siehe M. André Picot, *Les menées Hitleriennes*, Séance du Conseil National du 9.10.1946, Bulletin sténographique des Chambres Fédérales (Bern, 1946), p. 4.

31) Major de Vallière, zitiert in Lasserre, *Schweiz: Die dunkeln Jahre*, S. 47.

32) Siehe z.B. eine seiner im Jahre 1934 gehaltenen Reden: „Sie hassen [die Armee] vor allem, weil sie das Hindernis, die Mauer ist, an der sich die Welle des Bolschewismus von 1918 brach. Weil die Armee den utopischen Träumen den Wirklichkeitssinn entgegensetzt; dem Klassenkampf stellt sie ihre Treue, Solidarität, ihren Geist der Brüderlichkeit und wenn nötig ihre Stärke gegenüber. Weil sie von allen Erzeugnissen unseres Bodens jenes mit den tiefsten Wurzeln ist." (Lasserre, S. 47).

33) *Plan de Causerie* Nr. 22 (Archive Armée et Foyer Bern, Bibliothèque Militaire Nationale).

Kapitel 3

1) Dieses Thema wird ausführlich behandelt in Paul Seabury und Angelo Codevilla, *War Ends and Means* (New York: Basic Books, 1989), Ch. 1.

2) *BUNDESBLATT* 1935, Band II, S. 561.

3) *Documents diplomatiques suisses*, vol. VIII, S. 349.

4) Siehe André Lasserre, *Frontières et camps* (Lausanne: Payot, 1995), S. 28, 29.

5) Lasserre, *Frontières ...*, S. 42.

B) Zum Judenstempel und zur Flüchtlingspolitik siehe „Das Ende der J-Stempel-Saga", Schriftenreihe *PRO LIBERTATE* Nr. 11, Bern 1999, sowie „Die schweizerische Flüchtlingspolitik 1933-1945" von Alfred Cattani, Schriftenreihe *PRO LIBERTATE* Nr. 12, Bern 1999.

6) Bericht H. Rothmund, Chef der Polizeiabteilung im Eidgenössischen Justiz- und Polizeidepartement, an den Vorsteher des Departementes vom 10.8.1938.

7) Karl Barth, *Eine Schweizer Stimme 1938-1945* (Zollikon, 1946).

8) Victor Klemperer, *Ich will Zeugnis ablegen: Tagebücher 1942-1945* (Berlin: Aufbau-Verlag, 1999), S. 9, 35 und 324.

9) Zitiert in Alfred A. Häsler, *Das Boot ist voll* (Zürich: Ex Libris, 1967), S. 89.

10) Die Berichterstattung über diese Schlüsselepisode ist in Karl Ludwig, *La politique pratiquée par la Suisse à l'égard des réfugiés au cours des années 1933-1955* (Bern, 1957) am originalgetreuesten zu finden. Siehe auch Lasserre, *Frontières ...*, S. 167-168.

11) Dies ist eine Lektion, die eine Reihe amerikanischer Institutionen, vor allem Schulen und Unternehmen, in den 1990er Jahren schmerzlich zu lernen hatten, und zwar in der Folge von Gerichtsentscheiden betreffend „sexuelle Belästigung". Nachdem die betroffenen Institutionen prinzipiell zugegeben hatten, dass solche Belästigungen vorgekommen waren, sie aber dagegen nichts unternommen hatten, wurden sie dafür angeklagt, weil solches Verhalten verboten ist, sie es aber zugelassen hatten.

12) Georg Kreis, *Zensur und Selbstzensur. Die schweizerische Pressepolitik im Zweiten Weltkrieg* (Stuttgart, Frauenfeld: Huber, 1973), S. 154. Siehe auch Edgar Bonjour, *Histoire de la neutralité suisse*, vol. V, pp. 155-191.

13) Memorandum Rezzonico E2001 (E) 1/5 Schweizerisches Bundesarchiv, Bern. Siehe auch Georg Kreis, *Juli 1940* (Zürich o.J.).

14) Denis de Rougemont, „A cette heure où Paris ...", GAZETTE DE LAUSANNE, 17.6.1940.

C) Zur Rede von Bundesrat Pilet-Golaz siehe auch Georges André Chevallaz, *Le défi de la neutralité – Diplomatie et défense de la Suisse 1939-1945*, Editions de l'Aire, Vevey, 1995. Dort ist der französische Originaltext der Rede vom 25. Juni 1940 abgedruckt.

15) *Manifeste du Mouvement National Suisse*, 20.9.1940 (Bern, Schweizerisches Bundesarchiv).

Kapitel 4

1) „Übersicht des Spezialhandels nach Ländern 1927-1950." OZD *Schweizerische Handelsstatistik* (Bern, 1955).

2) André Allisson, *Exportation du matériel de guerre 1938-1941* (Université de Neuchâtel Institut d'Histoire, Mai 1976).

3) Schweizerisches Bundesarchiv, *Les accords germano-suisses de la seconde guerre mondiale* (Bern, 1997), p. 915. Siehe auch *Historische Statistik der Schweiz*, Ritzman/Siegenthaler S. 675, Jahresberichte der OZD.

4) *Les accords germano-suisses de la seconde guerre mondiale*, 914.

5) Royden and Dangerfield, S. 81-84.

6) Zitiert in Marguerat, *La Suisse face au IIIème Reich*, S. 110.

7) Werner Rings, *L'or des Nazis*. Lausanne: Payot, 1985), S. 97-98. [Dt. Ausgabe u.d. Titel *Raubgold aus Deutschland. Die „Golddrehscheibe" Schweiz im Zweiten Weltkrieg*. Zürich: Artemis, 1985]

8) Ibid., S. 93.

9) Brief von Per Jacobson an Eugen Weber, Präsident der Schweizerischen Nationalbank, 25.11.1940, zitiert in K. Urner, „Emil Puhl und die Schweizerische Nationalbank." SCHWEIZER MONATSHEFTE, 1985, S. 623-631.

10) Rings, S. 41-43.

11) Die Bilanzen der grösseren Banken werden ausführlich im *Zwischenbericht der unabhängigen Expertenkommission Schweiz – Zweiter Weltkrieg („Bergier-Kommission")*, Bern, 1998, S. 158-164, aufgeführt. (In den folgenden Anmerkungen als *Zwischenbericht* bezeichnet)

12) Ibid.

13) Union Bank of Switzerland Annual Report, 1042, S. 9, zitiert im *Zwischenbericht* S. 157.

14) Archiv der Schweizerischen Nationalbank, Meeting vom 29.2.1940, Nr. 164, S. 71, zitiert im *Zwischenbericht*, S. 64.

15) *Zwischenbericht*, S. 64-68.

16) Zitiert im *Zwischenbericht*, S. 32.

17) Nach einer Schätzung im Jahre 1946 durch Thomas McKittrick, einen amerikanischen Beamten der Bank für Internationalen Zahlungsausgleich, belief sich der Goldvorrat der Reichsbank vor der Übernahme des Goldes von Belgien, den Niederlanden und Luxemburg auf ungefähr 2.1 Milliarden Schweizer Franken (Marguerat, S. 143).
18) Gordon and Dangerfield, S.169.
19) *Eizenstat Report* (s. Fn 9 in Kap.1), S. 196.
20) Zur gründlichen Erforschung dieses Mythos siehe Kapitel 2 in Nicholas Faith, *Safety in Numbers* (New York: Viking, 1982).

Kapitel 5

1) Siehe z.B. Nathaniel C. Nash, „Swiss Raise Hopes of Tracing Lost War Deposits." *NEW YORK TIMES*, 3.8.1995, S. A3.
2) Edgar Bronfman, *The Making of a Jew* (New York: Putnam, 1996).
3) *WALL STREET JOURNAL*, 12.1.2000, S. A22.
4) Leslie Wayne, „Trial Lawyers Pour Money Into Democrats' Chests." *NEW YORK TIMES*, 23.3.2000, S. A1.
5) *NEW YORK TIMES* News of the Week in Review, 25.3.2000.
6) Dies ist, unter anderen, die Haltung des früheren Secretary of Labor (Arbeitsministers), Robert Reich. Siehe „Don't Democrats Believe in Democracy?" *WALL STREET JOURNAL*, 12.1.2000, S. A22.
7) Alan Feuer, „2 Brooklyn Lawyers Outline a Court Patronage System." *NEW YORK TIMES*, 5.1.2000.
8) Stuart Eizenstat, Letter to the Editor, *WALL STREET JOURNAL*, 5.6.2000, S. A33.
9) John Auters u.a., „Banks Pay a High Price for Putting the Past Behind Them." *FINANCIAL TIMES*, 9.9.1998, S. 4.
10) Interview des Autors mit Richard Capone, 18.1.1999.
11) John J. Goldman, „Holocaust Survivors Urge OK of Bank Claim Deal." *LOS ANGELES TIMES*, 30.11.1998, S. 14.
12) Marilyn Henry, „Swiss Holocaust Agreement Finalized …", *JERUSALEM POST*, 24.1.1999, S.4.
13) Barry Miller, „Jewish Groups Fight Over Spoils of Swiss Case." *NEW YORK TIMES*, 29.11.1998, S. 1.
14) Charles Krauthammer, „Stop the Holocaust Treasure Hunter." *JERUSALEM POST*, 7.12.1998, S. 8.
15) Volcker Report, pp. 12-13 (Volcker-Bericht, S. 198).
16) Ibid., 20-21 (Volcker-Bericht, S. 199).
17) Michael Hirsh, „What's Taking So Long?" *NEWSWEEK*, 13.4.1998, S. 49.
18) Goldman, S.14.
19) Unter den vielen Berichten über die schweizerische öffentliche Meinung zu diesem Thema siehe vor allem Bernard D. Kapolan, „Holocaust Gold Becomes Political Football." *NANDO TIMES NEWS*, 16.8.1997.
20) Luzi Stamm, *Der Kniefall der Schweiz* (Zofinger Tagblatt, 1999) und Yves Fricker u.a., *La Suisse face à l'empire américain* (Journal de Genève, 1997).

21) Christoph Blocher, „Die Schweiz und der Eizenstat-Bericht – Eine Klarstellung." Rede an einer Versammlung der Jungen SVP des Kantons Bern, 21.6.1997.
22) *NEW YORK TIMES*, News of the Week in Review, 13.9.1998, S. 1.
23) David E. Sanger, „Germany Approves New Plan to Pay Holocaust Victims." *NEW YORK TIMES*, 10.2.1999, S. A10.
24) Edmund Andrews, „Germany Accepts $ 5.1 Billion Accord to End Claims of Nazi Slave Workers." *NEW YORK TIMES*, 18.12.1999, S. A10.

Kapitel 6

1) Diese Idee – Amerika sei eine Gefahr für die Welt, und die Niederlage in Vietnam sei nötig gewesen, um diese Gefahr auszutreiben – war genau das Thema eines Buches, das Anthony Lake, eine Stütze der amerikanischen Aussenpolitik in den Nixon-, Carter- und Clinton-Administrationen, herausgab. Tatsächlich war diese Idee zur Zeit von Präsident Jimmy Carters Rede im Jahre 1977 in Notre Dame zur allgemeinen Lehre von Lakes Gesellschaftsklasse geworden, wonach die Niederlage in Vietnam Amerika zur Wiederentdeckung seiner eigenen Werte befähigt habe. – Siehe Anthony Lake u.a., *The Vietnam Legacy: The War, American Society, and the Future of American Foreign Policy* (New York: New York University Press, 1976). Zu beachten ist dabei vor allem das Kapitel von Morton Halperin, „The Lessons Nixon Learned." welches argumentiert, dass, hätte der amerikanische Antikommunismus in Vietnam keine Niederlage erlitten, die Vereinigten Staaten möglicherweise einen Atomkrieg begonnen hätten.

D) Zum Selbstverständnis der Schweiz und ihrer Neutralität schreibt Wolfgang von Wartburg: „Bedenken wir Sinn und Ursprung des Neutralitätsprinzips. Das Wort an sich meint nicht mehr als Nichtteilnahme an einem bewaffneten Konflikt. Die schweizerische Neutralität ist jedoch mehr als dies. Sie ist ein freiwilliger Verzicht auf Machtpolitik im üblichen Sinne, auf den sich die Eidgenossenschaft seit 1515 immer konsequenter festgelegt hat. Insofern hat die schweizerische Neutralität auch einen positiven Gehalt: eine grundsätzliche Friedenspolitik. Im Grunde genommen ist sie Anwendung dieses Friedensprinzips, auf dem die Eidgenossenschaft selbst beruht, auf das Verhältnis zu den anderen Völkern und Staaten. Die Neutralität im Sinne einer Enthaltung von Machtpolitik ist also nicht das ursprüngliche Prinzip, sondern die erste praktische Konsequenz dieses Prinzips". Aus Wolfgang von Wartburg, *Die Neutralität der Schweiz und ihre Zukunft*, Novalis-Verlag, Schaffhausen 1992.

2) Lawrence F. Kaplan, „The Selling of American Foreign Policy." *THE WEEKLY STANDARD*, 23.4.1997, S. 19-22.